国有经济
国别研究
丛书

国有经济国别研究

英国、法国

中国石油集团经济技术研究院 编著

清华大学出版社
北京

内 容 简 介

"国有经济国别研究"是中国社会科学院国有经济研究智库首批十大重点课题之一,由国资委国际局指导,中国石油集团经济技术研究院牵头,社科院相关研究院所共同参与,中国石油集团经济技术研究院海外投资环境研究所具体承担。该课题通过研究主要发达国家和新兴经济体国家国有经济发展历程、国有经济内外部治理模式、国有经济的功能定位、经济与社会绩效等方面内容,提出对我国国有经济发展的启示,对形成中国特色的国有经济发展观、运用国际经验为我国国有经济深化改革提供借鉴和支持,具有重要的现实意义。

本书主要针对发达国家英国和法国国有经济进行分析,并提出对我国国有经济发展的启示。英国部分由中国石油集团经济技术研究院国有经济国别研究课题组完成,法国部分由中国社会科学院文化发展促进中心杨成玉主笔。

本书封面贴有清华大学出版社防伪标签,无标签者不得销售。
版权所有,侵权必究。举报:010-62782989,beiqinquan@tup.tsinghua.edu.cn。

图书在版编目(CIP)数据

国有经济国别研究. 英国、法国 / 中国石油集团经济技术研究院编著. —北京:清华大学出版社,2023.12
(国有经济国别研究丛书)
ISBN 978-7-302-64723-2

Ⅰ.①国⋯ Ⅱ.①中⋯ Ⅲ.①国有经济-研究-英国、法国 Ⅳ.① F113.1

中国国家版本馆 CIP 数据核字 (2023) 第 192533 号

责任编辑:王巧珍
封面设计:傅瑞学
版式设计:方加青
责任校对:王荣静
责任印制:刘海龙

出版发行:清华大学出版社
网　　址:https://www.tup.com.cn,https://www.wqxuetang.com
地　　址:北京清华大学学研大厦 A 座　　邮　　编:100084
社 总 机:010-83470000　　邮　　购:010-62786544
投稿与读者服务:010-62776969,c-service@tup.tsinghua.edu.cn
质 量 反 馈:010-62772015,zhiliang@tup.tsinghua.edu.cn

印 装 者:三河市东方印刷有限公司
经　　销:全国新华书店
开　　本:170mm×240mm　　印　张:14.75　　插页:2　　字　数:255 千字
版　　次:2023 年 12 月第 1 版　　印　次:2023 年 12 月第 1 次印刷
定　　价:159.00 元

产品编号:101836-01

本书编委会

编　　著： 中国石油集团经济技术研究院

编审人员：

余　国　　陆如泉　　刘朝全　　吴谋远　　杨成玉　　张奕辉　　刘湘丽
杨　艳　　刘　佳　　任重远　　罗继雨　　闫百慧　　张　旭　　王世崇
郭迎锋　　车路遥　　王轶君　　余功铭　　段艺璇　　李博媛　　孙依敏
钟文新　　金焕东

指导单位： 国务院国有资产监督管理委员会国际合作局

支持单位： 中国社会科学院亚太与全球战略研究院
　　　　　　中国社会科学院工业经济研究所
　　　　　　中国社会科学院经济研究所
　　　　　　中国电子信息产业发展研究院
　　　　　　中国国际经济交流中心
　　　　　　中国政法大学国际法学院

目 录

英国国有经济研究

第一章　英国国有经济现状 …………………………………………… 2
　　第一节　国有经济的规模 ………………………………………… 3
　　第二节　国有经济的布局 ………………………………………… 15
　　第三节　国有经济的特点 ………………………………………… 20

第二章　英国国有经济演变的历程、路径与原因 …………………… 22
　　第一节　第一阶段：英国国有经济的"萌芽阶段" …………… 22
　　第二节　第二阶段：英国国有经济的"高速"发展阶段 ……… 25
　　第三节　第三阶段：英国的混合所有制企业高速增长阶段 …… 32
　　第四节　第四阶段：工党布莱尔政府的新混合企业 …………… 37
　　第五节　第五阶段：保守党卡梅伦政府及继承人的绿色混合经济 … 39

第三章　英国国有经济的治理 ………………………………………… 43
　　第一节　英国国有企业的内部治理 ……………………………… 43
　　第二节　英国国有企业的外部治理及审计情况 ………………… 49
　　第三节　英国国有经济的监管体制 ……………………………… 51

第四章　英国国有经济的绩效 ………………………………………… 58
　　第一节　国有经济的功能定位 …………………………………… 58
　　第二节　国有经济的微观效率 …………………………………… 64
　　第三节　国有经济的社会绩效 …………………………………… 73

第五章 英国国有经济的代表性企业分析 ········· 81
第一节 代表国防安全行业的公司：英国国家核实验室有限公司 ········· 81
第二节 代表绿色产业发展的银行：英国绿色投资银行 ········· 92
第三节 代表第三方服务行业的机构：英国商业银行 ········· 103
第四节 代表新兴科技行业的企业：一网公司 ········· 110

第六章 对国有企业监管机构的主要启示 ········· 114

参考文献 ········· 120

附表 ········· 125

法国国有经济研究

第一章 法国国有经济现状 ········· 132
第一节 国有经济的规模 ········· 132
第二节 国有经济的布局 ········· 134
第三节 国有经济的特点 ········· 136
第四节 国有经济的地位 ········· 137

第二章 法国国有经济演变的历程、路径与原因 ········· 146
第一节 二战后国有经济的发展 ········· 146
第二节 20世纪70—90年代法国国有经济改革 ········· 153
第三节 20世纪90年代至今法国国有经济改革 ········· 162

第三章 法国国有经济的治理 ········· 168
第一节 国有经济的内部治理 ········· 168
第二节 国有经济的监管体制 ········· 176

第四章 法国国有经济的绩效 ········· 180
第一节 国有经济的功能定位 ········· 180
第二节 国有经济的社会绩效 ········· 185

第五章 法国国有经济的代表性企业 ········· 191
第一节 法国电力集团 ········· 191
第二节 法国 Orange 集团 ········· 195
第三节 法国国有企业海外经营与美国"长臂管辖" ········· 198

第六章 法国国有经济对中国的启示 ········· 204

参考文献 ········· 212

附录 法国国有企业简介 ········· 216

后记 ········· 229

英国国有经济研究

国有经济国别研究课题组[①]

[①] 英国国有经济研究部分为中国石油集团经济技术研究院国有经济国别研究课题组完成。

第一章
英国国有经济现状

国有企业作为国家宏观调控经济运行的一种手段，曾在英国经济中占有相当重要的地位。在英国，国有企业通常被视为国有化企业的同义语，是因为大部分国有企业为国有化企业，且采用公共公司的组织形式。英国最早的国有化企业为1906年由自由党政府建立的英国港务局。

关于国有企业的定义，Millward（2000）在研究英国国有企业的兴衰史一文中，将英国国有企业定义为"至少以财务收支平衡为目标并向大量买家出售商品和服务的企业"。据此定义，他进一步得出结论，英国政府建立国有企业的意图是监管一些重要部门，例如，基础设施行业和国防安全行业等。

根据英国国有企业组织机构的差异，我们可以将英国国有企业大体分为三种类型。①由政府直接管理的国有企业。这种企业被定义为由政府直接控制的市场机构，且该种类型的国有企业由主管大臣进行直接管理和控制，最早采用这种组织结构的国有企业是英国邮政总局。按照控制主体的差异，这种类型的企业可以继续分为由中央政府直接控制的国有企业和由地方政府控制的国有企业两种类型。②混合股份制国有企业。在这种类型的企业中，国家股份是混合股份公司中唯一的股东，或者说国家拥有该类企业的绝大部分股权，在英国，属于这类企业的只有英国石油公司等为数不多的几家企业。同样，按照国家股份来源的差异，这种类型的企业也可以继续分为由中央股份控股的国有企业和由地方股份控股的国有企业两种类型。③公共公司型国有企业（The Public Corporation/ The Nationalised Body）。这类企业的资产全部为国家占有或控制，但同时其具有独立的法人地位，可以自行签订合同和处理日常经营事务。国家为其制定总方针，并且聘请董事会成员。该种类型公司的资金主要来源于英国的许可费,例如,英国广播公司就属于公共公司型国有企业。

第一节　国有经济的规模

本节主要从英国国有企业的产值规模、投资规模、数量规模、就业规模以及营业额规模等几个维度对英国国有经济的规模进行描述和分析。

第一,从产值规模来看,1979年以来,英国国有经济的产值规模在不断缩小,这一变化与撒切尔政府推行的私有化政策高度相关。

第二,从投资规模来看,1979年以来,英国国有经济的投资规模也在不断缩小。

第三,从数量规模来看,2010—2017年,英国私营企业数量占比均超过**99.5%**。总体而言,英国经济以私营企业为主,国有企业为辅。但近年来,英国国有企业的数量不断增加,英国国有企业占所有企业的比重不断提升。这表明,近年来,英国国有企业取得了快速发展,在英国经济中的重要性开始提升。

第四,从就业规模来看,2017年,英国国有企业数量的占比仅为0.47%。但是随着企业就业规模的上升,在500人以上的超大规模企业中,国有企业占比已高达18.41%。这表明,英国的大型国有企业数量多,在就业中发挥着重要作用。

第五,从营业额规模来看,2017年,英国国有企业数量的占比仅为0.47%。但随着企业营业额规模的上升,在10亿英镑以上的超大规模企业中,国有企业占比已达2.04%。这表明英国的国有大型企业规模大,国有企业发挥着重要作用。

一、英国国有企业的产值规模

表1-1列出了1979—1991年英国国有企业产值占GDP的比重以及英国国有企业产值占非农GDP的比重两个指标的变化情况。首先,从英国国有企业产值占GDP的比重这一指标来看,该指标从1979年的5.6%降至1991年的1.9%。其次,从英国国有企业产值占非农GDP的比重这一指标来看,该指标从1979年的1.3%升至1985年的1.5%,到1991年,该指标降至仅为0.6%。

表 1-1　1979—1991 年英国国有企业产值占 GDP 的比重

年　份	占 GDP 的比重（%）	占非农 GDP 的比重（%）
1979	5.6	1.3
1985	4.4	1.5
1991	1.9	0.6*

注：*表示：由于1991年英国国有企业占非农 GDP 的比重这一数据缺失，因此表格中报告的是 1988 年的数据。

数据来源：

（1）World Bank. Bureaucrats in Business: The Economics and Politics of Government Ownership, 1995.

（2）胡家勇：《国有经济规模：国际比较》，载《改革》，2001（1），115-122 页。

根据世界银行 1995 年数据，国有经济总产值占 GDP 的比例，世界平均水平约为 10%，而发达国家平均不到 6%。国有经济占非农产值的比例，世界平均水平约为 13%，而发达国家则不到 7%。总体而言，发达国家的私有化程度相对更高。

从上述两个指标可以看到，总体而言，英国国有经济的占比情况符合发达国家的基本情况。同时，上述指标的变化也表明，1979 年以来，英国国有经济的规模在不断缩小，国有经济的产值在英国的比重不断降低。

上述国有经济的变化与 1979 年以来撒切尔政府推行的私有化政策高度相关。表 1-2 列出了 1979 年以来英国国有企业的出售情况。从表 1-2 中可见，20 世纪 80 年代，英国国有企业主要分布在宇航、电信、石油、化工、汽车等基础设施行业，其国有企业的私有化进程也主要在这些领域展开。同时，根据英国国有企业的出售资产比例情况，不难发现其私有化的方式主要采取出售国有资产的形式进行。具体有两种形式，一种是国有企业全资出售，另一种是出售国有企业的股权。无论采取哪种形式，这都能反映出 20 世纪 80 年代以来英国私有经济的快速发展和国有经济规模的不断缩小。

表 1-2　1979 年以来英国国有企业出售情况

公　司	行　业	出售年份	出售资产比例（%）	出售收入（亿英镑）
英国宇航公司	宇航	1981	94.0	3.890
电报和无线电公司	电信	1981	100.0	10.450
爱姆夏姆国际公司	电信、化工	1982	100.0	0.640
国家货运公司	运输	1982	100.0	0.050
布里托尔石油公司	石油	1982	100.0	10.520
英国联合港口公司	港口	1983	100.0	0.970

续表

公司	行业	出售年份	出售资产比例（%）	出售收入（亿英镑）
国际空间无线电公司	航空、电信	1983	100.0	0.600
英国铁路公司	旅馆	1983	100.0	5.170
英国近岸石油资产公司	石油	1984	100.0	0.820
企业石油公司	石油	1984	100.0	3.800
海运公司	运输	1984	100.0	0.660
美洲虎汽车公司	汽车	1984	100.0	2.970
英国电信公司	电信	1984	50.2	0.039
英国技术集团和其他出售	杂类	NA	NA	7.160

数据来源：

（1）George Yarrow. Privatization in Theory and Practice, in George Yarrow (ed.) Privatization, Routledge London, 1996.

（2）胡家勇：《国有经济规模：国际比较》，载《改革》，2001（1），115-122页。

二、英国国有企业的投资规模

表1-3列出了英国国有企业投资占国内总投资的比重这一指标的变化情况。从该指标的变化趋势来看，该指标从1979年的14.4%降至1991年的4.2%。

同样地，根据世界银行1995年数据，国有企业投资占国内总投资的比重这一指标，世界平均水平约为25%，发达国家则不到7%，即发达国家的私有化程度相对更高。

表1-3　1979—1991年英国国有企业投资占国内总投资的比重

年　份	占国内总投资的比重（%）
1979	14.4
1985	9.7
1991	4.2

数据来源：

（1）World Bank. Bureaucrats in Business: The Economics and Politics of Government Ownership, 1995.

（2）胡家勇：《国有经济规模：国际比较》，载《改革》，2001（1），115-122页。

同样地，从上述指标也可以看到，总体而言，英国国有企业投资占国内总投资的比重这一指标在1985年之前相对于发达国家的平均水平而言略微偏高，而在1985年之后，则开始基本符合发达国家的基本情况。上述指标的变化趋势也反映出，1979年以来，英国国有经济的规模在不断缩小，英国国有企业的投资规模也在不断缩小。

三、英国国有企业的数量规模

表 1-4 列出了 2010—2017 年英国私营企业和国有企业的数量变化趋势情况。

表 1-4　2010—2017 年英国私营企业和国有企业的数量

年　份	英国私营企业 企业数量（个）	英国私营企业 企业占比（%）	英国国有企业 企业数量（个）	英国国有企业 企业占比（%）	总计数（个）
2010	2 095 115	99.75	5 255	0.25	2 100 370
2011	2 074 790	99.71	6 060	0.29	2 080 850
2012	2 140 905	99.61	8 285	0.39	2 149 190
2013	2 157 830	99.55	9 740	0.45	2 167 570
2014	2 252 770	99.52	10 880	0.48	2 263 650
2015	2 437 415	99.51	11 995	0.49	2 449 410
2016	2 542 230	99.52	12 270	0.48	2 554 500
2017	2 656 280	99.53	12 530	0.47	2 668 810

数据来源：英国国家统计局网站：https://www.ons.gov.uk/

总体而言，英国经济以私营企业为主、国有企业为辅。但近年来，英国国有企业的数量不断增加，英国国有企业占所有企业的比重不断提升，且这两个指标的增长幅度远远高于私营企业。这表明近年来英国国有企业取得了快速发展，在英国经济中的重要性开始提升。

分指标来看，第一，从英国企业总数量上来看，2010—2017 年，英国企业总数量基本呈增长态势。2010 年，英国企业总数量为 2 100 370 家，到 2017 年增至 2 668 810 家，8 年间增长了 27.06%，年均增长率达 3.52%。

第二，从英国私营企业数量的变化情况来看，2010—2017 年，英国私营企业数量总体上呈现增长趋势。2010 年，英国私营企业数量为 2 095 115 家，到 2017 年增至 2 656 280 家，8 年间增长了 26.78%，年均增长率达 3.48%。

第三，从英国私营企业占比的变化情况来看，2010—2017 年，英国私营企业占比略有下降，但基本维持在 99.5% 以上。2010 年，英国私营企业占比为 99.75%，到 2017 年略微降至 99.53%。

第四，从英国国有企业数量的变化情况来看，2010—2017 年，英国国有企业的数量也逐年增长。2010 年，英国国有企业数量为 5 255 家，到 2017 年增至 12 530 家，8 年间增长了 138.44%，年均增长率高达 13.71%。

第五，从英国国有企业占比的变化情况来看，2010—2015 年，英国国有企业占比连年增长，但占比仍在 0.5% 以下。2010 年，英国国有企业占比为 0.25%，到2015年增至0.49%，相对增长较快。2016—2017年，英国国有企业占比略有下降。

第六，对比私营企业和国有企业的数量和占比情况，不难发现，英国私营企业在英国经济中占据主要地位，2010—2017年，英国私营企业数量占比均超过99.5%。虽然英国国有企业的数量和占比这两个指标均远远低于私营企业，但2015年以来，这两个指标的增速略高于私营企业。这表明近年来英国国有企业取得了一定的发展。

为了更直观地展示英国国有企业的变化情况，我们在图1-1中标示出了英国国有企业数量和英国国有企业占比的变化趋势。图1-1显示，2010—2015年，英国国有企业的数量快速增加，英国国有企业占所有企业总数的比重虽小但在不断提升，仅在2016—2017年略有下降。

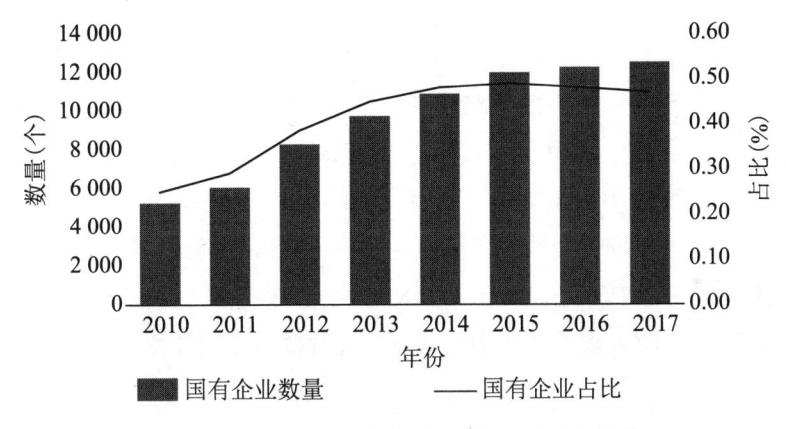

图1-1 2010—2017年英国国有企业的变化趋势

数据来源：英国国家统计局网站 https://www.ons.gov.uk/

四、英国国有企业的就业规模

（一）静态分析

表1-5至表1-12分别报告了英国私营企业和国有企业2010—2017年历年的就业规模分布情况。从静态角度来看，总体而言，2010—2017年英国私营企业和国有企业的就业规模分布情况年内变化较小，具有相同的特征。因此，笔者以2017年的英国私营企业和国有企业的就业规模分布情况为例展开静态分析。

以2017年的英国私营企业和国有企业的就业规模分布情况为例可以看到，

在英国所有的不同就业规模的企业中，2017年国有企业的平均占比仅为0.47%。但是随着企业就业规模的上升，英国国有企业的占比也不断提高，在500人以上的超大规模的企业中，国有企业占比已高达18.41%。这表明，在英国的大型企业中，国有企业发挥着重要作用。

具体而言，首先，从总体来看，私营企业在英国企业就业中占据主要地位，在所有企业中的占比高达99.53%，而国有企业在英国企业就业中占比较低，在所有企业中的占比仅为0.47%。而具体到不同就业规模的私营企业和国有企业的分布情况来看，无论是在小规模企业还是在大规模企业，国有企业的占比均未超过20%。

其次，从分指标来看，第一，在49人以下的小规模企业中，英国国有企业占比较低，未超过2%，并且在19人以下的微型企业中，国有企业的占比更低，仅为0.28%。但同时也应该注意到，随着企业规模从微型变为小型，国有企业的占比也开始提高，在10人以下微型企业中，国有企业占比为0.28%，而在20~49人的小型企业中，国有企业占比已达1.44%。第二，在50~249人的中等规模企业中，国有企业的占比相对较高，基本上超过了5%，尤其在200~249人的中大型规模企业中，国有企业占比已达12.35%。同时也可以看到，随着企业规模从中等规模变为中大型规模，国有企业的占比也大体呈现上升趋势。第三，在250人以上的大型规模企业中，国有企业占比较高，特别是在超过500人以上的超大规模企业中，国有企业占比达18.41%。这些数据表明，在英国的中大规模企业中，特别是超大规模企业中，国有企业发挥着重要作用。

表1-5　2017年英国私营企业、国有企业就业分布

就业人数规模	英国私营企业 公司数量（个）	英国私营企业 公司占比（%）	英国国有企业 公司数量（个）	英国国有企业 公司占比（%）	企业总计数（个）
10人以下	2 380 145	99.72	6 595	0.28	2 386 740
10~19人	150 715	99.72	425	0.28	151 140
20~49人	79 415	98.56	1 160	1.44	80 575
50~99人	24 620	95.00	1 295	5.00	25 915
100~199人	10 735	88.72	1 365	11.28	12 100
200~249人	2 200	87.65	310	12.35	2 510
250~499人	4 350	90.53	455	9.47	4 805
500人以上	4 100	81.59	925	18.41	5 025
总计	2 656 280	99.53	12 530	0.47	2 668 810

数据来源：参见英国国家统计局网站：https://www.ons.gov.uk/

第一章 英国国有经济现状

表1-6 2016年英国私营企业、国有企业就业分布

就业人数规模	企业类型（2016年）				企业总计数（个）
	英国私营企业		英国国有企业		
	公司数量（个）	公司占比（%）	公司数量（个）	公司占比（%）	
10人以下	2 271 050	99.72	6 430	0.28	2 277 480
10~19人	148 385	99.71	430	0.29	148 815
20~49人	77 450	98.49	1 185	1.51	78 635
50~99人	24 205	94.98	1 280	5.02	25 485
100~199人	10 560	88.78	1 335	11.22	11 895
200~249人	2 215	88.42	290	11.58	2 505
250~499人	4 295	91.09	420	8.91	4 715
500人以上	4 070	81.89	900	18.11	4 970
总计	2 542 230	99.52	12 270	0.48	2 554 500

数据来源：参见英国国家统计局网站：https://www.ons.gov.uk/

表1-7 2015年英国私营企业、国有企业就业分布

就业人数规模	企业类型（2015年）				企业总计数（个）
	英国私营企业		英国国有企业		
	公司数量（个）	公司占比（%）	公司数量（个）	公司占比（%）	
10人以下	2 167 185	99.72	6 170	0.28	2 173 355
10~19人	149 035	99.71	430	0.29	149 465
20~49人	77 085	98.44	1 220	1.56	78 305
50~99人	23 620	95.05	1 230	4.95	24 850
100~199人	10 280	88.51	1 335	11.49	11 615
200~249人	2 155	87.25	315	12.75	2 470
250~499人	4 130	91.17	400	8.83	4 530
500人以上	3 925	81.43	895	18.57	4 820
总计	2 437 415	99.51	11 995	0.49	2 449 410

数据来源：参见英国国家统计局网站：https://www.ons.gov.uk/

表1-8 2014年英国私营企业、国有企业就业分布

就业人数规模	企业类型（2014年）				企业总计数（个）
	英国私营企业		英国国有企业		
	公司数量（个）	公司占比（%）	公司数量（个）	公司占比（%）	
10人以下	1 993 465	99.73	5 385	0.27	1 998 850
10~19人	141 895	99.71	410	0.29	142 305
20~49人	74 630	98.51	1 125	1.49	75 755
50~99人	22 935	95.50	1 080	4.50	24 015

9

续表

就业人数规模	企业类型（2014年）				企业总计数（个）
	英国私营企业		英国国有企业		
	公司数量（个）	公司占比（%）	公司数量（个）	公司占比（%）	
100~199人	9 950	88.37	1 310	11.63	11 260
200~249人	2 095	87.84	290	12.16	2 385
250~499人	3 970	91.16	385	8.84	4 355
500人以上	3 830	81.06	895	18.94	4 725
总计	2 252 770	99.52	10 880	0.48	2 263 650

数据来源：参见英国国家统计局网站：https://www.ons.gov.uk/

表1-9 2013年英国私营企业、国有企业就业分布

就业人数规模	企业类型（2013年）				企业总计数（个）
	英国私营企业		英国国有企业		
	公司数量（个）	公司占比（%）	公司数量（个）	公司占比（%）	
10人以下	1 907 580	99.75	4 865	0.25	1 912 445
10~19人	135 985	99.71	390	0.29	136 375
20~49人	72 460	98.81	875	1.19	73 335
50~99人	22 365	96.55	800	3.45	23 165
100~199人	9 850	88.90	1 230	11.10	11 080
200~249人	1 980	87.80	275	12.20	2 255
250~499人	3 905	90.71	400	9.29	4 305
500人以上	3 705	80.37	905	19.63	4 610
总计	2 157 830	99.55	9 740	0.45	2 167 570

数据来源：参见英国国家统计局网站：https://www.ons.gov.uk/

表1-10 2012年英国私营企业、国有企业就业分布

就业人数规模	企业类型（2012年）				企业总计数（个）
	英国私营企业		英国国有企业		
	公司数量（个）	公司占比（%）	公司数量（个）	公司占比（%）	
10人以下	1 901 330	99.79	3 925	0.21	1 905 255
10~19人	131 920	99.74	345	0.26	132 265
20~49人	67 325	99.10	610	0.90	67 935
50~99人	21 690	97.48	560	2.52	22 250
100~199人	9 535	90.42	1 010	9.58	10 545
200~249人	1 920	88.68	245	11.32	2 165
250~499人	3 695	88.19	495	11.81	4 190

续表

就业人数规模	企业类型（2012年）				企业总计数（个）
^	英国私营企业		英国国有企业		^
^	公司数量（个）	公司占比（%）	公司数量（个）	公司占比（%）	^
500人以上	3 490	76.12	1 095	23.88	4 585
总计	2 140 905	99.61	8 285	0.39	2 149 190

数据来源：参见英国国家统计局网站：https://www.ons.gov.uk/

表1-11 2011年英国私营企业、国有企业就业分布

就业人数规模	企业类型（2011年）				企业总计数（个）
^	英国私营企业		英国国有企业		^
^	公司数量（个）	公司占比（%）	公司数量（个）	公司占比（%）	^
10人以下	1 845 310	99.87	2 480	0.13	1 847 790
10~19人	124 135	99.75	305	0.25	124 440
20~49人	65 935	99.23	510	0.77	66 445
50~99人	21 205	98.29	370	1.71	21 575
100~199人	9 300	93.84	610	6.16	9 910
200~249人	1 875	90.80	190	9.20	2 065
250~499人	3 615	89.70	415	10.30	4 030
500人以上	3 415	74.32	1 180	25.68	4 595
总计	2 074 790	99.71	6 060	0.29	2 080 850

数据来源：参见英国国家统计局网站：https://www.ons.gov.uk/

表1-12 2010年英国私营企业、国有企业就业分布

就业人数规模	企业类型（2010年）				企业总计数（个）
^	英国私营企业		英国国有企业		^
^	公司数量（个）	公司占比（%）	公司数量（个）	公司占比（%）	^
10人以下	1 859 140	99.87	2 450	0.13	1 861 590
10~19人	127 860	99.78	285	0.22	128 145
20~49人	67 950	99.37	430	0.63	68 380
50~99人	21 435	98.71	280	1.29	21 715
100~199人	9 495	95.76	420	4.24	9 915
200~249人	1 870	94.68	105	5.32	1 975
250~499人	3 730	93.02	280	6.98	4 010
500人以上	3 635	78.34	1 005	21.66	4 640
总计	2 095 115	99.75	5 255	0.25	2 100 370

数据来源：参见英国国家统计局网站：https://www.ons.gov.uk/

（二）动态分析

从动态角度来看，2010—2017年，英国小微型规模和中等规模的国有企业发展迅速，特别是中等规模国有企业的数量和占比快速增长，8年间中等规模国有企业的数量和占比增长率分别高达268.94%和205.42%，年均增长率分别达22.04%和18.79%。而大型规模国有企业则稳定发展，8年间大型规模国有企业占比虽有波动，但基本稳定。

表1-13列出了2010—2017年英国小微型规模企业中私营企业、国有企业就业规模分布情况。从小微型规模企业来看，总体而言，国有企业在小微型规模企业中占比较低，2010—2017年，占比平均仅为0.26%。私营企业在小微型规模企业中占据主体地位，2010—2017年，私营企业平均占比高达99.74%。就变化趋势而言，2010—2017年，小微型规模国有企业的数量和占比整体均呈增长趋势，小微型规模私营企业数量虽也呈现增长趋势，但小微型规模私营企业占比有所下降。具体而言，第一，从小微型规模国有企业数量上来看，2010年为3 165家，到2017年增至8 180家，8年间增长了158.45%，年均增长率达15.47%。第二，从小微型规模国有企业占比来看，2010年占比为0.15%，到2017年占比增至0.31%，8年间增长了106.67%，年均增长率达11.96%。第三，从小微型规模私营企业数量上来看，2010年为2 054 950家，到2017年增至2 610 275家，8年间增长了27.02%，年均增长率达3.51%。第四，从小微型规模私营企业占比来看，2010年占比为99.85%，到2017年降至99.69%，8年间降低了0.16%，年均增长率是–0.02%。

表1-13　2010—2017年英国小微型规模企业中私营企业、国有企业就业分布情况

年　份	小微型规模企业				企业数量合计（个）
	英国私营企业		英国国有企业		
	公司数量（个）	公司占比（%）	公司数量（个）	公司占比（%）	
2010	2 054 950	99.85	3 165	0.15	2 058 115
2011	2 035 380	99.84	3 295	0.16	2 038 675
2012	2 100 575	99.77	4 880	0.23	2 105 455
2013	2 116 025	99.71	6 130	0.29	2 122 155
2014	2 209 990	99.69	6 920	0.31	2 216 910
2015	2 393 305	99.67	7 820	0.33	2 401 125
2016	2 496 885	99.68	8 045	0.32	2 504 930
2017	2 610 275	99.69	8 180	0.31	2 618 455
平均值	2 252 173	99.74	6 054	0.26	2 258 228

数据来源：英国国家统计局网站：https://www.ons.gov.uk/

表 1-14 列出了 2010—2017 年英国中等规模企业中私营企业、国有企业就业规模分布情况。从中等规模企业来看，总体而言，国有企业在中等规模企业中的占比有一定程度的上升，2010—2017 年，在中等规模企业中，国有企业占比平均值为 5.81%，远远高于小微型规模国有企业的占比。同样，私营企业在中等规模企业中占据主体地位，2010—2017 年，私营企业平均占比高达 94.19%。就变化趋势而言，2010—2017 年，中等规模国有企业的数量和占比整体均呈现增长趋势，中等规模私营企业数量虽也呈现增长趋势，但占比有所下降。

表 1-14 2010—2017 年英国中等规模企业中私营企业、国有企业就业分布情况

年 份	中等规模企业				企业数量合计（个）
	英国私营企业		英国国有企业		
	公司数量（个）	公司占比（%）	公司数量（个）	公司占比（%）	
2010	32 800	97.60	805	2.40	33 605
2011	32 380	96.51	1 170	3.49	33 550
2012	33 145	94.81	1 815	5.19	34 960
2013	34 195	93.68	2 305	6.32	36 500
2014	34 980	92.88	2 680	7.12	37 660
2015	36 055	92.60	2 880	7.40	38 935
2016	36 980	92.72	2 905	7.28	39 885
2017	37 555	92.67	2 970	7.33	40 525
平均值	34 761	94.19	2 191	5.81	36 953

数据来源：英国国家统计局网站：https://www.ons.gov.uk/

具体而言，第一，从中等规模国有企业数量来看，2010 年，英国中等规模国有企业数量为 805 家，到 2017 年增至 2 970 家，8 年间增长了 268.94%，年均增长率达 22.04%。第二，从中等规模国有企业占比来看，2010 年，英国中等规模国有企业占比为 2.40%，到 2017 年增长至 7.33%，8 年间增长了 205.42%，年均增长率达 18.79%。第三，从中等规模私营企业数量来看，2010 年，英国中等规模私营企业数量为 32 800 家，到 2017 年增长至 37 555 家，8 年间增长了 14.50%，年均增长率达 1.96%。第四，从中等规模私营企业占比来看，2010 年，英国中等规模私营企业占比为 97.60%，到 2017 年降至 92.67%，8 年间降低了 5.05%，年均增长率为 –0.74%。

表 1-15 列出了 2010—2017 年英国大型规模企业中私营企业、国有企业就业规模分布情况。从大型规模企业来看，总体而言，国有企业在大型规模企业中占比较高，2010—2017 年，在大型规模企业中，国有企业占比平均值高达 15.22%。

大型规模企业中，国有企业重要性凸显。就变化趋势而言，2010—2017年，大型规模国有企业数量呈现增长趋势，大型规模国有企业占比基本稳定，大型规模私营企业数量呈现增长趋势，大型规模私营企业占比也基本稳定。进一步细分来看，第一，从大型规模国有企业数量上来看，2010年，英国大型规模国有企业数量为1 285家，到2017年增至1 380家，8年间增长了7.39%，年均增长率达1.66%。第二，从大型规模国有企业占比来看，2010—2017年，大型规模国有企业就业占比虽有一定波动，但基本稳定在14%左右。第三，从大型规模私营企业数量上来看，2010年，英国大型规模私营企业数量为7 365家，到2017年增至8 450家，8年间增长了14.73%，年均增长率达2.03%。第四，从大型规模私营企业占比来看，2010—2017年，大型规模私营企业占比虽有一定波动，但基本稳定在86%左右。

表1-15　2010—2017年英国大型规模企业中私营企业、国有企业就业分布情况

年 份	大型规模企业 英国私营企业 公司数量（个）	大型规模企业 英国私营企业 公司占比（%）	大型规模企业 英国国有企业 公司数量（个）	大型规模企业 英国国有企业 公司占比（%）	企业数量合计（个）
2010	7 365	85.14	1 285	14.86	8 650
2011	7 030	81.51	1 595	18.49	8 625
2012	7 185	81.88	1 590	18.12	8 775
2013	7 610	85.36	1 305	14.64	8 915
2014	7 800	85.90	1 280	14.10	9 080
2015	8 055	86.15	1 295	13.85	9 350
2016	8 365	86.37	1 320	13.63	9 685
2017	8 450	85.96	1 380	14.04	9 830
平均值	7 733	84.78	1 381	15.22	9 114

数据来源：英国国家统计局网站：https://www.ons.gov.uk/

五、英国国有企业的营业额规模

表1-16给出了2017年英国私营企业、国有企业的营业额规模分布情况。由表1-16可见，在英国所有企业中，2017年国有企业的占比仅为0.47%。但随着企业营业额规模的上升，英国国有企业的占比在不断提高，在营业收入为10亿英镑以上的超大规模企业中，国有企业占比已达2.04%。这表明，在英国的大型企业中，国有企业发挥着重要作用。

总体来看，私营企业在英国经济中占据主要地位，在所有企业中的数量占

比高达 99.53%，而国有企业在英国经济中占比较低，在所有企业中的数量占比仅为 0.47%。具体到不同营业额规模的私营企业和国有企业的分布情况来看，无论是在小型企业还是在大型企业中，国有企业的数量占比均较低，最高仅为 2.04%。

分指标来看，第一，在 0~0.99 亿英镑营业额区间的小型企业中，国有企业数量占比相对较高，为 0.55%。第二，在 1 亿~9.99 亿英镑营业额各区间的中型企业中，国有企业的占比较低，均低于 0.3%。但是，同时也可以看到，随着企业的营业额规模从中小型规模变为中型规模，最后到中大型规模，国有企业数量的占比呈现上升趋势。在 1 亿~2.49 亿英镑营业额区间的中小型规模企业中，国有企业占比仅为 0.09%，而在 5 亿~9.99 亿英镑营业额区间的中大型规模企业中，国有企业占比已达 0.24%。在 10 亿英镑营业额以上的大型规模企业中，国有企业占比最高，高达 2.04%，远远高于其他营业额区间的企业数量。这些数据表明，在英国的大型企业中，国有企业发挥着重要作用。

表 1-16　2017 年英国私营企业、国有企业营业额分布

营业额区间（亿英镑）	企业类型 英国私营企业 公司数量（个）	英国私营企业 公司占比（%）	英国国有企业 公司数量（个）	英国国有企业 公司占比（%）	企业数量合计（个）
0~0.99	1 090 310	99.45	6 040	0.55	1 096 350
1~2.49	825 815	99.91	785	0.09	826 600
2.5~4.99	320 915	99.88	400	0.12	321 315
5~9.99	185 905	99.76	445	0.24	186 350
10 以上	233 330	97.96	4 865	2.04	238 195
合计	2 656 280	99.53	12 530	0.47	2 668 810

数据来源：英国国家统计局网站：https://www.ons.gov.uk/

第二节　国有经济的布局

本节主要从英国国有企业的地区布局和行业布局两个维度来对英国国有经济的布局展开描述和分析。

从地区布局来看，英国国有企业主要分布于英格兰地区，英格兰地区的国有企业占全英国国有企业的比重高达 74.40%。

从行业布局来看，2017 年，英国国有企业主要布局在公共行政管理与国防行业以及教育行业。两个行业的国有企业数量分别为 7 135 个和 4 330 个，国有

企业占该行业所有企业的比重分别高达 99.79% 和 8.96%。在公共行政管理与国防行业国有企业发挥着主导作用，在教育行业国有企业的重要性凸显。

一、英国国有企业的地区布局

表 1-17 和表 1-18 分别给出了 2018 年英国各个地区私营企业和国有企业占全国私营企业和国有企业的比重，说明了 2018 年英国各个地区私营企业和国有企业的地位。

总体来看，第一，从英国各个地区国有企业的数量来看，英国国有企业主要分布于英格兰地区，英格兰地区的国有企业占全英国国有企业的比重高达 74.40%。接下来分别是苏格兰、威尔士和北爱尔兰。第二，从英国各个地区国有企业的地位来看，北爱尔兰地区的国有企业占北爱尔兰地区所有企业的比重最高，达 6.61%。接下来分别是苏格兰、威尔士和英格兰。其中，在英格兰地区内部，伦敦地区和东南部地区的国有企业的占比在英格兰地区中分别排名倒数第一和倒数第二。相反，东北部地区的国有企业占比在英格兰地区中排名第一。这表明，在英国内部，经济不发达地区的国有企业占比较高，且发挥着相对重要的作用。

表 1-17 显示，2018 年，英国总体以私营企业为主、国有企业为辅。2018 年，英国私营企业有 3 043 215 家，国有企业有 90 045 家。首先，从国有企业来看，英国国有企业主要分布在英格兰地区，英格兰地区的国有企业占全英国国有企业的比重为 74.40%。其次分别是苏格兰、威尔士和北爱尔兰，占比分别为 12.45%、6.67% 和 6.47%。再次，从私营企业来看，同样，英国私营企业也主要分布于英格兰地区，英格兰地区的私营企业占全英国私营企业的比重为 86.43%。最后分别是苏格兰、威尔士和北爱尔兰，占比分别为 6.91%、3.96% 和 2.71%。

表 1-17　2018 年英国各个地区私营企业和国有企业占全英国私营企业和国有企业的比重

地　　区	私营企业 公司数量（个）	私营企业 公司占比（%）	国有企业 公司数量（个）	国有企业 公司占比（%）
英格兰	2 630 205	86.43	66 995	74.40
北爱尔兰	82 390	2.71	5 830	6.47
苏格兰	210 160	6.91	11 210	12.45
威尔士	120 460	3.96	6 010	6.67
英国合计	3 043 215	100.00	90 045	100.00

数据来源：英国国家统计局网站 https://www.ons.gov.uk/

表1-18所示，首先，从英格兰地区来看，2018年，该地区国有企业有66 995家，在英格兰地区占比为2.48%，低于全英国国有企业平均水平。相反，2018年，英格兰地区私营企业高达2 630 205家，在英格兰地区占比高达97.52%，高于全英国私营企业平均水平。具体到英格兰地区内部来看，伦敦地区和东南部地区企业数量最多，分别高达560 565个和456 445个。但是，同时也可以看到，在伦敦地区和东南部地区，国有企业的占比在英格兰地区中分别排名倒数第一和倒数第二，国有企业占比分别为1.34%和2.29%。相反，在英格兰地区中，东北部地区的企业数量最少，企业数量仅为84 500个，但该地区国有企业占比在英格兰地区中排名第一，国有企业占比高达4.24%。

表1-18　2018年英国各个地区内部私营企业和国有企业的数量占比

地　区	私营企业 公司数量（个）	私营企业 公司占比（%）	国有企业 公司数量（个）	国有企业 公司占比（%）	总计数（个）
英国合计	3 043 215	97.13	90 045	2.87	3 133 260
英格兰	2 630 205	97.52	66 995	2.48	2 697 200
东北部	84 500	95.76	3 745	4.24	88 245
西北部	308 060	97.12	9 140	2.88	317 200
约克郡和亨伯郡	212 340	96.57	7 550	3.43	219 890
东米德兰兹郡	202 070	96.75	6 780	3.25	208 850
西米德兰兹郡	243 075	97.27	6 835	2.73	249 910
东部	296 510	97.57	7 395	2.43	303 905
伦敦	560 565	98.66	7 635	1.34	568 200
东南部	456 445	97.71	10 715	2.29	467 160
西南部	266 640	97.37	7 200	2.63	273 840
北爱尔兰	82 390	93.39	5 830	6.61	88 220
苏格兰	210 160	94.94	11 210	5.06	221 370
威尔士	120 460	95.25	6 010	4.75	126 470

数据来源：英国国家统计局网站：https://www.ons.gov.uk/

其次，从北爱尔兰地区来看，2018年，该地区国有企业虽然仅有5 830家，但是国有企业在北爱尔兰地区占比高达6.61%，远高于全英国国有企业平均水平。此外，2018年，该地区私营企业有82 390家，私营企业在北爱尔兰地区占比93.39%，远低于全英国私营企业平均水平。

再次，从苏格兰地区来看，2018年，该地区国有企业有11 210家，且国有企业在苏格兰地区占比相对较高，为5.06%，也远高于全英国国有企业平均水平。2018年，苏格兰地区私营企业有210 160家，私营企业在苏格兰地区占比为94.94%，也同样远低于全英国私营企业平均水平。

最后，从威尔士地区来看，2018年，该地区国有企业有6 010家，且国有企业在威尔士地区占比也相对较高，为4.75%，高于全英国国有企业平均水平。而同年威尔士地区私营企业有120 460家，私营企业在威尔士地区占比为95.25%，也同样低于全英国私营企业平均水平。

二、英国国有企业的行业布局

表1-19给出了2017年英国私营企业和国有企业在英国17个行业大类中的布局情况。总体而言，2017年，英国国有企业主要布局在公共行政管理与国防行业以及教育行业。两个行业的国有企业数量分别为7 135家和4 330家，国有企业占该行业所有企业的比重分别高达99.79%和8.96%，在公共行政管理与国防行业国有企业发挥着主导作用，在教育行业国有企业的重要性也很凸显。而就私营企业而言，在17个行业大类中，私营企业主要分布在专业科学和技术行业及建筑业。两个行业的私营企业数量分别为478 760个和319 845个，私营企业占该行业所有企业的比重极为接近100%。

具体从不同行业来看，第一，在机动车行业和零售业两个行业中，国有企业的数量均为0。第二，在农业、林业和渔业，建筑业，批发业，住宿和餐饮服务业及信息和通信行业5个行业中，国有企业数量最高仅为15家，国有企业占该行业所有企业的比重极其接近0。第三，在制造业、运输和储存业（包括邮政）、金融和保险业、房地产业、专业科学和技术行业、企业管理和支持服务行业6个行业中，国有企业数量有一定提升，但最高仍未超过100个。第四，在卫生健康行业以及艺术、娱乐、休闲和其他服务行业2个行业中，国有企业突破了100家，国有企业占该行业所有企业的比重已突破0.1%，分别达到0.41%和0.11%。第五，在公共行政管理与国防行业以及教育行业2个行业中，国有企业占比大幅提升。其中，教育行业的国有企业数量达4 330个，国有企业占该行业所有企业的比重高达8.96%，国有企业的重要性凸显。而在公共行政管理与国防行业，国有企业数量高达7 135家，国有企业占该行业所有企业的比重高达99.79%，在该行业中国有企业占据主导地位，发挥着非常重要的作用。

表 1-19　2017 年英国私营企业、国有企业的行业布局（17 个行业大类）

行　业	私营企业 公司数量（个）	私营企业 公司占比（%）	国有企业 公司数量（个）	国有企业 公司占比（%）	企业数量合计（个）
农业、林业和渔业	147 790	100.00	5	0.00	147 795
制造业	148 795	99.95	70	0.05	148 865
建筑业	319 845	100.00	15	0.00	319 860
机动车行业	75 075	100.00	0	0.00	75 075
批发业	103 410	100.00	5	0.00	103 415
零售业	196 800	100.00	0	0.00	196 800
运输和储存业（包括邮政）	109 205	99.92	85	0.08	109 290
住宿和餐饮服务业	150 285	99.99	10	0.01	150 295
信息和通信行业	217 015	100.00	10	0.00	217 025
金融和保险业	55 685	99.95	30	0.05	55 715
房地产业	93 120	99.94	60	0.06	93 180
专业科学和技术行业	478 760	99.99	65	0.01	478 825
企业管理和支持服务行业	228 150	99.98	35	0.02	228 185
公共行政管理与国防行业	15	0.21	7 135	99.79	7 150
教育行业	43 970	91.04	4 330	8.96	48 300
卫生健康行业	119 615	99.59	490	0.41	120 105
艺术、娱乐、休闲和其他服务行业	168 745	99.89	185	0.11	168 930
合计	2 656 280	99.53	12 530	0.47	2 668 810

数据来源：英国国家统计局网站：https://www.ons.gov.uk/

本书附表中进一步给出了 2017 年英国私营企业和国有企业在英国 99 个行业小类中的布局情况。就国有企业的分布情况而言，和 17 个行业大类的企业布局情况类似，总体而言，在 99 个行业小类中，2017 年英国国有企业主要分布在第 84 小类——公共行政管理与国防行业、强制性社会保障（public administration and defence; compulsory social security）和第 85 小类——教育行业（education）两个行业。两个行业的国有企业数量分别为 7 135 个和 4 330 个，国有企业占该行业所有企业的比重分别高达 99.79% 和 8.96%。而就私营企业而言，在 99 个行业小类中，私营企业主要分布在第 43 小类——专业建筑活动（specialised construction activities）和第 47 小类——零售贸易（但不包括机动车和摩托车）（retail trade; except of motor vehicles and motorcycles）两个行业。两个行业的私营企业数量分别为 203 270 家和 196 800 家，私营企业占该行业所有企业的比重均为 100%。

第三节 国有经济的特点

从前两节的叙述中不难看出，英国国有经济有着以下五个方面的特点。

一、国有经济在英国国民经济中占有一定的地位

首先，从国有企业的产值占比来看，1979—1991年，英国国有企业的产值占GDP的比重逐年下降，到1991年该指标仅为1.9%。其次，从英国国有企业的投资占比来看，1979—1991年，英国国有企业的投资占国内总投资的比重也逐年下降，到1991年该指标仅为4.2%。最后，从英国国有企业的数量占比来看，2017年英国国有企业占英国所有企业的比重仅为0.47%。

上述统计数字表明，国有企业在英国国民经济中所占的比重并不高，但以下两个原因仍能说明国有经济在英国经济中占有一定的地位：一是英国国有企业不仅从事营利性的商贸活动，而且承担着大量非营利性的社会劳务活动，而这方面为社会做出的巨大贡献难以从数量上统计出来；二是英国国有企业在教育、国防安全和公共服务等重要经济部门发挥着相当重要的作用。

二、近年来国有经济发展速度较快，特别是中等规模和小微型国有企业

第一，从英国国有企业数量的变化情况来看，2010—2017年，英国国有企业的数量逐年增长。2010年，英国国有企业数量为5 255家，到2017年增至12 270家，8年间增长了138.44%，年均增长率高达13.71%。而与此同时，2010—2017年，英国私营企业数量的增长率仅为26.78%，年均增长率仅为3.48%，私营企业的增长速度远低于国有企业。第二，从小微型规模国有企业的变化情况来看，2010年，英国小微型国有企业数量为3 165家，到2017年增至8 180家，8年间增长了158.45%，年均增长率达15.47%。而与此同时，2010—2017年，英国小微型私营企业数量的增长率仅为27.02%，年均增长率仅为3.51%，其增长速度远低于国有企业。第三，从中等规模国有企业的变化情况来看，2010年，英国中等规模国有企业的数量为805家，到2017年增至2 970家，8年间增长了268.94%，年均增长率达22.04%。而与此同时，2010—2017年，英国中等规模私营企业数量的增长率仅为14.50%，年均增长率仅为1.96%，中等私营企业的增长速度远远低于国有企业。

以上数据表明，虽然英国经济以私营经济为主、国有经济为辅，但是近年

来，英国国有企业的数量不断增加，特别是中等规模和小微型规模的国有企业数量不断增加，且这两种规模国有企业的增长速度远高于同等规模的私营企业。这一现象表明，近年来，英国国有企业取得了较快发展，在英国经济中的重要性开始提升，特别是在中型和小微型的企业中，国有企业的重要性提升明显。

三、在大型企业中，国有企业发挥着重要作用

从就业人数规模来看，随着企业就业规模的上升，英国国有企业的占比也不断提高。其中，在 500 人以上的超大规模企业中，国有企业占比已高达 18.41%，远高于其他就业规模的国有企业占比。从营业额规模来看，随着企业营业额规模的上升，英国国有企业的占比也不断提高，在营业额为 10 亿英镑以上的超大规模的企业中，国有企业占比已达 2.04%，也远高于其他营业额规模的国有企业占比。

以上数据表明，在英国的大规模企业中，国有企业占据着重要地位并发挥着重要作用。

四、在英国经济相对不发达的地区，国有经济发挥着更重要的作用

第一，从英国各个地区国有企业的数量来看，英格兰地区的国有企业占英国国有企业的比重高达 74.40%，即英国国有企业主要分布于经济相对发达的英格兰地区。但是，国有企业在英格兰地区的占比仅为 2.48%，低于全英国国有企业平均水平。第二，从英国各个地区内部的国有企业的地位来看，在经济相对不发达的北爱尔兰地区，其国有企业占据该地区所有企业的比重最高，高达 6.61%。而在英格兰地区内部，经济相对发达的伦敦地区和东南部地区国有企业的占比在英格兰地区中分别排名倒数第一和倒数第二。相反，在经济相对不发达的东北部地区，其国有企业占比在英格兰地区中排名第一。

以上数据表明，在英国经济不发达地区，国有企业占比较高，发挥着相对重要的作用。

五、国有经济主要分布在基础设施、公共服务及国防安全与教育领域

2017 年，英国国有企业主要布局在公共行政管理与国防行业以及教育行业。两个行业的国有企业数量分别为 7 135 家和 4 330 家，国有企业占该行业所有企业的比重分别高达 99.79% 和 8.96%。在公共行政管理与国防行业国有企业发挥着主导作用，而在教育行业国有企业的重要性凸显。

第二章
英国国有经济演变的历程、路径与原因

虽然英国是西方资本主义世界建立以来第一个推行市场经济和最为坚定地支持实施私有经济的国家，但其国内仍然有一定程度的国有经济成分存在并发挥着较为重要的产业基础支撑作用，甚至在 20 世纪 40 年代之后，经历了一段长达 30 余年的国有经济和私有经济的"蜜月期"，国有经济曾一度成为加快其经济增长和吸收就业的主要来源。然而，客观地分析英国国有经济在其经济结构中的作用，在其信奉的自由主义经济理论思想的影响下，英国的国有经济始终难以成为其国民经济发展的主体，国有经济始终作为英国私有经济的重要补充而存在。即使是在英国国有经济发展最繁荣的时期，其在国民经济中的占比也没有超过 30%，但其发挥了引导二战后英国经济复苏和增加就业的重要作用。

第一节　第一阶段：英国国有经济的"萌芽阶段"

自 1640 年英国爆发资产阶级革命到 1688 年英国进入资本主义社会，市场经济和私有化一直是英国经济发展的主要特征，私有经济也成为这一时期英国的主体经济形式，在英国的国民经济构成中占据绝对的主导地位。

一、英国国有经济的出现

英国国有经济成分的出现，最早可以追溯到始建于 17 世纪初期的英国皇家兵工厂以及 18 世纪建立的英国皇家舰船修建厂。这一时期带有国有性质的企业屈指可数，更多地表现为英国的军工类企业，尤其是那些事关其国家安全的军工类国有企业。与欧美地区其他传统资本主义国家一样，英国最初将这些军工类企业都归为由国家的相关政府机构直接控制。而英国民间的市场性质类企业，则仍是以私有经济模式发展起来的私有企业为主体。而这种隶属于国家机构专有的军工类企业，也并不被认同或专门被归属为现代意义上的、公开参与市场竞争的国有企业或公有企业范畴。

二、英国国有经济的"萌芽"式发展

20世纪初，以公共公司为主的国有性质企业开始逐步进入英国的国有经济发展序列，并日益发挥重要作用。目前，国外学术界、组织机构和研究人员基于不同的研究视角，曾对国有企业的概念进行过不同界定，把包括"国有化企业""国营企业""政府企业"在内的各类有国有成分的企业，纳入国有企业的研究范畴，导致学术界现有对国有企业的研究和界定相对较为繁杂。而根据目前国内外学术界关于英国国有经济研究的文献统计，在英国的国有企业构成中，虽然有由政府相关部门和相关部门的主管大臣直接管理的国有企业，以及英国的政府机构占有绝对控股地位或者唯一控股地位的混合型或合作类国有股份公司，但更多的英国国有化企业被称为公共类企业（public corporation或public sector）。从组织形式上来看，这类企业主要是采取独立法人形式存在的企业，由英国政府对应的相关部门为公共企业的日常运行制定年度或一段时期的总体企业发展战略和未来战略方向，即政府负责宏观的企业方向控制，但其日常的运行、经营、管理等相关事务，都由企业像私有的股份制企业那样，聘请专门的董事会进行公司化的管理。这可能是其深受私有化和市场经济的影响，强调公司治理形式的重要性导致的"惯性做法"。综合现有的文献后分析，基于民间性质和市场意义上的英国国有企业，起源于20世纪初建立的英国伦敦港务局。在20世纪上半叶的两次世界大战期间，由于战争的影响，英国的市场经济和私有化进程因受到一定程度阻碍和影响而削弱，同时战争导致英国工人的失业率增加，出于集中资源管理、延缓失业状况持续恶化、加快经济增长和赢得战争胜利的需要，英国政府开始初步主导建立起一定数量的公共企业，包括1922年在英国伦敦成立的全球最大的新闻广播公司——英国广播公司（BBC）、1926年在英国电力法案支持下成立的全球第一家管理国家电网的企业——英国中央电力局、1939年由英国航空公司并购英国帝国航空公司成立的英国海外航空公司等，国有经济在英国国内开始"萌芽"式的发展。

三、二战期间的英国国有化

在两次世界大战期间，出于满足战争需要的有限资源的集中使用，英国和美国、德国、法国、日本等传统资本主义国家，都将国有企业视为应对战争特殊需要的产物之一，通过直接建立或行业内并购建立的国有性质企业，更多的是为某些军事目的服务。相比于美国、日本、德国等，由于更重视市场经济和私有化，英国国有企业建立和发展的速度相对较慢，但其仍在政府直接投资建立的国有性质军工企业的基础上发展起来了。甚至在二战期间，政府还通过将电子、航空、钢铁、宣传服务等领域的私有企业直接利用"行政+市场"手段并购国有化，使这一时期的英国出现了一次国有化"小高潮"。尤其是在1929—1933年爆发的资本主义世界经济危机的冲击下，英国经济学家约翰·梅纳德·凯恩斯（John Maynard Keynes）于1936年正式出版了现代西方宏观经济学的奠基性的名著《就业、利息与货币通论》，以"政府干预+市场经济调节"为核心的凯恩斯主义经济学，开始成为西方经济学界信奉的主流宏观经济学理论，并为包括英国在内的西方主要资本主义国家的政府接受和实践。与此同时，为了尽快地摆脱1929年以来席卷全球的资本主义经济危机的负面影响和经济困境，各国也开始按照该理论的指导，增加政府干预经济的政策实施。于是在政府干预的理论和实践需求的双重推动下，英国政府开始推行"产业合理化"政策，不仅通过大规模兴建社会公共工程、推行工业领域的技术更新和新兴产业的创新等方式，刺激宏观经济增长和扩大内需，而且通过"卡特尔化"等模式，在造船、煤炭、纺织等领域实施大规模的国有化和强制性的企业联合，强势干预事关国家资源、交通、电报电话、能源和军事战争需求的相关产业发展，形成了比其他资本主义国家的国有资本集中度更高的国有企业。这一时期，英国的企业国有化进程并没有采取类似于当时德国国有股份制企业、法国和意大利国有成分适当参与控股的模式，而是采取国有独资控股的模式。这使得当时英国公共企业的生产和经营规模普遍很大，并且这种控股模式一直持续到二战结束。这也使得二战结束之初，英国的国有经济发展具有很好的前期条件，也为英国处于20世纪70年代之前西方资本主义主要国家的国有经济发展的最高水平，奠定了扎实的前期基础。

然而，必须说明的是，在两次世界大战期间，虽然英国开始将个别企业国有化或者建立了占极少数比重的公共企业，但英国的私有企业发展并没有受到巨大冲击，没有出现大规模的国有化。这一时期的英国企业国有化仍处于"萌芽"时期，甚至可以说还算不上企业国有化的起步阶段，仅零星出现极少数的国有企业。

第二节　第二阶段：英国国有经济的"高速"发展阶段

1945年，第二次世界大战正式结束。在连续两次世界大战的冲击下，英国的国内经济遭受重创，基础设施和产业体系受损严重，失业现象严重，进而导致其战时经济向正常经济的转型也相对迟滞和回升乏力。如何推进战后英国经济迅速复苏和就业增长，成为摆在当时英国政府面前的最主要的政治需求和经济目标。

由于两次世界大战及1929—1933年资本主义世界爆发的经济危机的双重影响，国家干预理论和进行宏观经济政策调控的政府实践在英国国内迅速占据主导地位。也正因如此，对政府干预宏观经济的政策要求更强烈和主张实现公有制的英国工党，战胜了相对更为主张自由市场经济和私有制的英国保守党，成为二战结束后英国的首任执政党，并组阁政府。具体而言，当时英国工党和保守党的政策主张差异表现为：在政治和经济主张上，英国工党更加偏好"民主型社会主义"的政治主张，对国有经济干预市场经济运行相对更为宽容，同时其主张在经济发展上既要坚持以私有经济为主体，又要让国有经济更多地参与英国经济的复苏进程；而英国保守党更为信奉以新自由主义市场经济为核心和基础的货币主义学派经济理论，更加强调私有化在英国经济运行和复苏中的基础性作用，对国有经济的作用则相对不重视。

由于英国工党更为坚持和信奉凯恩斯主义的国家干预理论，在英国工党提出的"生产资料公有制"的政策目标感召下，英国国内规模日益庞大的工会组织与英国工党逐步联合，工党也因此成为英国工会组织的政党利益代言人。一方面，英国工会为工党提供人力和财力上的支持，尤其是选票支持；另一方面，英国工党代表工会利益集团参与政治活动，在英国工会成员选票的有力支持下，1945年代表英国工党的艾德礼政府成为二战结束后英国的首届执政政府。而这也使得英国在1945—1978年期间，先后掀起了三次企业国有化的发展浪潮，促使国有企业在英国的发展迅速进入"高潮期"。

一、艾德礼工党政府开启英国的"国有化"经济发展

为了尽快恢复战后的英国经济，走出两次世界大战给英国造成的阴影，英国的艾德礼工党政府在1945年7月正式上台后，按照其在当年4月提出的"让我们面对未来"的政策主张，正式确立了将部分私有企业国有化的宏观产业政策。

在具体执政过程中，英国艾德礼工党政府主要通过结合英国议会颁布法令或法规的方式，来推进英国企业的国有化进程。一方面，英国政府和议会在1945—1951年，先后至少颁布了8项以上的有关电力、煤炭、运输、银行、邮政、电信、天然气、交通等自然垄断行业和关系国计民生产业的国有化法规，其中包括将英格兰银行转型为英国中央银行的《英格兰银行法》（1945年），将大约1 500个煤矿类企业国有化的《煤业国有法》（1945年），将机场和航空类企业收归国有的《民用航空法》（1946年），以及《电报和无线电通讯业国有法》（1947年）、《运输法》（1947年）、《电力法》（1947年）、《煤气法》（1948年）和《钢铁法》（1949年）。另一方面，英国政府还利用由国家财政投入的方式直接建立新的国有企业，以及政府直接出资购买私人企业股权和将私有企业直接收归国有、政府机构与私人企业共同出资或参股建立新企业等更多方式，建立更多由英国政府占绝对控股权的公有性质企业，强化对国有企业的建设和经营规模的扩大。由此，英国的国有经济发展进入了第一阶段的"高潮期"。政府先后在其国有经济领域，建立了国有控股的英格兰银行、英国电信局、英国中央电力局、英国运输委员会等。由英国政府独自控股的大型国有企业，将供电、煤炭、钢铁等关系英国国民经济命脉的公共事业部门和基础设施部门相继国有化，使得英国国有企业的建立速度大幅提升，占比迅速增加。通过在关键基础工业领域和公共事业部门的企业国有化，英国政府在一定程度上减缓了因两次世界大战导致的工人失业增加和企业破产的速度。而通过国有企业吸收大量就业和增加固定资产投资，在一定程度上也遏制了英国国内的经济衰退趋势。据相关资料统计，仅在1951年，英国国有企业吸收的就业人数就多达218.8万人，其国有企业的资产总额占英国社会资产总额的比重一度高达20%。这一时期，国有经济的发展和壮大为英国的社会稳定做出了巨大贡献。

在1951年的英国政府大选中，工党输给了保守党，使得以工党政府的政策主张为主导的第一次国有化"高潮"暂时停止。但由于此后的英国经济增长乏力和失业增加，出于维护英国就业增长和促进经济维持增长态势的宏观经济政策需要，二战结束初期英国保守党和工党曾就"巴茨克尔主义"达成政治共识，因而认可政府干预对宏观经济的重要性。英国新任的保守党政府在这一时期的国有化政策导向，并没有发生根本的方向转变，即英国的保守党政府在接下来的一个执政期内，仅仅只是将钢铁行业从国有性质变成私有性质，但在其他行业则继续推行强有力的国有化政策，保持了英国政府在电力、内海航运、交通运输、航空、铁路等基础设施部门和公共事业部门的国有化进程。英国的国有经济比重并未发生本质性的降低，甚至在1951—1955年二战后的第一个保守党政府任期内，其国有企业的雇员数量和固定资产投资的占比都在增加。据资料统计，英国的国有企业就业人数逐年递增，1955年达到350万人，国有企业固定资产投资总额占英国社会资产总额的比重也基本维持在20%左右。在国有经济规模快速发展的支持下，这一时期英国的年均经济增长率一直保持在2.6%左右。国有经济的这一发展趋势，也一直维持到1964年的英国威尔逊工党政府重新执政。

二、威尔逊工党政府"小幅"推进英国的国有经济发展

在经历了1951—1964年保守党政府稳定推动英国国有经济发展之后，1964年英国工党左翼代表人物詹姆斯·哈罗德·威尔逊代表工党再次赢得英国大选，担任首相，并一直执政到1970年。在这一时期，威尔逊工党政府继续坚持加快推进国有化政策，向着公有制迈进。

以威尔逊为代表的英国工党政府一直提倡建立英国模式的民主社会主义制度。早在1961年，工党就制定了"六十年代的路标"这一竞选政策纲领，第一次将国有化、公有制、技术革命和经济计划等问题联系起来，明确了要将公有制和国有化作为其促进英国经济增长的主要方式和路径。1963年，威尔逊在担任新一届的工党领袖后，进一步提出了要将经济计划和科学技术联合起来进行政策调整，要突出有效的国家干预措施对英国经济发展的重要性，明确提出要以科学技术革命为路径实现英国的社会主义。同时，他再次强调要将实现企业国有化和建立公有制制度，作为工党政府实施宏观经济政策的核心内容。他在总结此前的工党政府实施国有化运动和政策不足的基础上，提出英国的公有化需要在不同的行业或生产部门实施差异化的国有化手段。例如，他明确提出要将由此前被保守党政府转为私有制的铁路行业重新国有化，同时要在获利水平相对较高的铁路托运部门和其他部门之间采取不同的国有化手段。

需要指出的是，相比1945—1951年艾德礼工党政府时期的企业国有化和经济计划实施的情况，威尔逊工党政府将英国的计划经济进行了实质性推进。首先，威尔逊工党政府新组建了专门用来制订及实施国民经济计划的经济部，专门负责英国政府的产业政策、经济计划、地方政策和经济调整的工作。其次，工党政府在1965年颁布了1964—1969年国民经济发展计划（即"五年国家计划"）。该计划对英国1964—1969年的国民经济发展整体计划和重要产业规划进行了详细设计，此后其也成为指导英国政府推行经济国有化的主要"行动指南"。以经

济计划指导经济发展成为这一时期国有经济发展的主要特征。

为了进一步推进和实现科学技术创新，威尔逊工党政府专门建立了新的部门——技术部，以加强政府干预在英国科学技术创新中的重要引领作用，并力图利用政府经费支持的调节作用，将英国的技术创新方向和重点领域，从原来的以军事防务研发和实际防务研发为主，转向对民用技术研发的创新支持，使得此后英国各部门的技术研发支出增加了 20% 左右。英国工党政府初步尝试将此前的国有化，向混合所有制形式的公有制经济方向发展，尝试在部分行业的不同类型企业中实施不同类型的企业改制方式，如在运输服务领域，将英国从事 160 公里以上的运输服务类货运企业进行国有化，并将一部分的港口和机场收归国有，但仍保持其他类型的运输服务类企业、部分港口和机场的私有性质企业的存在。国有和私有并存的混合所有制经济成为此时威尔逊政府国有化政策的主要方向之一。也正因如此，此次国有化过程更加重视以混合所有制企业发展为代表的公有制企业的实质性推进，而完全国有化的企业规模实质上还相对较小。英国政府非常重视国有化和私有进程的内在平衡。

需要指出的是，威尔逊工党政府在公有制领域的政策主张主要还是实现英国经济发展的"计划化"，即利用国家计划来缓解英国经济当时存在的"英国病"等问题。但这在一定程度上回避了经济发展和企业调整中的"国有化"，没有将企业国有化视为其经济"计划化"发展的重点，仅仅是在钢铁行业内的部分企业重新国有化中取得了一定进展。而其他领域的企业"国有化"则更多的是向私有制和国有制并存的混合所有制经济方向发展。因此，这一时期的英国企业"国有化"力度，虽然相比此前 10 余年的保守党政府执政时期重新有所加强，但其国有企业和公共支出的重点，仅仅是在支持英国的科技创新方面发挥了一定作用，国有经济在英国国民经济中的比重并未得到本质提升。政府对社会公共部门投资的增加，也更多的是为了减少自身在实现英国社会工业发展目标中遇到的困难，其对公有企业的支持力度并未得到大幅度增强，私人企业生产在国民经济提升中的比重和贡献甚至隐隐有上升的趋势。

三、1974—1979 年威尔逊与卡拉汉工党政府再次将英国的国有经济发展推向高潮

（一）1974—1976 年威尔逊政府的国有化政策及其演变

在二战结束到 20 世纪 70 年代初的近 30 年里，英国交替执政的工党政府和

保守党政府以战后达成的"巴茨克尔主义"政治共识为基础,在凯恩斯主义国家干预理论和社会总需求理论的引导下,在一定程度上维持了政府利用国家干预、经济计划和企业国有化等"民主社会主义"的方式,即干预和促进经济发展的方式。客观而言,这一时期的政府对宏观经济增长的调节,尤其是利用赤字财政和负债管理,支持科技创新产业和国有企业并购私有企业,对战后初期英国经济和就业的快速复苏以及中期平稳增长起到了非常明显的积极作用。但政府的干预增强也带来了一定的负面效应,持续的赤字财政并没有从根本上防止"英国病"等英国国内问题的恶化,而表面的国内经济繁荣也无法完全掩盖英国经济在全球经济格局中地位的下降和影响力的降低。由于经济"计划化"和企业国有化带来的持续经济繁荣、就业增加及国内通货膨胀水平提升,因而1967年年底,曾作为国际货币之一的英镑在国际货币市场上对美元等货币急剧贬值。此后,货币贬值的负面效应逐步传导到英国国内,导致国内通货膨胀水平持续上升,1969年达到5%,进而又持续上升至1971年的10%。持续的通货膨胀使英国国内对提升人员工资水平的需求日益上升,从而当时的执政政府和普通选民之间的矛盾日益增多。这也直接导致了当时实施国家干预政策不力的保守党政府下台。1974年威尔逊工党政府再次上台,并重拾工党政府传统推行的政府干预经济和以国有化为主的宏观经济政策。

首先,英国工党政府继续在电力、煤炭、邮政、电信、铁路等事关国计民生的自然垄断行业和公用行业实施完全国有化的政策。同时,在航空和钢铁等部门实施以国有化为主的混合所有制模式,在这些领域,英国的国有化成分占总资产的比重曾一度高达75%。保证国有经济在提供社会基本经济资源、基础生产物质材料、公共服务设施上的完全国有化或国有成分的绝对控股,增加在这些行业内企业的国民就业数量和比重,成为这一时期威尔逊工党政府发展英国国有经济的"底线"任务。

其次,工党政府首次建立了专门负责国有资产日常运营的政府机构。1975年,英国议会专门制定了新的《工业法》;1975年11月,英国政府正式建立以独立法人形式开展日常工作的国有企业局,虽然该局仅仅拥有自有资本约10亿英镑和对外的借贷资本约30亿英镑,但其在英国工业部的授权和帮助下,通过掌控私营企业的股权资本等方式,委派特殊管理人员进入私人企业的董事会参与管理工作,掌握了8家英国私人企业的日常运营权和实际控制权,同时还购买了42家股份制企业的股权,极大地扩大了国有企业的运营规模和影响范围,这在一定程度上推进了英国混合所有制企业的发展壮大。

最后，继续在交通运输和石油开采等行业领域出台新的企业国有化法案，以企业国有化保证国家基础产业的稳定发展，这在一定程度上避免了英国的社会经济运行过程过于动荡。1975—1976年，英国工党政府先后通过公有土地法、石油开采法、造船业国有化法、飞机制造国有化法，让国家在国民经济运行和私有企业运营中发挥出更大的作用，并通过建立以国有资本占绝对控股地位的混合所有制企业方式，来巩固国有经济在英国经济社会中的地位，加快提升企业研发水平和资本积累速度，混合所有制模式在英国的国有化进程中进一步发挥了作用。

（二）1977—1979年卡拉汉工党政府国有化政策新变动

虽然，威尔逊工党政府初步尝试在国有化的基础上，利用混合所有制企业的方式推进英国宏观经济发展。然而，20世纪70年代中后期的两次全球性石油危机的诱发，以及以"滞胀"（经济停滞和通货膨胀并存）为核心的资本主义世界经济危机的爆发，不仅从根本上动摇了以主张政府宏观调控为核心政策的凯恩斯主义经济学的主流经济学地位，而且由于英国出现的经济停滞、失业增加和物价水平快速上升，导致工党政府逐渐失去了其最主要的选民——工会工人的支持，并且因支持国有化实施的赤字财政而陷入较为严重的财政危机。因此，在日益恶化的国内外政治和经济压力下，1976年3月威尔逊宣布辞职，转而由工党时任党魁伦纳德·詹姆斯·卡拉汉出任英国新首相，并一直执政到1979年。卡拉汉工党政府在国有化问题上，继承了原有的国有化政策，这在一定程度上扩大了国有经济在英国宏观经济发展中的实际作用。

首先，卡拉汉工党政府将国有化政策从传统公用事业部门和基础能源资源类部门，逐步拓展到新兴的高技术创新部门，将企业国有化与提升技术创新水平这两大工党竞选主张充分地结合，在新兴科技产业扩大了国有成分的影响力和实际作用。从1976年开始，在继续保持钢铁、石油、煤气、铁路、电力等传统产业和公用事业行业的国有经济绝对控制的基础上，英国卡拉汉工党政府开始向现代制造业、电子计算机科技、宇航技术、原子能技术等新兴科技产业部门发展，增加这些新兴科技行业的国有化成分及其影响力。从1977年开始，英国政府相继投资或参股组建了包括英国航空公司、英国电信、英国宇航公司、费兰蒂电子机械公司等在内的多家新兴技术领域的混合所有制企业。但相比而言，在国有经济增长的带动下，英国私有经济的发展速度相对更快。因此，到1979年，国有企业营业总额占英国国民经济总额的比重已相对下降到了11.5%，在国有企业就业的劳动力人数占整个社会劳动力总人数的比重也减少到了8%，但国有企业投资额占社会投资总额的比重仍达到 20%。

其次，继续发挥英国的国有企业局（the UK National Enterprise Board，简称 NEB）在资助经营困难或濒临破产的企业以及高科技领域中小型企业中的重要作用，推进其工业制造业和高技术产业的重生和高速发展。卡拉汉工党政府继承威尔逊工党政府的国有化政策，将 1975 年依据《工业法》成立的国有企业局作为其实施支持产业发展和国有化的重要工具。1975—1979 年，英国国有企业局利用其获得的 7.77 亿英镑的财政资金，收购、援助和拯救了 50 多家制造业和高技术行业的企业，尤其是常常以高于濒临破产的私人企业实际价值的价格，收购那些已经存在机器设备落后、生产设施陈旧和收益率偏低的基础设施行业和公用事业部门的企业，帮助其脱离企业破产的困境。如 1978 年，英国国有企业局共投入 4.5 亿英镑援助了濒临破产的英国利兰公司。同时，英国国有企业局还对包括劳斯莱斯公司在内的英国航天工业类企业投资多达 7.5 亿英镑，其中仅针对劳斯莱斯公司，其就投入了 2.4 亿英镑，以用来研制新型航天器等高技术产品，从而在一定程度上支撑了英国航天航空工业的持续快速发展。客观地说，这一时期的英国国有企业局在推进国有化发展过程中，目标明确地发挥了两大作用。一是支持和拯救了部分濒临破产的企业，利用国有化延续了这些企业的存在，尤其是起到了维持社会就业稳定的重要作用。如英国国有企业局对英国钢铁公司的国有化援助，使其逃离了破产的命运，维持了其内部人员就业的现状，但对其经济竞争力的提升则相对有限；二是为包括英国航空工业在内的高技术企业提供了前期研发用的公共资本，支持了其新产品研发和与其他国家的合作研发，虽然其投资回报率短期内普遍偏低，但有力地维持了英国新兴高技术企业的长期发展。

最后，卡拉汉工党政府在这一时期的国有经济发展导向仍然是混合经济。为了降低两次全球性石油危机导致的经济滞胀以及政府财政赤字增加的负面影响，英国工党政府的财政政策在 20 世纪 70 年代末开始逐步向紧缩性财政政策转变。这也使得英国经济的国有化有收缩趋势，尤其是在国有化过程中，通过公私合营控股或参股方式实施混合所有制的企业开始日益增多。虽然通过国有完全控股和公私混合经营，英国的国有经济达到了一个很高的水平，基本涉及了对国民经济发展具有重要影响的所有基础工业行业和高新技术生产部门，但因为国有企业大多经营困难，且全资国有企业主要集中在生产率和利润率较低的公用事业和基础材料部门，1976—1979 年，英国的国有经济在国民经济中所占的比重和作用继续下降。据统计，到 20 世纪 70 年代末，虽然英国的国有企业总数已经高达 16 283 家，但国有企业总产值在英国国民生产总值中的权重持续减少到 10.5%，国有企业就业人数占全社会就业人数的比重也降低到 8.1%。公私混合经营已成为卡拉汉工党政府国有化改革的主要趋势之一，完全国有化正向公私混合经营逐步转变。

第三节　第三阶段：英国的混合所有制企业高速增长阶段

对 1945 年到 1978 年英国工党政府主导的三次国有化，客观评价其作用，主要有以下三个特点：其一，在战后初期的英国经济复苏进程中，尤其是在军用技术向民用技术转化、国家经济发展重点从军事防务向正常产业升级和促进经济增长等方面，国有企业做出了巨大贡献；其二，为了战后英国国内就业的稳定、缓和国内社会矛盾、避免基础性和社会公用事业中的大企业破产等而带来的社会不稳定，英国的国有企业做出了不可磨灭的贡献；其三，为了英国在 20 世纪 60 年代到 70 年代应对第三次科技革命的发展需要，推进英国国内的新兴高技术产业发展，避免英国在第三次科技革命中技术水平过多落后于美国等其他西方发达国家，以及通过新兴产业发展带动英国的整体就业水平提升，国有企业做出了较大贡献。然而，20 世纪 70 年代的两次全球性石油危机导致的低经济增长率、高通货膨胀率、高失业率等滞胀问题，以及英镑的对外大幅度贬值，使英国在 20 世纪 70 年代末出现了经济不确定性增加、外部投资和科技创新增速减慢、国内社会分歧和对经济不满情绪急剧增加、政府干预失灵等现象，进而导致对是否要坚持国有经济，以及国有企业规模扩大的合理性产生了较大争议。尤其是 1979 年英国爆发了多次较为严重的工人罢工，不仅使得英国工党政府最为依赖的盟友——工会组织对其不满程度增加，政府支持率下降，而且引发了英国的经济改革从以国有经济为主转向私有化的方向。

1979 年 5 月，来自英国保守党的玛格丽特·希尔达·撒切尔成为英国历史上第一位女首相。为了应对日益严重的经济危机和缓解政府过度干预经济带来的负面影响，撒切尔保守党政府再次将企业的国有化转型方向转向私有化，并不再奉行此前和工党达成的"巴茨克尔主义"政治共识和凯恩斯主义的国家干预理论，提出将货币主义的自由市场经济理论作为支持其政策实施的主要理论。在货币主义理论的支持下，国有企业私有化成为英国企业转型的主流趋势之一。但这种私有化并非完全私有化，更多的是通过对英国的制造业和现代服务业的政府管制放松和有限私有化，来推进混合所有制经济在英国的不断发展。

一、私有化初期的混合企业初级发展阶段

在撒切尔政府执政之前，英国就已经开始了企业私有化及混合所有制的改革进程。其国内的中小型国有企业逐渐退出市场或私有化，国有企业产值占英国国内生产总值的比重已下降到 10% 左右。而威尔逊和卡拉汉工党政府的执政理念实际上也和撒切尔保守党政府的执政理念相似，双方似乎在私有化问题上达成了一定共识，即适当的私有化既有利于降低英国政府日益增加的财政支出负担，增加更多财政收入的来源，扩大社会投资，改善当时的社会基础产业和公用事业部门国有企业的经营效率和收益水平，也有利于经济向好的方向发展。这也使得撒切尔保守党政府在上台之后，维持了工党政府后期推行的私有化和混合所有制政策，而且为了减少来自当时的反对党——工党的政治阻力，其私有化的推进重点集中在具有相对较高竞争性行业的企业，渐进式地开展企业的私有化和混合所有制。

1979—1983 年，在货币主义学派的经济理论支持下，英国撒切尔政府开始尝试在石油、航空、电信、科技、交通运输、酒店、港口等竞争性较强的行业领域，开展英国历史上最大规模的国有企业私有化。由于在这些领域的国有企业普遍面临激烈的市场竞争，且其在竞争中常常处于相对弱势地位，同时其经营上亏损程度较低，可以相对容易地被私有企业接受，如能源领域的英国石油、联合英国港口公司、英国铁路酒店集团、国家货运公司等。因此，企业私有化先从这些行业开始，但在这些行业中，国有经济成分并未完全退出企业经营，混合所有制企业是这一时期企业构成的主要特征，完全意义上的私有化还相对偏少。

具体而言，这一时期撒切尔保守党政府实施的初步私有化和混合所有制企业，主要基于以下三方面因素考虑。首先，英国政府主要针对在其国民经济中影响相对较低的竞争性行业的企业进行私有化，尤其是针对那些不会在本质上影响国民经济运行的企业，推进私有化的程度更高，例如英国政府在这一时期将英国航空公司和英国无线电公司实施 100% 私有化。其次，英国政府主要以获得财政收入为目的，针对那些可能受损较轻及有能力参与市场竞争的企业进行私有化。例如将当时获利能力较强的英国石油公司近 19% 的股权出售给私人企业，就为当时的英国政府增加了近 3 亿英镑的财政收入。最后，为了提升企业经营效率和提高企业经济效益，英国政府通过低价或打折的方式，将国有企业股份销售给企业内部的管理层和普通职工。例如在英国的国家货运公司私有化过程中，英国政府采取鼓励企业内部管理层自购和企业雇员及社会公民合资购股的方式，进行国有企业的私有化。同时英国政府还在许多国有企业聚集的行业，放松对企业竞争

和经营的管制，制定新的行业规制和竞争制度，进一步提升国有企业的竞争水平和能力。如在钢铁行业的日常企业经营管理中，引入了更为严格的企业财务预算约束制度，并更新了企业的日常管理体制，以提升其竞争能力。此外，在电力、通信和运输等国有企业集中的行业，英国政府联合议会加强了竞争性立法和国家的宏观政策调控，允许更多的私有企业加入这些行业，提升企业间的竞争水平，提高企业的经营效率。

二、私有化中期的混合所有制逐步扩大阶段

从 1984 年开始，英国的私有化开始向具有垄断性质的、对国民经济可能造成重大影响的社会公共基础设施行业和新兴高技术产业企业发展。具体而言，1984—1987 年，英国的公私合营开始进入"高潮期"。这一时期，英国的混合经营对象主要包括两类：其一，盈利水平较低及对社会发展影响较大的自然垄断型大企业，如 1986 年的英国国家公汽公司、英国天然气公司等；其二，企业本身规模体量大且处于新兴科技产业领域的国有大型垄断企业，如 1984 年的英国电信公司、1987 年的英国航空公司、英国罗尔斯－罗伊斯航空发动机公司等。

这一时期的英国国有企业混合所有制改革，相比 1979—1983 年的混合制更为深入、规模更大，主要体现了三个方面的特点。

第一，利用股份制方式进行混合所有制改革，成为这一时期英国国企混合所有制改革的主要方式之一。利用私有化改革，英国保守党政府不仅增加了政府财政收入，而且间接获得了更多选民的支持。撒切尔政府明确提出可以通过国有企业的私有化，在英国实现"民众资本主义"。此时政府明确鼓励更多的私人企业和个人购买更多国有企业的股票，这使得英国证券市场上的个体股票持有人规模从 1979 年的 300 余万人扩大到 1987 年的 900 余万人。在这一趋势的影响下，许多公民成为国有企业的股东，导致国有企业的经济效益在股票价格的传导机制影响下，与普通公民的财富增减密切相关，进而也使得保守党政府能否在竞选中获胜和持续执政与这些公民的股票价格涨跌密切关联，即从股票市场获得的财富增加，将直接提升英国保守党政府的选民支持率。这更进一步坚定了撒切尔保守党政府推进国有企业私有化和提升国有企业经济效益的决心。

第二，这一时期的国有企业私有化改革向全面系统化和纵深方向延伸。1984年英国政府出售英国电信 50% 以上的股份及 1986 年英国政府出口英国天然气公司，标志着英国政府将国有企业私有化改革开始向自然垄断行业内的国有大型

企业系统性推进。此后国有企业的混合所有制改革向"较难"和"垄断"的方向深入推进。大量亏损严重的自然垄断行业国有企业进入英国政府实施私有化的范畴，全面和真正意义上的国有企业私有化开始了，而国企私有化对英国经济社会的影响也因此逐步拓展到公共部门和更多政府部门，影响的范围和深度日益扩大。

第三，这一时期，英国国有企业的私有化方式日益多元化。据相关资料统计，1984—1987年，共有包括英国电信等在内的38家英国大型国有企业开展了股份制改革，私有化涉及的投资总金额比1979—1983年的投资总额增加了近100%。其中，除了16家国有企业采取公开上市方式推进私有化外，还有12家企业采取整体向私人企业转让、5家采取向员工出售股份等方式，实现了企业的混合所有制改革。而企业私有化方式的增多也为英国的混合所有制改革提供了有力支持和保证。

三、私有化后期的混合所有制加速推进阶段

1988—1996年，英国政府开始向掌握国民经济日常发展命脉的自然垄断行业全面推进，接触到国有企业改革的"深水区"。在撒切尔政府做出的"私有化无禁区"的政策保证下，混合所有制模式开始向亏损最为严重、私人企业不愿涉及的传统自然垄断行业内的企业，如水电、煤炭、铁路、港口等行业内的超大规模企业推广应用。这一时期具有代表性的开展混合经营的国有企业包括：1988年的英国钢铁公司、1989年的英国水务公司、1991年的英国电力发电公司、1995年的英国煤炭公司、1995年的英国铁路公司、1996年的英国核动力能源公司等。

1988年，撒切尔政府正式宣布可以向任何领域推进企业的混合所有制改革，使得英国的国有企业私有化开始向传统的自然垄断行业及社会公用事业的企业全面推进。其路径和影响因素呈现以下三大特点。

其一，国有企业私有化的范围大幅度扩容，开始涉及垄断性和竞争性等各行各业的国有企业改革，并延伸到教育、医疗保险、房地产、公共事业乃至具体政府部门等各个领域。如在自然垄断行业，英国的自来水公司、电力公司、电力配送公司、天然气公司都开展了私有化或混合所有制；在新兴高科技行业，如英国宇航公司、英国机场管理局、英国皇家军械局、核动力能源局等也开展了私有化；在社会公用事业领域，英国林业委员会、英国国家企业委员会、英国高速公

路服务区租赁公司、国家公汽公司等都实施了混合所有制改革。

其二，撒切尔政府为了推进国有企业私有化的有序开展，提升国有企业的经营绩效，采取了多种方式来推进混合所有制改革。这包括：①将国有企业股权在发达的金融市场上公开销售，让更多的普通公民持股，如英国的宇航公司、捷豹汽车公司、英国电信公司、英国航空公司、英国石油公司等仍具有一定竞争性，其在股票市场上可以对股民产生吸引力的企业，都被放到股票市场上公开上市。甚至在英国天然气公司进行股份制改革时，其股票还被发行到了美国、日本、欧洲等其他国家或地区。这种方式在一定程度上有利于英国保守党政府获得更多选民的支持，也是20世纪80年代末撒切尔保守党政府连续三次胜选的重要原因之一。②鼓励国有企业内部的管理层员工和普通职工更多地购买公司股票。如英国的国家货运公司、联合英国港口公司、英国天然气公司等，都采取了鼓励企业内部员工尽可能持股的私有化方式。而这一方式被认为是可以在一定程度上减少国有企业私有化进程中的阻碍，激励私有化改革后的企业进一步提升经营效率和实际收益的有效途径。为了帮助内部员工持股，对自有资本存量和收入偏低的员工，英国政府甚至对其给予小额免息贷款，帮助他们持有公司的股权。③将英国的国有企业直接整体卖给私营企业或者个体投资者，如英国皇家军械公司就被整体卖给了私有化后的英国宇航公司；英国邮政总局中的邮政快递业务也被政府直接卖给了私人企业。此外，这一时期，英国政府还在逐步使用承包、特许经营、黄金股等新型股权转换方式，加速推进英国的国有企业混合所有制改革。尤其是英国政府越来越多地开始使用黄金股的方式，利用"一票否决权"这一特殊权利，掌控混合制企业的关键决策和主要经营方向。

其三，英国撒切尔政府在这一时期以实现"大众资本主义"为目标，力求将英国打造成为一个人人购买股票的股东社会，国有经济在这一时期的英国国民经济中的比重持续下降，20世纪90年代初，其占比仅为6.5%。由于国有企业私有化使全社会所有个人投资者和私人企业都在共享国有经济转型带来的社会收益，股票的涨跌也影响着许多家庭的财富，因此，此时将私人和企业手中的股票再收回国家所有，对英国政府和国有企业而言已经非常困难，英国选民以手中的选票影响着保守党政府及随后的工党政府。在国有经济发展上的政策导向，使以私有化为核心的混合所有制改革成为影响英国政府此后总体政策的关键因素，也使其为获得英国各个阶层选民的更多支持而将混合所有制改革一直坚持下去。因此，国有经济在英国国民经济中占有的比重和影响力逐年下降。

第四节　第四阶段：工党布莱尔政府的新混合企业

1979—1996 年，在保守党政府推行的"人人持股"理念的支持下，国有企业私有化让英国各阶层的公民都享受到股权价格上涨带来的实实在在的收益，也因此支持了英国保守党连续 18 年获得竞选胜利。而这也同时使得长期坚持国有经济和公有制的英国工党开始重新反思，并考虑改变自己在工党党章的第四条有关坚持"社会主义"的相关规定，提出了要在政府管理和自由放任之间取得均衡，转而采取中间形式的混合所有制企业发展模式。布莱尔工党政府以相对更为务实的视角，将工党原本坚持的国有化和公有制的政党属性进行了调整，明确提出国有化和公有制仅是实现工党认可的社会主义的一类手段，而不是工党执政的最终目标。

虽然 20 世纪 90 年代初英国经济在持续增长，但 1993 年出现的欧洲经济衰退和 1997 年的亚洲金融危机的冲击，使英国经济出现持续低迷趋势。同时，保守党政府在此前的国有企业私有化过程中，并没有完全处理好经济效率和社会公平间可能出现的矛盾，导致英国选民发现片面地强调经济发展的自由放任，也是不合理和不公平的。1997 年 5 月，英国工党推出的首相候选人托尼·布莱尔结束了保守党连续执政 18 年的历史，胜利当选英国新一届首相。随即他在吸收撒切尔保守党政府的私有经济发展经验的基础上，提出了要在"第三条道路"思想的引领下，继续打造英国工党支持的"新混合经济"。

一、布莱尔工党政府的混合经济思想

迎合选民要求，重新获得英国工会大部分成员的支持并赢得执政权，是英国工党政府对其党章第四条做出调整的根本出发点。具体而言，其在竞选中做出改变的领域涵盖以下几点。其一，工党政府不再坚持全面的国有化及公有制，主动认可了私有企业在英国经济社会发展和财富创造中的关键作用，并提出公有制不再是工党执政的主要政策目标，而只是平衡自由放任和规范发展的手段之一。规模庞大的国有经济不利于工党执政，更不利于英国经济的现实发展。其二，拒绝重新实施完全偏向的国有化运动，强调要实施既不同于新自由主义的经济政策，也不同于社会民主主义的经济政策的"第三条道路"的政策，即在国家调控和自由放任之间寻求平衡的"新混合经济"。具体而言，一方面，政府需要转变其干预的职能，让政府机构更多地为私人经济发展营造良好的发展环境；另一方面，

政府功能转变为主要对市场垄断和不规范市场行为进行纠正和监控，即政府主要用来保证自由市场经济的高效运行。其三，加强政府引导机制的建设，发挥政府在引领私人企业发展上的关键作用。布莱尔工党政府在这方面主张要利用政府投资基金的方式，充分发挥政府在国民经济发展中的示范引领作用。如从1998年开始，英国的布莱尔工党政府就通过建立政府引导基金、小企业服务局等，为中小型民营企业提供融资支持，引领其投资和发展，使英国的"新混合经济"迅速发展。

二、布莱尔工党政府对原有国有化政策的调整

从理论起源来看，工党政府提出的"新混合经济"的内涵及内容本质上仍起源于凯恩斯的《就业、利息与货币通论》，后来经凯恩斯主义经济学的继承人汉森、萨缪尔森等的延伸与解释，被英国工党政府在20世纪70年代初步吸收和纳入政策实践。但布莱尔工党政府并没有一味地遵从凯恩斯主义学派提出的混合经济理念，推进国有经济与私有经济的融合，以政府干预和国有经济为主体，而是强调以私有经济为主体，以市场经济调控为核心调节方式推进混合经济发展，对应的政府调控则只是起到市场调控的补充和润滑机制的作用。在布莱尔工党政府的政策主张中，市场调控的作用是领先于政府干预的，因此其更像是继承了撒切尔保守党政府的自由资本主义和市场经济，强调私有经济的主体地位及国有经济的辅助地位，并在此基础上强调以保守党提出的私有制措施为主来发展混合经济。其政策与此前保守党政府奉行的新自由主义政策的趋同性非常明显。具体而言，其在"新混合经济"上的政策转变表现在以下几个方面。

第一，在经济政策的总体发展方向上，强调要吸收撒切尔保守党政府提出的"坚持以私有化和市场经济为主体，减少政府直接干预政策"的主张。布莱尔工党政府指出政府的作用在于维护经济发展的规范和规则，维护市场经济的竞争环境，让市场规范与自由放任实现一定程度上的平衡，为更多的个人和私人企业的财富增加而努力。其标志性的转变就是在英国工党的党章中肯定了私有化和市场经济的重要作用。同时，其对已经私有化的原国有化企业不要求其扭转发展方向，而是希望其通过管理水平的提升，为英国的经济增长做出更大贡献。同时，工党政府还主张在经济社会中，人人都可以参与经济活动，和保守党政府一样，允许更多的个人或私人企业成为股东，鼓励更多的人参与市场竞争，并继续通过各行业相关法律法规的制定，维持英国已有的私有化和混合制

企业的发展方向不变。

第二，在强调市场经济和私有化的基础上，布莱尔工党政府也反对撒切尔保守党政府主张的完全程度的市场放任自由，强调政府要对经济运行进行一定程度的政策监控和运行规范，同时政府机构要继续扩大对英国高新技术产业的政策引导，注意政府政策的实施要为增加英国国内外投资和扩大国内就业服务，并重点增加对英国中小型企业发展的政策支持和引导，最终促使英国的政府公共部门和私人企业部门在经济增长中相互依赖和共同发展。

第三，布莱尔工党政府十分强调工党政策的"新"，以修改工党党章中核心的第四章内容为标志，提出了"新工党和新政策"的口号。其实质更像一类折中型的新工党政策——既支持市场私有化、放弃完全的国有化和国家干预经济政策，又反对撒切尔政府的极端私有化政策，强调政府示范和参与、政府基金引导市场经济发展，提倡市场经济中的私人利益需求和社会集体的共同利益要共存。尤其是政府的任务不是通过国有化提升工人们的福利水平，而是倾向于通过经济发展提升社会个人的有限福利，改变了老工党政府过度实施的社会福利政策，从而使工党不再仅是代表英国工会的工人利益，而是拓展到为所有企业和个人的整体社会利益服务。在国家干预和市场调节的关系上，新工党政策主张国家对经济和市场的调节是中性和有限的，国家对社会的促进作用更多地集中在社会整体的科学技术进步、基础设施和教育投资的增加上，从而营造良好的外部环境和企业经营条件，即二者要并重。因此，布莱尔工党政府提出的"新混合经济"本质上是对撒切尔政府的私有化改革的继承、中和与发扬光大。同时兼顾英国各个阶级的利益诉求，兼顾社会公平与经济效率的并存，力求让英国的国有经济和私有经济实现互利共赢，进而获得更多选民的支持，以保证工党政府执政的持续存在和社会共赢。

第五节 第五阶段：保守党卡梅伦政府及继承人的绿色混合经济

在"新混合经济"发展模式稳定英国的经济增长和社会繁荣的影响下，布莱尔工党政府从 1997 年到 2007 年间，连续 10 年在英国主政。英国也在这一时期经历了持续的经济增长，其 10 年间的年均经济增长率始终保持在 3.3% 左右，在同时期的欧洲国家中经济增长居于领先地位。布莱尔工党政府提出的"新英国"的政策目标在这一时期已初步实现。

然而，2007年美国次贷危机及其延续的2008年国际金融危机的爆发，以及2010年出现的欧洲债务危机，给走势良好的英国经济造成巨大的负面冲击。从2009年第一季度开始，英国经济开始进入负增长的阶段，仅在2009年第一季度，英国的经济增长率就由正转负，下降到了–5.1%，创下了英国经济自1960年以来最低的年度经济增长率。由于国际金融危机带来的低经济增长率和社会失业率增加的影响，2007年6月，戈登·布朗接替布莱尔担任英国工党政府的新任首相。但随后英国继续出现经济下滑、通货膨胀率和失业率同时上升的问题，并带来了政府债务和财政赤字的同步上扬。据相关资料统计，2009年英国的政府债务总额占国内生产总值的比重比2007年提高了24.6%，达到了60.5%，历史上第一次超过了欧盟各国签订的《马斯特里赫特条约》规定的政府债务警戒线。同时，2009年，英国政府的财政赤字占GDP的比重，也超过了该条约设置的3%的财政赤字安全线。因此，在英国经济持续衰退的背景下，2010年，布朗工党政府下台，以卡梅伦为首相的英国保守党和自由民主党联合政府上台执政。这也再一次调整了英国的混合所有制经济的发展理念、核心方式和具体政策，赋予了其新的政策含义。

一、卡梅伦联合政府经济政策的导向和重要转变

卡梅伦联合政府上台执政之初，就提出要进行经济现代化的改革，依据2010年竞选时提出的《欢迎加入政府》宣言，在新自由主义理论的引导下，继续继承撒切尔保守党政府的政策，尤其是坚持以市场经济为主导，以企业私有化为主要改革方向，创新性地提出了要建立一个更为"绿色"的英国经济。具体而言，其政策导向和主要转变有三。

第一，继续坚持以保守党信奉的新自由主义理论为指导，将政府创新的重点放在如何革新英国的经济社会政策上，即在坚持私有化和市场经济的基础上，继续实施撒切尔政府时期实施的宏观经济政策，包括放松政府对市场的管制，对企业进行适当减税，削减国有或官僚的政府机构，实施激励和引导企业的政策，调整政府对私有经济提供的公共服务水平等。

第二，吸收和延续布莱尔及其后任的新工党政府提出的"第三条道路"中的有益政策。在宏观财政政策上，卡梅伦联合政府主动采取增税等措施，削减政府财政赤字，将降低财政赤字作为卡梅伦联合政府的第一政策目标，提升财政政策在英国宏观调控中的地位和作用，并提出建立更为平衡和可持续发展的宏观

经济，降低社会的整体失业率，尤其是重视以具有实用性的政府政策，特别是利用紧缩性的财政政策和相对宽松的货币政策，来共同调控英国宏观经济的正常运行。

第三，创新性地提出发展绿色混合经济的新思想，作为卡梅伦联合政府政策改革的新突破点。卡梅伦联合政府创新性地延伸英国混合经济的发展范畴，塑造其特色优势，提出从绿色混合经济的视角突破，提升英国的混合经济发展水平，并通过绿色混合经济和"大社会"计划的实施，重塑政府、私人企业和普通民众的关系，从新的视角重新发展英国的国有经济及混合经济。

二、卡梅伦联合政府发展国有经济的主要策略

卡梅伦联合政府及其后续的特雷莎保守党政府和约翰逊保守党政府一脉相承，都坚持实施"大社会、小政府"的宏观经济政策，以及利用绿色混合经济发展英国的混合所有制经济。这在一定程度上也延续了国有经济对英国经济发展的影响，使国有资本能够继续在英国的混合所有制经济中发挥作用，也更进一步使得国家的宏观调控与私人企业发展和谐共存。2010年后的保守党政府在"大社会、小政府"和绿色混合经济发展上的特点，集中体现在三个方面。

第一，卡梅伦联合政府在反对工党建立"大政府"的基础上，针对性地提出了建立"大社会"。即从社会革新的视角，卡梅伦联合政府提出将社会的主要权力下放，即通过分权将社会权力给予普通老百姓，实施"大社会"发展计划，为各类企业提供良好的外部发展环境。卡梅伦联合政府在2010年5月宣布正式实施"大社会"政策，以"大社会"替代之前由工党政府在执政期间打造的"大政府"。卡梅伦联合政府希望通过该项目的实施，由政府支持创建一个"大社会"，即让中央政府权力下放给地方政府，减少政府的行政审批，让更多的英国社区和公民、志愿组织和非政府机构参与原来由政府公共机构承担的公共服务的提供和公共事务的治理，尤其是将政府公共服务合同从政府机构转移和委托给社会组织及私营企业完成，让更多的社区基层组织、社会企业、普通公民、非慈善组织等非政府机构或社会组织及个人参与英国的经济社会治理。由社会组织最大程度地支持不同类型企业的合作经营，从而进一步加速英国的公私合营与企业合治，推进政府和国营机构的职能转型，并培育和壮大国内的社会资本，提升经济发展的潜力和水平。

第二，利用"大社会"计划实施金融创新，吸引私人投资共同支持社会事

业治理和公共服务提供。2010 年 10 月，为了支持"大社会"计划的实施，英国卡梅伦联合政府在减少政府财政赤字的情况下，主动拿出了 1 亿英镑财政资金建立过渡基金，帮助社会组织参与"大社会"计划；2012 年 4 月，英国政府继续筹资 6 亿英镑建立全球第一家社会型的投资银行"Big Society Capital"。同年 11 月，英国政府又建立了总额为 2 千万英镑的专门基金"Social Outcomes Fund"等，从而以这些金融创新吸引更多私人投资，代替政府提供公共服务，共同开展社会事业管理，支持社会正常发展。

第三，以"绿色"混合经济为突破口，推进公私企业多元化合作经营，提升英国的混合经济发展水平和层次。具体而言，卡梅伦联合政府主动选择绿色环保项目作为突破口，一方面，加大政府对绿色环保项目的资金支持力度，另一方面，在政府的引导下，吸引更多私有企业投资这些绿色环保项目，让社会资本的运转和使用更为有效，进一步加速混合所有制经济在英国的快速发展。为了支持英国绿色经济的发展，以及推进政府投入和私人投资的有机结合，英国政府在 2012 年 10 月专门建立了世界上第一家绿色投资银行。该银行是由英国政府独资控股的国有企业，但鼓励和允许私人资本共同投资由绿色投资银行投资的绿色环保项目。这无疑为英国的国有经济和私有经济合作与共赢提供了新的可参考路径和方式，也成为当前全球混合所有制经济值得借鉴的可行路径和突破口之一。

第三章
英国国有经济的治理

英国是西方国家中最早实施现代企业治理的国家。受到私有化和市场经济思想的深远影响，英国的国有企业治理体制和方式相对更加灵活，并不是一味地依赖政府治理支持，而更多的是倾向于使用股份制等现代企业治理模式，完善国有企业治理。英国各届政府大多能够根据国有企业的发展阶段、国有企业的发展需求以及国有企业所处的外部经济环境的变化，对国有企业的管理方法、管理体制和治理结构进行科学调整。本章集中介绍了英国国有经济的管理和经营治理模式的发展及特点，其中包括以董事会治理为代表的内部治理、外部市场力量对企业治理产生的外部影响，以及英国政府各个具体部门和特定行政部门对其国有企业实行的一系列国有监管措施。

第一节　英国国有企业的内部治理

一、英国国有企业的董事会制度管理及建设

在私有制和市场经济的长期影响下，为了增加企业的经营效率，英国的国有企业管理在具体基层层次上，实施以董事会为核心的现代化企业管理制度，但其上层仍有政府相关部门的主管机构，进行经营管理方向上的控制和政策执行方面的具体管理。具体而言，英国的国有经济管理体制实行的是"三层制"的企业治理模式：首先，由英国的财政部与政府各个具体的主管部门作为国有企业的第一层管理者，也是最顶层的管理方；其次，由英国政府设立专门的国有资产运营机

构，例如，国家企业局和股东执行局，作为国有企业的第二层治理方；最后，与私人企业一样设立董事会治理制度，即以公司董事会为代表的国有企业的管理层，是其第三层次的企业治理方。

从国有企业的具体内部治理结构来看，其也表现出以下主要特征。首先，国有企业的内部治理结构主要由企业的股东大会、董事会和经理层共同组成。这与普通私人企业治理结构相似，但不同的是企业内部不设立专门的监事会，进行企业监督。其次，英国的国有企业采用单层制的公司治理结构，在公司内部不设立其他单独的监督机构，董事会兼顾执行、监督两项治理职能，董事会的内部权力较大。最后，英国的国有企业在上述治理模式框架下，董事会对企业的日常运行和管理，既要听从政府指令，执行对应的政府机构对企业的经营建议与实际指导，又要定期及时地向上级主管政府部门汇报企业的实际经营状况。董事会成为连接政府相应主管大臣与国有企业的主要渠道。

在董事会的制度框架下，英国的国有企业在领导体制建设和安排上，大多采用董事会领导下的总经理负责制，进行企业的具体经营和日常管理。与此同时，英国企业的董事会既是国有企业的法人代表，又是国有企业内部治理中的最高权力机构。因此，需要对国有企业的董事会治理特点进行详细的分析研究。

第一，英国的董事会规模相对较为适中，采取了单层董事会制（one-tier board system）。为了降低企业的协调成本，英国国有控股企业的董事会在二战后普遍规模减小，国有企业的董事会人数视企业具体情况而定。但出于沟通成本和管理效率方面的考虑，在大多数情况下，其董事会中的董事人数控制为9~11人，最多不超过20人的规模。

在具体的董事会人员组成结构上，和英国的其他普通私有型股份制企业一样，英国的国有企业在董事会的组成结构上采取单层董事会制。这一结构意味着，董事会中的执行董事和非执行董事，均由股东直接选举产生，二者被纳入单一的内部治理结构里，以确保所有的董事都有平等的地位，共同承担集体决策的责任。

第二，英国的国有企业董事会构成并不固定，即不同类型的英国国有企业董事会的构成情况存在一定差异，且董事会成员的任命由企业对应的主管大臣决定。首先，国家代表在国有企业的董事会中可以存在，但不是必需的。在英国国有独资企业的董事会中，一般是没有国家代表参与的，但特殊情况下可以出现国家代表。如在以国家空中交通服务局为代表的三家非政府独资企业的董事会中，就存在英国政府委派的国家代表，作为企业董事。其次，在外部董事在董事会中占比的问题上，英国的国有企业要求外部董事占董事会成员总数的一半以上。在外部董事的人员安排上，英国的大型国有企业和私人企业一样，被要求遵守英国的《公司治理联合准则》的规定。该准则明确规定在企业的董事会中，一半以上的董事都要来自公司外部。这就使得国有企业的外部董事数量在企业总董事数量中普遍占比达一半以上，以保护企业股东的权益。再次，在董事会成员的专业背景要求问题上，英国的国有企业董事会成员被要求必须具备深厚的专业知识、丰富的组织管理经验，并能够完全胜任企业董事会的各项工作。然后，英国的国有企业董事会在人员构成上设立了明确的标准。英国法律就董事会成员的选派标准有详细的规定，要求主管大臣在委派董事会成员之前需要遵守其制定的详细标准来考虑董事会成员。比如，该法律明确规定众议院的议员不能进入国有企业的董事会。最后，关于经理层能否进入董事会的问题，英国的国有企业也有明确的规定，即除了企业的首席执行官能够进入董事会外，经理层的其他人员都不能进入董事会（刘强，2008）。

与此同时，英国国有企业董事会的所有成员，均规定要由国有企业对应的上级政府主管部门的主管大臣，按照一定的法定程序对其进行职务任命。首先，为加强政府对应的主管部门对国有企业经营方向的控制、干预与约束，通常会由该企业对口的主管部门的主管大臣统一任命其董事会的各个成员，是否任命的权力掌控在对口的政府主管部门手中。其次，政府对口部门的主管大臣有权决定每位董事的任期年限。一般情况下，董事会各个成员的任职期限为 5 年，但是对口部门的主管大臣有解聘董事会成员的权力。当主管大臣认为某一个董事已没有能力完成董事会的具体工作时，有权力随时解聘该董事的职务。再次，由于英国的公共部门人员普遍被要求在任命过程中必须遵守《英国政府部级任命法案》的相关法制规定，为了保证国有企业董事任命程序的连续性、公正性与透明性，各主管大臣在任命董事会成员时，同样需要遵守该法案的各条规定。最后，值得重点注意的是，有关董事会成员具体任期的规定，英国政府规定国有企业在任命董事会成员时，各个成员的任命时间要前后错开，要尽可能地避免在同一时间更换所有的董事会成员。这样做的目的是希望能尽可能地动态优化董事会的人员构成，避免大规模人员更换给企业经营和政策实施带来局部的动荡，在一定程度上保证国有企业董事会人员的专业性与独立性。

第三，英国国有企业董事会的职能与普通私有企业董事会的工作职能大致相似，且董事会通常利用其下设的专业委员会负责董事会日常的具体运行。国有企业的董事会作为出资人的代表，首要的职责是根据英国议会和政府对国有企业下达的经营建议和宏观指导方针，为企业制定出具体的经营发展战略和日常行动准则，同时也和私有企业的董事会一样，自行负责国有企业发展的重大问题决策、生产经营安排的详细规划，并处理日常运营的具体事务。关于企业首席执行官的任命原则和方法，英国政府也做出了具体规定，即国有企业的董事长可以同时担任企业首席执行官与其他董事遴选小组的主席。同时，其他董事遴选小组也有权向该企业的对应政府部门主管大臣提出首席执行官的任命建议。国有企业董事会有权决定经理层各主要成员的任免情况。为了提高企业的日常运作效率，增强企业的盈利能力，国有企业董事会也会负责制定企业的规章制度，以激励、监督和约束企业经理层的各个成员，从而使国有企业在日常运行过程中，能够更好地执行董事会做出的任何决策。特别需要说明的是，英国的国有企业规定了对企业经理层各成员的监督责任应主要由企业的外部董事或独立董事来承担。

需要重点指出的是，董事会作为英国国有企业开展公司治理的中枢机构，为了更加科学合理地处理公司日常的专业性事务，其一般会设置专业委员会，负责企业董事会的日常具体运行。英国的大多数国有企业和普通的股份制企业一样，都会下设三个专业委员会，即薪酬委员会、审计委员会以及提名委员会。其中，薪酬委员会主要负责监督国有企业的员工薪酬考核工作，其工作职能至少包括制定所有的公司董事会成员以及公司董事秘书的具体薪酬。在薪酬制定过程中，公司董事和经理都无权干涉自己的薪酬制定。同时，审计委员会负责公司财务监督和审计。为了保护出资人的根本利益，英国的《公司法》规定审计委员会是所有公司必须设立的机构，这其中也包括了国有企业。国有企业董事会通过设立审计委员会来负责对公司的财务状况进行监督、审核，并对公司内部的财务风险进行科学评估与合理控制。为了更进一步突出审计委员会的作用，在英国的部分国有企业中，审计委员会的功能被进一步增强，例如，英国广播公司（BBC）将其审计委员会进一步升级为审计和风险委员会，增加其控制风险的职能，让该委员会负责对国有企业内部的风险状况做定期评估审查，并为公司建立起一套较为完善的企业内部风险监控体系。英国的国有企业也设立了独立董事制度，规定由独立董事来控制薪酬考核、财务审计、管理层提名等专门委员会，实施核心监督权，监督公司日常内部管理和运行。

在内部激励制度上，英国的国有企业主要通过声誉激励与报酬激励两种方式，对内部董事进行制度激励。具体而言，为了保证董事会运行的有效性，国有企业会对董事会开展一年一度的经营评价。在声誉激励制度设计上，国有企业董事一般由主管该企业的政府大臣任命。但部分重要国有企业由政府的首相直接任命。例如，1967年英国工党政府创建了英国钢铁公司，董事会成员由政府首相直接任命。国有企业董事通常被认为拥有更高的社会地位，与政府官员联系较紧密，声誉较高。在英国，人们普遍认同在国家基础公用事业、占据国家经济命脉的国有企业中担任董事，是其个人职业生涯中极为光彩的一部分，从而可以较快地提高其社会地位。一直担任国有企业的董事，本身就是一种声誉激励。

除了声誉激励之外，适当的报酬激励也是激励企业董事提高经营效率的一种重要手段。首先，英国政府规定国有企业董事的酬金构成与发放程序必须公开透明。同时，薪酬委员会也会代表董事会，向出资人保证其为董事制定的薪酬方案科学合理、公正透明。其次，英国政府规定国有企业执行董事的薪酬由企业与个人的绩效决定。具体而言，薪酬委员会将根据企业当年的绩效以及执行董事个人的工作强度、对公司事务的贡献度参与度以及公司事务的复杂性等，制定执行董事合理的薪酬水平。再次，英国政府也对国有企业非执行董事的薪酬做了制度性规定，但非执行董事的薪酬构成与执行董事不同。具体而言，对于非执行董事的薪酬构成，薪酬委员会将衡量非执行董事参与管理公司事务的时间，发放固定薪酬。其薪酬一般是由企业年金、会议补贴、主席补贴金等部分构成。同时，英国国有企业董事会规定非执行董事不得持有企业的股票期权，但允许其以持有股票的形式得到酬金。最后，需要特别指出的是，若国有企业部分董事的薪酬需要通过期权方式支付，事先必须由股东大会决议通过，而且该董事必须持有该期权股的时间达到一年，获取期权收益的期限是直到非执行董事离开该企业。

在企业的内部治理制度设计上，英国的国有企业也制定了董事会评价制度，以激励董事会改善自己的日常经营。首先，英国政府在20世纪初就已经在个别的国有企业试点建立了全面系统的评价体系，来评价企业董事会的有效性。其次，国有企业的董事会主席会定期展开对董事会有效性、下属各专门委员会的运行效率以及各位董事的工作情况的评价。同时，企业年报中也将披露上述各类评价情况。最后，董事会下属的提名委员会也将对非执行董事进行定期评价，具体将从非执行董事工作时间的长短、是否履行义务等方面，来评价非执行董事的年度业绩。

二、企业内部治理中的"黄金一股"制度

英国政府将国有企业的日常经营和管理主要交由董事会进行。但随着国有

企业私有化的实施，为防止国有企业偏离政府主管部门或上层管理委员会制定的方向，英国政府还特别进行了管理制度的创新，实施"黄金一股"的内部治理制度。从内部治理制度设置而言，"黄金股"（也称为"特别股"）本质上是一种企业内部的特权股。具体来说，黄金股制度是在国有企业私有化进程中，英国政府为了继续保留对国有企业控制权的一种特殊股权制度。在这种制度下，英国政府往往通过在国有企业中仅仅持有价值一英镑的股权，但这部分股权的背后有"黄金般的价值"，即可以控制国有企业的所有发展方向、经营策略及其他日常事务。而这种极端式的股权安排往往出现在对国民经济和国家安全具有重大影响的国有企业中，最初主要是为了保证在企业经营的特殊时刻国家利益不受侵害。而在20世纪80年代的英国国有企业私有化过程中，在部分具有特殊意义的"战略型"国有企业中，设立黄金股的目的主要有二：一是出于国家安全方面的考虑，利用黄金股制度有效防止一些涉及国家安全、经济社会稳定的国有企业被其他国家的相关机构利用私有化方式控制；二是给予部分国有企业在私有化后最大限度的自由经营权，同时又为政府保留一定的控制权，以保证国有企业可以在"特殊时期"使用，从而对国有企业进行有效管制。

可以说，"黄金股"的企业治理模式为20世纪80年代后的国有企业私有化进程提供了保驾护航的关键作用。英国政府对"黄金股"制度进行了以下明确的规定：首先，英国政府明确规定可以在关系到国家安全、社会稳定的国有企业中设立"黄金股"制度；其次，政府对企业"黄金股"制度的设定有明确的期限限制，英国政府一般在国有企业中对"黄金股"的存在设立5年的有效期；最后，英国政府规定"黄金股"的设立权益代表政府在企业中有70%的投票权，但"黄金股本身无任何的价值"。

通过"黄金股"在英国国有企业中的实践可以发现，"黄金股"股权治理模式的出现，打破了传统的公司治理中的"同股同权同利"的市场原则，在最小股票数量的基础上，让英国政府保持了对国有企业的控制权。准确地说，"黄金股"作为企业内部治理中的关键一股，其本身不代表任何的收益权，其存在的目的只是代表政府主管机构对国有企业"特殊事项"的一票否决权。其在企业内部管理中发挥主导性的监管作用，一旦国有企业的日常经营偏离政府主管部门的政策方向，"黄金股"将会发挥重要扭转作用，以保护社会公共利益。

在英国政府对"黄金股"的具体使用上，以英国机场管理局（BAA）为例，可以看到"黄金股"在英国国有企业管理中发挥的作用。作为曾经重要的英国政府部门之一，英国机场管理局成立于1986年，是英国的机场法案颁布后第一批被私有化的国有企业。在私有化初期，其管理着英国境内的 7 家机场，经营着机场周围的绝大部分基础设施，业务甚至延伸到北美及澳大利亚等。1986 年，英国政府颁布了《航空法案》，此后 BAA 开始实施私有化。由于在特殊时期，机场通常是国家最重要的战略地区，对于国家安全至关重要，因此，出于维护国家安全利益的考虑，英国政府在 BAA 内部保留了"黄金一股"作为象征，保持英国政府对私有化后的国有企业的控制权。根据英国颁布的《航空法案》与 BAA 公司章程的相关规定，英国政府主要通过"黄金股"保留了对私有化后的英国机场管理局的以下特权：一是英国机场管理局的单个股东的持有股份权重整体不得超过 15%，防止私有股权在机场管理局的股权结构中过于集中；二是有关机场管理局的企业经营的任何重大管理政策决定，都需要政府批准方能通过。

第二节　英国国有企业的外部治理及审计情况

对于企业行为的约束不仅来自企业内部，外部的监管作为一种隐形约束，也监督着企业在市场中的行为。可以说，在对国有企业的监管过程中，外部审计机构也发挥着重要的作用。

一、国有企业面临与民企相同的外部市场环境，接受共同的外部监督

伦敦证券交易所与伦敦 500 余家银行一起构成了英国庞大的资本运作市场。其监管体制主要由自律机构与自律管理构成，国有企业与民营企业一样面临着相同的资本市场环境。英国证券市场较少受到政府干预，资本市场的管理主要由证券交易所与行业协会完成，自律传统早已形成。1997 年，金融服务监管局成立，政府授权该机构拥有对银行、保险、证券等资本市场相关机构的监管权，加强了英国资本市场的共同监管体制。只有当资本市场的自律机制无法正常发挥作用时，政府才会出面干预。英国的资本市场完备且规模庞大，其在促进资本合理配置的同时，加快了结构调整的速度，为国有企业盘活资产、提高生产效率创造出一定的先决条件。英国资本市场的主板与创业板发展完善，能够满足不同类型、不同规模国有企业的融资需求，更好地促进了国有企业产业资本与金融资本相互融合。

二、英国国有企业的审计情况

英国国有企业的审计体系由国家审计和社会审计共同组成。这里将从绩效审计力度、审计法律法规、审计对象以及审计工作中的侧重点等四方面对英国国有企业的审计做详细介绍。

近年来,英国对国有企业的绩效审计力度不断加强。第一,英国的官方审计体系较为完善,由中央层面与地方层面的审计署共同组成,英国的14个部委与130多个公共实体皆在审计对象之列。第二,审计力度的加强体现在对公共实体的审计要由国家审计与外包审计共同完成,审计项目数量增加。第三,针对国有企业的绩效审计,不仅针对企业本身,而且企业的政策执行效果以及执行政策期间所有的发生额都在审计之列。以2009年英国政府筹资建设新的核电站并处理旧核电站的项目为例,此项目的绩效审计由英国国家审计署进行,其中包括政策的执行情况、价格、存在的风险以及债务处理情况等诸多方面。

英国国有企业审计的相关法律法规健全,并且在实践过程中能够起到很好的指导约束作用。例如,1983年的《国家审计法》对与国有企业审计有关的各方面做了翔实的规定。英国各级政府对企业审计做出了细致的规定,搭建了一套从中央到地方的审计规章制度。由原则规范、手册、指南等一系列审计标准组成完善的公共实体审计制度体系,对绩效审计工作所必备的专业、独立、诚实、客观等职业要求做出了详细的说明,并对审计工作前期准备、中期实施和后期的跟踪检查等一系列具体事务提出了意见。

对于国有企业审计是否纳入国家审计署审计对象的范围,英国经历了较长时间的讨论。起初,部分英国国有企业是明确被排除在国家审计署审计范围之外的,2006年《公司法》对国有企业的审计事项做出了一些调整。在这之前,官方审计不能参与国有企业的审计工作。该法案颁布后,英国的一切"公共部门"都进入了国家审计署审计对象之列。

企业的经济性、效率性、效果性(统称为"3E")是国家审计署审计的侧重点。首先,审计署并没有制定统一的严格审计标准,而是在实施审计的过程中,对不同的企业关注点不同,例如,控制经济性企业的成本,加大效益型企业的产出等。其次,为保证工作结果的权威公正,英国审计署会参考相关行业的技术标准和评价标准,主要存在行业标准、公众调查意见、专家研究结果以及被审计单位自身的标准四类标准。

第三节　英国国有经济的监管体制

众所周知，现代企业治理成功与否的关键是要实现企业的分权式治理、制衡以及相互协调。因此，在做好国有企业董事会自主性内部治理的基础上，也需要企业的上级主管机构的监管治理。客观而言，英国国有企业的监管体制较为传统，即英国政府凭借对国有企业的所有权，对国有企业实行双重监管。英国议会是第一重监管者，也是国有资产的最高监管机构，而英国议会主要通过法律手段对国有企业实施监管。英国政府对应的相关部门是国有企业经营的第二重监管者。政府相应的主管部门主要通过经济手段与行政手段，对国有企业实施监管，同时也对国有企业管理运营中的具体问题进行全方位、全过程的监督管理。

一、英国议会对国有企业进行法律方面的监督

英国议会是决定国有企业经营方向及日常监督的最高机构，其监管作用主要体现在以下三个方面。

第一，国有企业的创立、改组与裁撤政策，均须通过英国议会立法实现。英国是一个讲求法治的国家，依法治理是其治理国有企业的前提和基本原则。按照这一原则，只有通过议会立法才能够确定国有企业组织和管理的结构与模式，合理地为国有企业确定生产的宏观目标，并且以合理的价格向社会公众进行供应。例如，1945—1950年，英国议会通过了一系列国有化法案，将工业控制权移交到公共部门，如1946年，英国议会正式颁布了《煤炭工业国有化法案》，依据该法案英国政府建立了英国煤炭局；1947年，英国议会通过《运输法案（包括铁路、运河和公路运输）》，该法案将全国范围内的铁路以及长途运输公路等各种运输方式及其所涉及的企业，全部移交给英国运输委员会进行统一管理，并设立英国运输委员会这一国有企业。除此之外，在基础设施和公用事业领域的国有企业设置上，英国都是先通过议会设置法案，再依据该法案设置具体的国有企业和开展日常经营管理。上述法案虽然分别设计了不同的行业与对应的国有企业，但是其都明确规定了将这些行业的财产与资产分别转移到新成立的董事会或公共机构，并且提出了对私人所有者的补偿条款以及过渡期间的种种权责安排和相关条款，依据这些财产和资产建立相应的国有企业及企业集团。除了创建新的国有企业需要议会立法之外，在英国，也只有通过议会立法，才能对原有的国有企业进行合法的改组与撤销。

第二，英国议会需要定期对国有企业的年度报告、借款限额等进行重点审核。20世纪70年代中后期，在两次世界性石油危机的负面影响下，英国国有企业经营每况愈下，英国政府每年都要额外花费40多亿英镑，来补贴国有企业的日常经营所需，才能维持其正常运转。从此时开始，控制国有企业经营成本和对外负债，日益成为英国政府和国有企业的关注点。1979年，在英国保守党撒切尔政府上台后，为了激发英国国有企业的经营活力，改善国有经济的运营状况，减少政府公共开支，英国政府开始将削减外部借款需求，作为国有经济和企业政策监管的核心。此后，英国议会在审核公共开支和对企业外部借款申请的审议问题中，扮演着日益重要的角色。然而，在大多数情况下，英国议会只是对经费申请略加改动，并对国有企业的外部融资限额等做出建议。只有在某一国有企业处于改革发展的重要时期之时，应英国政府的要求，议会才会对国有企业提出的外部融资限额问题进行正式的修正和实际补充。

第三，英国议会也会设立专门的国有化企业特别委员会、财政和行政机构特别委员会和能源委员会等下属机构，对国有企业进行日常监督。具体而言，英国议会设立的国有化企业特别委员会，会负责调查研究国有企业的经营状况，并向英国议会定期出具评估报告，并由国有企业的主管部门负责人对国有化企业特别委员会报告中提出的问题做详细回答，进而通过这一角度和方法，使议会可以评估和监督国有企业的日常经营活动。议会还设立了向其报告和只对其负责的财务监管机构，尤其是建立了与国有企业的财务和会计相关的财务监管体系。例如，以最初创建于1866年的英国财政和审计部门为代表，该部门自1983年《国家审计法案》颁布后，被改名为"国家审计署"。英国国家审计署作为国家最高层次的审计机关，其独立于政府各对应机构，只向英国议会汇报审计报告，只对英国议会负责，其主要职能是调查英国政府各个公共部门的各项支出是否符合国家审计法案的各项要求。其主要工作有两项，一是对公共部门（包括政府部门、政府下属机构、国有企业）展开财务审计；二是对这些公共部门进行绩效审计。然而，在英国国家审计署建立之初，国有企业并不在英国审计署的职责范围之内，尤其是部分国有资产与公共机构被排除在审计署的审计对象范围之外。如英国议会于1983年制定的《国家审计法》附录中，明确表示不授予23家国有企业被审计权限。但这种情况到2006年发生了改变，《2006年公司法》对英国的国有经济审计规则进行了重新调整，赋予了英国审计署有权审计国有企业的财务状况这一重要权限。这无疑使英国议会又多了一项监督国有企业日常运行的权力。

二、英国政府机构对国有企业的管理监督

在英国的国有企业监管机制和管理体系中，英国议会是顶层监管方，而执行具体的监管措施的机构是英国政府各机构及所属监管机构。这具体表现在以下几个方面。

（一）英国政府对应主管部门对国有企业的条块式管理

"条块分割"是英国政府在国有企业监管中呈现出的首要特点，不同行业的国有企业只受到对应的政府部门的监管，其他政府部门没有监管权。根据国有企业的日常运营特点及其差异，英国政府将国有企业划归为不同的政府主管部门进行指导和管理。例如，英国邮政局、英国铁路局、英国航空局等企业由运输部管理，英国电力委员会、英国石油公司等公司由能源部主管，英国工业部则负责英国钢铁公司、英国造船公司等国有企业。这一模式的优点是，专业的部门管理对应的企业，可以提升政府机构的管理效率和降低管理企业过程中的协调成本。但其缺陷是各个国有企业之间缺乏统一治理和协调，不同政府部门在治理国有企业时的协调成本提升，难以像一个政府部门管理不同类型国有企业的体制那样，发挥对国有企业集中治理和加速不同类型企业有效整合的规模化优势。具体而言，英国政府各部门对国有企业的内部治理表现在以下几个方面。

第一，英国国有企业对应的政府主管部门负责对企业日常运营事项进行宏观指导与监管，主要体现在高级管理人员人事任免、生产经营宏观指导和财务、产品定价等三个方面。在国有企业的人事任免上，英国政府通过各具体主管政府部门，控制国有企业高级管理人员的任免权，达到管理国有企业的目的。在具体实践中，国有企业的董事长不是由董事会成员选举产生，而是由政府大臣直接任命。同样，如果政府主管部门大臣认为某个董事会成员已不能够胜任其工作，他也有权免去该董事在董事会的职务。政府主管部门的大臣有权决定企业的经营方向，并发布部级层次的国有企业经营指导原则。同时，各国有企业的财务目标与经营目标也由对应的政府主管部门决定。如英国政府规定其对应的政府主管部门制定的部际指导原则，对其下辖的所有国有企业都具有普遍性意义，可以对国有企业的日常经营方向与长远战略规划产生关键性影响。

此外，政府对应的主管部门还可以通过对国有企业提"建议"的方式，来对国有企业日常经营做实质性的指导。例如，1990年，英国能源部为英国煤炭公司设定的经营目标要求是提高生产效率，降低生产成本，在政府不给予外部融资

支持时，企业也能达到收支平衡。这实质上是对国有企业提出了指令性的要求。又如，英国政府会对国有企业每3年制定一次财务目标，而目标形式视所处行业的具体要求有所不同。一般情况下，英国国有企业的经营目标不仅是自负盈亏，还需要承担一定的社会责任。因此，除了设置经营业绩的目标外，政府主管部门还会对国有企业制定各类具体的服务标准。除此之外，政府的对应主管部门还承担着控制国有企业产品定价的权利和义务。国有企业在一般情况下有权决定其产品的定价，但其必须事先得到各政府主管部门大臣的同意才能正式开始实施。但在特殊时期（例如，战时或通货膨胀时期），国有企业必须听从政府及各主管部门大臣的价格限制命令。

第二，英国财政部与政府各主管部门共同管理国有企业，但财政部可以负责所有的国有企业的财务监管，各对应政府部门的职责是管理所属行业的国有企业。在日常的国有企业管理方面，英国财政部主要负责对国有企业的日常经营进行财政约束，并通过财政预算的方式来总量控制和确定国有企业实施外部融资额的规模，且负责审批国有企业的各个上级主管部门向英国政府提交的投融资报告。与此同时，英国财政部对国有企业资金监管的定义和职权范围的界定也是相当广泛的。英国的财政部大臣有权对各国有企业的董事会成员的薪酬提出具体的指导性建议。由于其主管着各大国有企业的财务预算和企业融资规模，因此，英国财政部大臣的指导建议往往可以发挥较大的薪酬限制作用。若国有企业出于扩大生产等目的，向英国政府申请额外的财政资金支持，英国的财政部官员要对该笔资金的申请额度及具体流向进行详细的询问，并对该笔资金的日常具体使用情况进行监督。最后，国有企业增加发行股票或其他证券融资和财务问题，也需要征求财政部大臣的意见后才能真正实施。

（二）英国其他政府部门对国有企业的监管

除了英国各主管政府部门和财政部有权对国有企业的日常经营进行监管外，英国政府还会专门设立一些政府直属机构，监督企业的特定业务。

第一，英国内阁通过设置下属专门委员会，对国有企业进行监管。在英国，内阁在国有企业的日常管理中也扮演着不可或缺的角色，涉及国有企业的许多重要决定都需要通过内阁下设的这些专门委员会批准方能通过。首先，英国内阁会通过其下属委员会对国有企业经营开展考量和评估，而且必须经上报内阁批准后方可正式实施。以英国的政府官员委员会为例，当有关国有企业的一些重要决定无法由政府某一个单独的下属机构讨论通过时，英国政府官员委员会将协调和支持多个政府特定机构共同合作完成决策。这主要是因为英国政府官员委员会的成员是各个主管部门负责处理国有企业事宜的公务员，其委员会主席通常是财政部的官员，因此，该委员会可以进行统筹管理，将财政部和各个国有企业的上级政府主管部门有机联系起来，增加国有企业的监管效率。又如，英国的垄断与合并委员会代表英国政府对国有企业进行监督，应各主管部门的大臣要求，该委员会每年会对相应的主管部门大臣建议的国有企业进行调查，并形成调查报告，上交政府审批监管。

第二，英国政府常常通过组建专门的国有企业管理机构来发展国有经济，并对国有企业进行分层式管理。例如，国家企业局是1974年英国工党政府上台后设立的一家国有控股型管理机构。国家企业局的产权归英国的工业部所有，其主要职能是管理各国有企业的股权。在其建立之初，接管了当时由英国工业部掌握的8家私营企业的股权，随后向24家企业（包括国有企业和非国有企业）提供财政贷款，以此掌控英国部分重要的国有企业。

需要特别说明的是，英国国家企业局的产权管理主要包括两个层面。英国政府作为产权所有者，授权英国贸工部作为第一层面具体管理国家企业局。其管理内容主要包括以下四个方面。一是在贸工部内部成立单独的管理国家企业局事务的行政部门，作为联系贸工部与国有企业的中间渠道，向国有企业定时下达英国政府的经营方向指示，同时定期上报国有企业的日常经营情况。二是为国家企业局所属的国有企业设定具体的财务目标。三是由英国贸工部决定国家企业局管理层的具体人事任免安排。四是由英国贸工部确定国家企业局的实际投资权限。

国家企业局产权管理的第二个层面，主要体现在国家企业局作为母公司，有权监督和管理其子公司及其关联企业的日常运营。其主要体现在以下四个方面。一是英国国家企业局有权向其控股的企业董事会委派产权代表，一般情况下，其会派遣不少于一位代表担任非执行董事，作为产权代表参与国有企业的日常管理。二是国家企业局一般不会干涉国有企业的子公司及其关联企业的日常经营。三是国家企业局会为所有的子公司和关联企业建立科学合理的报告制度，国家企业局要求其下属的所有国有企业必须提交公司计划、年度报告以及企业发展的长期计划，以监督其日常经营情况。四是国家企业局有权审查国有企业子公司的财务情况。这种管理模式的创新从一定程度上促进了英国的风险投资与高新技术类国有企业的发展。随后在20世纪80年代，由于国有企业私有化因素的影响，国家企业局合并了英国研究开发公司，共同组建了英国技术集团，此后国家企业局代表政府管理国有企业的职能从一定程度上被削弱，但其仍管理着下属国有企业的日常管理，尤其影响着新兴高技术类国有企业的发展。

第三，英国政府也在尝试实施特殊的集权式管理模式——国有企业出资人模式。2003年9月，英国成立了公共机构——股东执委会。该公共机构由英国的内阁办公厅设立，最初作为英国商业、创新及技能部（BIS）的下属机构，对英国政府的国有资产出售等事务进行日常管理。股东执委会最初的工作重心是为英国政府提供咨询服务，包括提供科学的公司治理方法、设置合理的生产目标、审查商业计划的内容以及开展绩效、薪酬等方面的咨询。但在日常运行过程中，英国政府发现股东执委会仅仅提供咨询服务，一定程度上限制了其充当股东角色的有效性。因此，经过多年的完善，股东执委会最终参与到了企业的日常运营中，并同时监督企业管理层对企业的业绩检查过程。一方面，这一模式弱化了英国政府作为股东直接参与企业运营管理的不良影响；另一方面，其又能够代表公共部门对国有企业的运营做出科学指导，使企业的社会效益最大化。然而，在股东执委会成立之初，仅仅适用于少数几家中央政府所属的企业，大部分由政府行使股东权利的企业，仍然由英国的文化部，国际发展部，媒体与体育部，环境、食品与农村事务部，国防部，副首相办公室等国家部委负责管理。目前，英国的股东执委会已经变更为英国股东执行局（BIS），直接或间接地为20多家英国的国有企业提供行政服务。

从英国政府官方网站公布的公开信息分析，英国的股东执行局在出具了2013—2014年度报告后便不再发挥其职能。英国政府开始建立新的功能更为强大的类似政府投资机构，参与国有企业监管。如在2016年4月1日，英国政府投资公司（UK Government Investments，简称UKGI）正式成立。这是一家由英国财政部全资拥有的国有企业，受财政部独立控股管理，可以涉及几乎所有的国有企业的财务监管。具体而言，UKGI将英国股东执委会和英国金融投资有限公司（UKFI）的监管职能整合在一起。根据其官方网站公布的公开信息，UKGI最关键的职能在于其替代了英国政府的各个部门，有效地发挥着独立政府机构股东的作用，发挥着政府监管国有企业的作用。目前，UKGI管理着英国国内16家大型国有企业，而且受英国财政部的委托，从公司治理、企业融资和资产变现等方面专门服务这些国有企业，并重点在财务领域监管着这些国有企业。

综合来看，英国受私有制度占主体、市场经济过于发达和"小政府、大市场"等传统特点和发展观念的影响，在国有企业的监管制度设置和机构安排上相对较为分散。目前，英国政府机构对国有企业的日常监管主要呈现出三个特点。一是英国政府的监管机构较为分散，类型较多，尤为缺乏统一的国有企业的监管方，统一监管力度较弱。目前英国的绝大多数国有企业都被分类归为各大具体政府部门的分类式和条块式管理，即使英国政府曾尝试通过国家企业局、英国政府投资公司、股东执行局等机构，集中管理更多的国有企业运营，但其仍缺乏统一的监管机构进行协调监控。二是英国的国有企业监管更加倾向于基于法治的政府管理，议会制定各类具体的国有企业监管法规，政府对国有企业的行政监管权限受到议会法律的约束程度较大。三是英国财政部在财务领域部分发挥着统一监管所有行业的国有企业日常经营的功能，投融资管理和企业日常的财务管理是英国政府监管国有企业的重点领域和方向，而人员管理、薪酬管理等其他方面的重要监管内容则更多的是由公司董事会，尤其是外部董事进行日常的自律式监管。

第四章
英国国有经济的绩效

作为主张一国政府应该对其宏观经济进行政策干预的凯恩斯主义经济学的来源地,国有经济在二战结束初期30年的英国经济发展中,曾占据着相对较为重要的地位,并在二战结束初期的企业效率和绩效提升方面发挥着相对重要的作用,为战后英国经济的迅速复苏和加速发展,发挥了相对重要的作用。但由于私有经济对英国经济发展的影响"根深蒂固",国有企业私有化使英国的国有经济占比不断下降。从英国国有经济的现状来看,其在超大规模企业领域的影响依然明显,发挥着重要的引领作用和基础性功能,并在英国企业绩效改善和社会功能示范方面发挥着自己应有的作用。

第一节 国有经济的功能定位

作为西方世界的自由主义经济发展来源地和第一次产业革命的发生地,英国一直将私有经济作为本国宏观经济的核心。尤其是在二次世界大战之前,国有经济在英国宏观国民经济中的占比一直较低。第二次世界大战后,在加快宏观经济复苏、应对20世纪30年代的资本主义经济危机以及集中力量满足新的科技革命带来的研发挑战等因素影响下,英国企业的国有化经历了三次大发展,使其国有经济在其国民经济中发挥着日益重要的作用,英国的国有经济在其国民经济发展中有着自己特殊且明确的定位。

一、国有经济的功能

(一) 国有经济多数作为私有经济的"辅助"成分发挥着作用

英国的国有企业通常被称为公共企业,一般与英国政府有关的、被国有化的企业都可以被视为公共公司。而英国的公共公司更多的是一类基于现实需要和政党竞选的产物,无论是从企业主体规模还是在国民经济中发挥的作用来看,其在英国的经济社会中始终并不占据主导地位。其具体表现如下。

第一,英国是资本主义私有经济和市场经济的发源地,撒切尔政府私有化运动更进一步奠定了私有制的主导地位,而国有企业在其国民经济发展中仍更多地发挥了辅助性和补充性的作用。在英国 200 多年的市场经济发展进程中,其经济体制主要表现为私有经济和国有经济并存的混合所有制经济模式,但由于英国是西方资本主义生产方式的主要发源地之一,自由市场经济的调节模式和重视私人产权在其经济发展中优先,这使得其始终坚持以私有经济为核心。尤其是 20 世纪 70 年代末,在三次国有化运动之后英国经济出现滞胀的影响下,英国撒切尔政府实施了大规模的私有化运动,信奉货币主义指导宏观经济增长,以市场调节替代政府干预,实施大众资本主义。这更进一步奠定了私有经济在英国混合所有制经济中的主体地位。而国有经济在英国国民经济中的地位,从 20 世纪 80 年代私有化运动以来正逐步降低影响,但功能更为针对性和具体化。

第二,国有经济在英国国民经济中的占比持续下跌,影响在下滑。以彼得·格温(1986)为代表的英国学者曾经对 1974—1983 年的国有经济和私有经济的作用进行过初步研究,发现国有企业对英国国内生产总值的贡献在 1976 年达到了最大,但其所占比重也不到 12%,国有企业贡献的国内生产总值在当年也仅为 130 亿英镑,此后逐年下降。根据对英国国民经济各部门占比的统计,从 21 世纪初到 2017 年,无论是在国有企业的企业数量占比、国有企业就业规模总体贡献,还是在国有企业固定投资额占比上,其都处于相对弱势的地位,占比基本处于 10% 以下,在总体经济中的规模和占比都远低于私有企业。

第三,从国有企业的组织形式上看,其也遵循类似私有企业的内部管理模式,受私有企业发展的影响很大。英国的国有企业形式多样,包括以下几个类别:由政府机构直接主导管理的国有全资企业,如英国邮政总局等;由政府掌管绝大部分股权的混合所有制股份企业,如英国石油公司等;以及占国有企业中绝大多数比重的公共企业。其中,公共企业的管理方式是由英国政府负责制定企业的总体经营方向和目标，同时专门设立董事会，并聘任董事会成员，由其独立自主地开展日常经营，并享有可以独立管理的独立法人地位。这与私人企业的经营模式基本一致，而政府机构或主管官员一般不干涉企业的日常经营和管理活动。因此，英国国有企业的日常运行就是依据私有企业的经营标准开展的。

（二）国有经济在完善产业结构上发挥着重要的"基础保障"作用

英国企业的国有化进程起源于二战后的工党艾德礼政府，而国有化的初衷是为了恢复英国在二战中受损的国民经济。由于二战的影响，英国的许多私有性质企业受损严重，不仅自身经营乏力，恢复就业缓慢，而且无法有足够剩余资本，去投资那些初始投资数额规模大、回收收益速度较慢的"冷门"行业或基础公用事业类企业。也正因企业在基础设施及关系着国计民生的社会公用产业上的投资增长乏力，英国的国民经济仅仅依靠私有企业的带动难以迅速复苏，其利用市场经济模式推动宏观经济增长出现暂时性的"市场失灵"，政府投资开始在战后经济恢复中发挥重要功能，这在一定程度上弥补了私有企业投资增长乏力带来的不足。

尤其是二战结束后，英国的国有企业主要承担起那些非营利性的基础类行业的发展，支撑和保障着整个国民经济的基础运转。其主要包括两类：一是为经济社会发展提供公共产品而需要大量前期投入，但同时又可以为社会做出巨大贡献和提供基础保障的非营利性基础部门。由于这些部门需要付出大量的前期成本，且利润回收期较长，容易遭受前期巨额亏损，因而私有企业一般都不愿意进入这些基础设施部门开展投资。因此在容易形成自然垄断的公共部门，包括电力、水力、电信、邮政、航空、铁路等行业，一般需要英国政府建立国有企业，起到基础性保障作用。二是为国家经济社会发展提供所需要的重要能源和资源的原料生产部门，如石油、钢铁、煤炭、天然气等。这些部门长期以来规模庞大，同时生产技术相对落后且所用设备较为陈旧，收益率偏低，但又是经济社会发展不可或缺的，只有靠政府国有化才能保障社会发展的资源和能源的基本所需。

尤其需要指出的是，在帮助英国政府保障社会正常运转和基本所需的基础上，国有成分在这些领域的国有企业私有化上，起着重要的平抑自然垄断行业价格水平，保证公共产品供给平稳的作用。一方面，英国政府在国有企业私有化进程中，采用设置"黄金股"等企业治理模式以及由所属部门主管大臣指导企业发展方向的形式，保证这些公共事业部门的国有企业运行的正常化和规范化，一旦所属行业和企业在产品价格调节上出现偏离，其就会发挥政府治理的"一票否决"作用，从市场或政府调节等方面将影响价格偏离的政策否决，保证企业产品价格的正常平稳，让混合制企业的日常运行更为规范。另一方面，政府机构在基础设施和产业发展上"兜底"，将那些私有企业不愿意投资和经营分散的国有企业纳入改造范围，进行不完全以节约成本和获得利润为目的的基础设施的合理投资，从而可以让企业所属行业的市场价格水平，不会因为投资改造导致的成本扩大而发生剧烈波动，同时也稳定了国有企业所属行业的价格水平。

（三）国有经济在指引产业发展方向上发挥着重要的"引领示范"作用

英国的国有企业普遍规模偏大，在大企业群体中发挥着较为关键的作用。尤其是在1979年撒切尔政府进行私有化改革之前，英国国有企业的三次国有化运动，将社会资本和生产资料大规模集中，使国有企业在英国的国民经济和产业发展中产生了重要的影响。国有企业在其物质生产领域、基础能源和资源领域、新兴的航空航天和电子机床等高新技术部门都有较大的企业影响。根据张敏（1996）对1978年英国大企业的类型统计，在英国最大的15家物质生产领域的企业中，国有企业有6家，总资产额占15家企业总资产额的50%以上。也正是由于其规模较大，导致其可承担风险和损失的能力较强，因此其也成为英国推进新兴部门，如原子能技术、航空航天、信息通讯、生物技术、电子计算机科技等新兴技术部门发展的主要动力来源。与此同时，由于二战结束后的第三次科技革命的发展，各资本主义国家在汽车、机床工业等制造业上积极进行技术改造，新兴产业与传统制造业的深度融合带来了传统制造业，如钢铁行业、造船行业、汽车行业和机床行业等的大规模技术升级。这使得全球该类行业的竞争水平提升，使英国国内的同类行业面临的竞争压力增大。许多私有企业纷纷退出该类行业或经营困难，因此需要更多的大型国有企业在承担巨大竞争压力的情况下，引领其所在行业的技术改革和自主创新。英国的国有企业也由此在引领新兴行业的出现以及传统制造业技术改造和创新领域中发挥着越来越大的作用。

（四）国有经济在稳定国家"就业和增长"上发挥重要作用

虽然英国国有企业的数量较少，尤其是相比于英国私有企业的数量要少得多，但国有企业在吸收英国国内就业方面发挥着远超其所占比重应起到的作用。首先，国有企业是支撑英国经济战后复苏、恢复就业和带动企业重建的关键引领方。第二次世界大战时期，英国作为主要的交战方，战争创伤较大，尤其是战争打击了大量的私人企业，工厂和机器设备受损严重。由于短时期内英国经济难以迅速复苏，私人企业的建立也难以短期实现，这使得私人企业对解决大量劳动者失业问题难以真正起到作用。此时，在政府的推动下，国有企业可以快速建立，同时通过扩大对基础设施、公用事业等领域的投入，可以迅速带来就业增加和经济复苏。此外，英国工党政府还积极通过鼓励公共公司加大对私人企业的直接投资或股权投资，为英国的私人企业提供急需的资本，加快其开展技术改造和设备更新，带动其逐步从战争中复苏生产，带动英国整体生产力水平的提升。

其次，国有企业虽然在大规模就业类型的企业中发挥着相对更大的作用，但其影响力相对还是在逐步下降。根据张敏等（1996）的统计，1981年，在英国吸收就业人数最多的10家企业中，就有6家企业是国有企业。而根据英国国家统计局2016年的统计，2016年，在10人以下人员就业的企业总数中，国有企业的数量占比仅占0.28%，仅有6 430家；在100人以下就业的各类型企业占比中，国有企业占比也都在10%以下；但在吸收500人以上就业人员的企业中，国有企业数量占英国所有企业的比重达到18.11%，在全部4 970家企业中，有900家大企业。但也需要看到的是，2010—2017年，随着英国私有化水平的提升，在吸收就业的企业类型中，大规模企业占比从2010年的14.86%增加到2011年的18.49%，然后逐步下降，到2017年降至14.04%。但这一时期大型企业吸收就业所占的比重一直稳定在平均15%左右。

最后，国有经济是带动新兴产业吸收就业的重要推动力。从20世纪70—80年代开始，国有企业就是英国带动航空航天、信息通讯、生物科技等新兴产业发展的主要动力，而这些高科技产业也吸收了英国大量高素质、高技术和高层次的人才就业。进入21世纪初，英国又在国有企业的带动下，开始在绿色环保经济领域开展尝试，建立以绿色投资银行为代表的新兴产业和企业，这也为吸收英国就业、推动英国经济增长做出了巨大贡献。

（五）国有经济被作为满足英国两党达成共识的"主要产物"之一

第二次世界大战结束后，为了尽快从战争损失中恢复英国经济，加快英国在国际和国内政治和经济政策上的统一化，英国的工党和保守党达成了重大问题上的共识并采取一致的政策行动，英国的工党和保守党需要在政治协调上找到共同点和契合点。由于1929—1933年的资本主义世界性经济危机的发生、两次世界大战的影响，以及二战时期的战时联合政府的设立，工党和保守党在相关政策主张上达成了更多的共识，尤其是在为保证战争期间的产品供给而实施的政府干预和国有经济问题上，两党对凯恩斯主义的国家干预经济理论达成了共识。在英国艾德礼工党政府提出国有化主张的同时，保守党深刻检讨了战后竞选失败的原因，在 1947 年重新发表《工业宪章》，提出要加强政府指导，并将其和对私人企业的激励结合起来，主张政府指导和市场机制并存，并认可了煤矿、铁路和英格兰银行的国有化难以逆转。该宪章也承认了国家干预主义和国有化的正当性，这在一定程度上与英国工党达成了政治共识。因此，这一时期的国有化运动及其带来的国有企业的大发展，被作为英国工党和保守党达成两党共识的主要产物之一。

二、英国对国有企业的评价倾向

现有经济学理论提出，所谓经济效率，是指实现既定目标的程度。因此，不能简单地在脱离公司经营目标的情况下谈论效率。尤其是国有企业和民营企业在这一目标的追求和实现过程中显然是不同的。私营企业的目标通常可以理解为追求最大利润，因此，用利润率来衡量其效率是比较合适的。然而，仅用这个指标来衡量国有企业的效率是不公平的。因为利润率不是国有企业的唯一目标。一方面，国有企业承担着大量非营利性的社会劳务活动。相较于经济绩效，这部分活动则可能更注重社会绩效，此类社会贡献并不能在经济统计量上得以完美体现。另一方面，国有企业在整个经济体系的能源、交通、通信、钢铁、电力等基础设施部门发挥着相当重要的作用，这些部门投资大、回收慢、经营亏损严重，但现代经济发展不可或缺，需要政府来安排国有企业经营改造。因此，在衡量国有企业的效率之前，有必要明确其经营目标。下面我们将对三类行业中英国国有企业的经营效率做具体分析。

第一类，军工国防行业。由于英国是全球首个工业化国家，并且具备完整的工业体系，所以英国的军工国防工业水平始终处于世界前列。1991 年之后，英国军工国防部门国有企业的主要社会责任就是促进国防工业军民融合的发展，因此军工国防部门在 20 世纪 90 年代的社会目标是消化产能。之后不断深化的新科技革命和新军事革命使得战争形态快速地从机械化战争向信息化战争转化，这就使得 21 世纪前 10 年军工国防部门的目标是要快速实现转型升级。因此，对于军工国防行业的国有企业，各项评价体系更注重其社会绩效的评价。

第二类，基础设施行业。基础设施和服务部门作为社会发展不可或缺的产业主要有投入大、资本回收慢、经营风险较大等特点。这些特点导致了政府需要积极参与到基础设施和服务部门的管理之中。2010 年后，英国的卡梅伦保守党政府提出用"大社会"公共政策代替"大政府"政策，即让更多的非政府机构与政府机构共同进行公共事务的治理，尤其是私人企业开始与政府机构合作参与基础设施和公共资源的提供。这实际上是为英国的公共服务提供了更多手段和方式，也为英国的混合所有制经济发展提供了更精确的具体手段。由于"大社会"框架下的混合所有制影响，英国在基础设施和公共服务提供上取得了一定的社会绩效。因此，对于基础设施行业，其经济绩效与社会绩效并重。

第三类，新型竞争行业。在英国第二次国有化运动中，在宇航、电子、机床和其他科技部门出现了一系列新的国有企业。这些部门虽然私有化程度较高，但仍有部门由国有参股控股的。由于新型竞争的目标通常可以理解为追求最大利润，因此对于新型竞争行业，各项评价体系更倾向于经济绩效。

第二节 国有经济的微观效率

从积极的角度来看，国有企业曾经在英国经济生活中占有十分重要的地位。国有化企业曾为私营部门和消费者提供燃料、电力、石油、钢铁等基本产品，并提供交通运输和邮政等服务，使战后的英国经济取得了一定的发展。但是，由于国有企业生产效率低，亏损严重，因而英国政府进行了大规模的私有化改革。英国国有企业在其国民经济发展中有着特殊定位，不能简单地选取私有企业绩效标准对其微观效率进行评价。因此，在衡量国有企业的效率之前，有必要明确其经营目标并对具体行业进行具体分析。

一、国有经济的微观企业管理模式——决定微观企业效率的基础

英国的国有企业大体分为国家预算企业、国有公司和公私混营股份公司三种类型。其中，国家预算企业和国有公司由国家完全拥有。国家预算企业主要是一些兵工厂等科研机构，它们往往肩负着特殊的国家使命，要由国家严格管理经营。国有公司享有相对独立的权力，并可以向政府申请较多优惠政策。公私混营公司在英国较少。

（一）资本和生产集中程度高，单个企业规模巨大

英国国有企业的资本和生产集中度比较高，常存在单个企业规模巨大的现象。在某些行业的国有企业处于绝对主导地位，国有企业的任何变化都会引起英

国整个国民经济的波动。因此，英国的国有企业较多采取国家控股的形式，导致国家管理权限过大、企业权限过小。从19世纪初到二战后，英国已经发展成为西方世界拥有最多国有企业的国家。二战之后，英国的经济百废待兴，面对被战争摧毁得满目疮痍的国家，国有经济对于恢复基础设施、重启具有战略重要性的工业领域发挥了非常重要的作用。借助于国家投资，国有资本在英国的国防军工领域和基础设施建设领域，如通信、电力、石油和钢铁这些资本密集型的行业发挥了极大的带动作用，对于英国战后经济的恢复起到了发动机般的作用。

（二）政府全方位全过程的管理和控制

第二次世界大战后，英国工党上台，掀起了数波国有化浪潮。经过数次国有化浪潮，英国国有企业在国民经济中的比例达到了顶峰。在煤炭、发电、邮政、铁路、通信、造船等重要的战略产业中，国有企业占到100%，即完全国有化。除了这些基础设施领域外，在许多竞争性领域，国有经济的比例也达到了惊人的高度。例如，在钢铁和民航业，国有企业的比例超过70%；在汽车制造和石油化工领域，国有企业的比例也达到了一个惊人的高度，接近50%。截至1979年，英国国有企业的固定资产约占全国固定资产的20%。

同时英国的国有企业管理方式较为传统，政府依靠对国有经济的占有、使用、收益和处置权，全方位管理和控制国有经济。国有企业中的人事管理、价格收入管理、财务管理等重要权力以及公司经营目标等重大问题的决策权皆由政府掌控。由于上述原因，国有企业可以根据需要申请政府资金救援而避免破产风险，但同时又必须接受来自政府的财务监管和法律监督。可见，在英国国有经济管理模式中，政府的权力占据着主导地位，国有经济在管理实践中必须接受政府的严格管理。

（三）改革方向：市场参与竞争，放松国家部分监督权

20世纪80年代后，由于英国国有经济管理不善、亏损严重、产品竞争力差、效率低下等弊病凸显，英国政府开始对国有企业的管理进行改革，改善国有企业的经营模式。改革的措施主要有加强政府大臣和国有企业的战略决策关系，大臣和董事会共同审批企业的重大决策和大政方针，逐步减少国家对国有企业的财政资助，督促企业进入市场参与竞争并获取效益，放松国家对国有企业的部分监督权（魏磊，1998）。但总体而言，英国在国有企业管理上，仍主要采取的是众多国家中较为常见的管理模式，其管理过死等弊端也比较普遍。

二、国有经济微观效率的统计分析

对于国有化政策实施所带来的影响，英国学术界众说纷纭，有些专家学者认为实行国有化的企业不如私营企业的经济效率高，只有一少部分人认为国有化政策的前景乐观。事实上，对国有化政策的功过评价，特别是进行正确、客观的评价有一定的难度。这是因为国有企业大部分在基础设施部门，而这些部门又属于自然垄断行业，很难有与之竞争的企业，同时政府又为国有化的企业提供了相应的优惠政策，如提供贷款等，因此找一个与之相匹配的评价标准是非常困难的。虽然做出完全客观的评价十分困难，但是仍然可以从多个方面入手，将国有化企业与一些相关联的企业部门进行比较，通过对比分析与研究，对国有化政策进行全方位的考察和客观的评价。下面我们将对三类行业中英国国有企业的微观效率做具体分析。

（一）军工国防行业

长期以来，英国政府对其军工国防极其重视，英国军工国防行业的经费虽低于美国，但一直高于北约其他盟国。仅就科学技术而言，英国在发展国防方面仍然实力非常强大。虽然在撒切尔政府大规模的私有化改革中，军工国防产业也不免卷入其中，但参与私有化改革的产业和企业仅仅集中在航空航天、航空无线电公司，其余涉及军工国防的核心领域，如武器装备、军火军品生产等，虽也经历过增加军工企业的民品比例等改革，但其大多数股份仍一直为英国政府所有。

二战后的数十年间，英国的经济增长速度极为缓慢，年均增长率不足3%，其经济实力长期落后于德国和法国。英国国防财政支出在20世纪90年代一直较为稳定。进入21世纪后，英国政府一直在增加其国防财政支出，国防财政支出的年增长率也一直居高不下，这说明英国政府一直在增强对其国防行业国有企业的资金支持。虽然经济统计数据在一定程度上反映了英国国防军工行业国有经济的低效率，但由于军工国防行业主要是用于增强国防实力和发展军事科技，因此应该更注重其国家安全和社会绩效的提升。

（二）基础设施行业

20世纪50年代末至80年代初，围绕着国企改革问题的社会分歧、不安情绪日益加剧，这在1979年随着一系列恶性罢工达到顶点，新上任的英国首相玛格丽特·希尔达·撒切尔，为了应对日益严重的经济危机和缓解政府过度干预经济带来的一系列问题，进行了国有企业私有化改革。我们将这一时期对基础设施国有经济私有化改革分为三个阶段来具体分析其经济绩效的发展情况及其原因。

1. 私有化初期（1979—1983 年）基础设施行业劳动生产率的变动

在国有经济私有化的初期，英国撒切尔政府在货币主义学派的经济理论支持下，开始尝试在石油、航空、电信、科技、交通运输、酒店、港口等竞争性较强的行业领域，开展英国历史上最大规模的国有企业私有化。但在其他领域，国有经济仍占有较大比重，如净资本达到 74.69 亿英镑的英国邮政公司、净资本达到 71.79 亿英镑的英国电力局、净资本达到 23.76 亿英镑的英国国家煤炭局以及净资产达到 25.76 亿英镑的英国煤气和天然气公司。由图 4-1 可见，在这几个主要行业中，只有煤炭、石油、能源业的劳动生产率和交通运输业的劳动生产率始终处于上升趋势。究其原因，是因为这一时期的改革政策主要侧重于那些处于激烈的市场竞争中的企业（确切地说，是市场竞争中被动接受价格的失败企业），其中很多是 20 世纪 70 年代因财政危机而被政府接管的企业，包括石油勘探公司 Britoil、英国航空公司 British Airways、飞行器发动机企业 Rolls Royce 等。

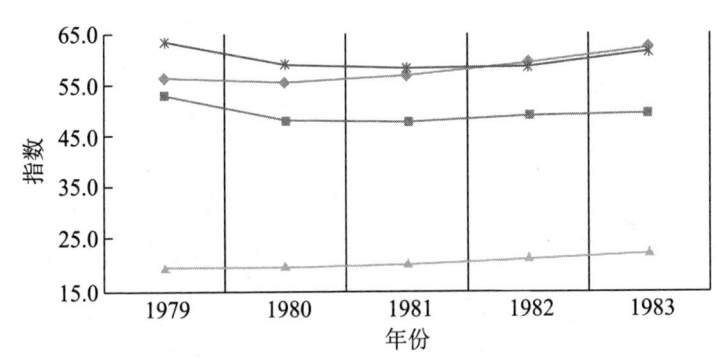

图 4-1　1979—1983 年英国基础设施行业劳动生产率指数

数据来源：英国国家统计局网站：https://www.ons.gov.uk/

从相关的具体政策来说，1979 年 10 月，撒切尔政府出售了英国石油公司约 19% 的股份；1981 年，英国经济危机的出现使撒切尔政府扩大私有化政策；1981 年 2 月，撒切尔政府出售了英国宇航公司 51.6% 的股票；同年 6 月，通过二次出售股票，政府对英国石油公司的控制额从 46% 下降到 39%；1982 年 3 月，国际宇航广播公司的全部股份均被英国政府出售。

尽管在英国的私有化初期，煤炭、石油、能源行业和交通运输业行业的多数企业的大部分股权都被私有化，但是在这些行业中，国有经济成分并未完全退出企业经营，混合企业是这一时期企业构成的主要特征，完全意义上的私有化还相对偏少。所以我们仍然可以用煤炭、石油、能源业的劳动生产率和交通运输业的劳动生产率来衡量国有经济的绩效情况，并得出相应结论：即这些企业部分股权的出售在某种意义上也促进了国有经济绩效的稳步提升，因而在商业团体和政治领域都受到了好评与追捧。总体来说，此阶段初步的成功增强了政府对那些更富挑战性的领域进行改革的信心。

2. 私有化中期（1984—1987年）基础设施行业劳动生产率的变动

1984年，撒切尔夫人的第二个任期开始后，私有化运动全面展开，开始向具有垄断性质的、对国民经济可能造成重大影响的社会公共基础设施行业和新兴高技术产业企业发展。由图4-2可见，1984—1987年，英国各个行业的劳动生产率指数都处于逐年上升的状态，尤其是煤炭、石油、能源业、交通运输业和木材、印刷、造纸业的劳动生产率指数上涨得最为迅速。究其原因，是因为英国的公私合营规模在1984—1987年开始逐步扩大。这一时期英国的混合经营对象主要包括两类：其一，盈利水平较低但对社会发展影响较大的自然垄断型大企业，如1986年的英国国家公汽公司（National Bus Company）、英国天然气公司等；其二，企业本身规模体量大且处于新兴科技产业领域的国有大型垄断企业，如1984年的英国电信公司、1987年的英国航空公司、英国罗尔斯-罗伊斯航空发动机公司等。

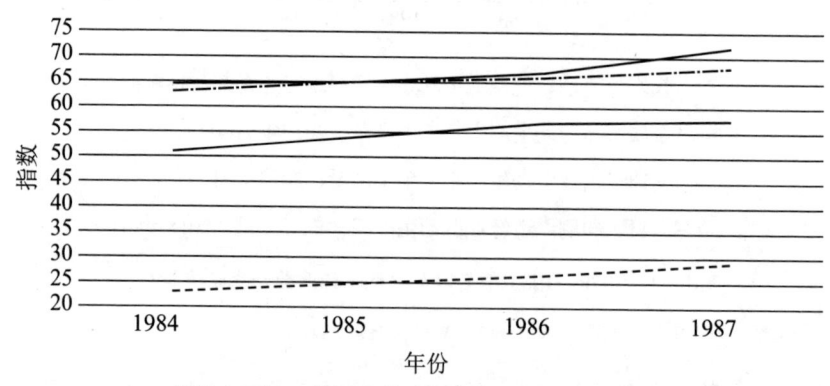

—·— 煤炭、石油、能源业劳动生产率（单工产量，2018年=100）
—— 金属产品劳动生产率（单工产量，2018年=100）
--- 交通运输业劳动生产率（单工产量，2018年=100）
—— 木材、印刷、造纸业劳动生产率（单工产量，2018年=100）

图4-2　1984—1987年英国基础设施行业劳动生产率指数

数据来源：英国国家统计局网站：https://www.ons.gov.uk/

从具体的相关政策来说，1984年撒切尔政府出售了英吉利海峡渡轮企业、美洲虎汽车企业、英国电讯企业的股份；1985年撒切尔政府出售了英国航空公司和英国原油研发公司最后一部分的股份；1986年英国政府通过出售天然气公司获得了42.5亿英镑的收入。

出售电讯公司和煤气公司是英国政府私有化第一次涉及国营的自然垄断领域，这标志着英国政府开始系统化地推行私有化。在这段时期，电信、天然气、自来水、电力、采矿业等一系列主要公共设施先后走上了私有化的轨道。所以我们仍然可以用煤炭、石油、能源业的劳动生产率和交通运输业的劳动生产率来衡量国有经济的绩效情况。基于此得出结论，国有经济在英国的国民经济中占有的比重和影响力逐年下降，但仍处于稳健发展期。

3. 私有化后期（1988—1996年）基础设施行业劳动生产率的变动

1987年，撒切尔夫人再次连任首相，因而撒切尔政府的私有化政策开展的领域开始扩展到那些亏损较为严重的国有企业，并且开始大范围地进入公益事业和自然垄断领域，而且扩展到政府机构改革和社会福利改革的各个方面，如教育、社会保障制度、地方政府改革等。从图4-3中可以看出，1988—1996年，英国各个行业的劳动生产率指数整体都处于较快的上升趋势。究其原因，是1988—1996年，英国政府开始向掌握国民经济日常发展命脉的自然垄断行业全面推进，接触到国有企业改革的"深水区"，也就是说，混合所有制模式开始向亏损最为严重、私人企业不愿涉及的传统自然垄断行业，如水电、煤炭、铁路、港口等行业内的超大规模企业等推广应用。

—— 煤炭、石油、能源业劳动生产率（单工产量，2018年=100）
—— 金属产品劳动生产率（单工产量，2018年=100）
—·— 交通运输业劳动生产率（单工产量，2018年=100）
--- 木材、印刷、造纸业劳动生产率（单工产量，2018年=100）

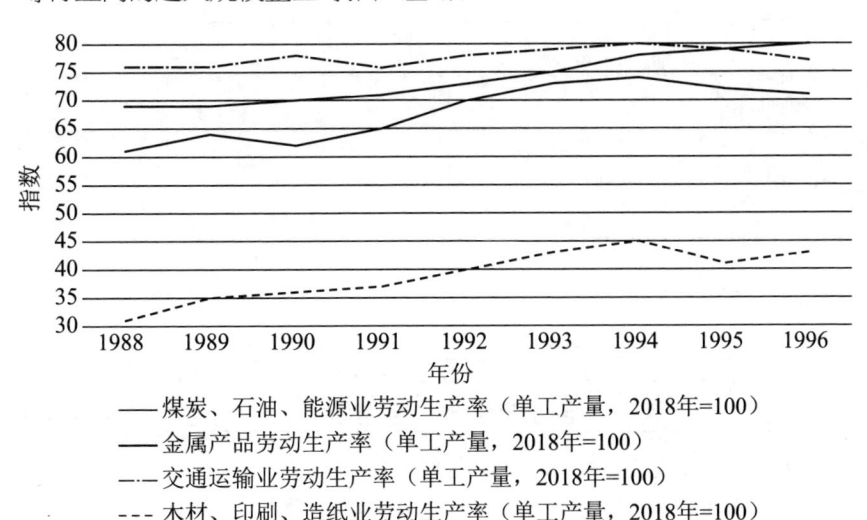

图4-3　1988—1996年英国基础设施行业劳动生产率指数

数据来源：英国国家统计局网站：https://www.ons.gov.uk/

从具体的相关政策来说，在1988年10月举行的保守党大会上，撒切尔夫人首次明确宣告"私有化没有限制"，即决定将私有化推进到供电、供水等自然垄断领域。如1987年，英国航空管理局和洛尔思-洛易斯公司实行私有化；1988年，钢铁公司实行私有化；1989年，自来水公司实行私有化；1990年，电力配送公司和电力公司也实行了私有化。

由于铁路公司的特殊性，其仍然归英国国家所有，所以我们仍然可以用交通运输业劳动生产率来衡量国有经济的绩效情况，从而得出结论，在这个阶段，国有经济在英国的国民经济中占有的比重和影响力极低，因此国有经济的经济绩效水平处于较低的水平。

图4-4中显示了1979—2019年以煤炭、石油、能源业为代表的基础设施服务业的劳动生产率增长率的变化趋势。由图4-4可知，1979年开始实行私有化进程前期，煤炭、石油、能源业劳动生产率增长率一直为负，随着私有化进程的不断推进，上述三个行业的劳动生产率增长率逐渐转负为正。除了个别年份，之后大多数时间段的劳动生产率增长率一直保持为正。这一方面显示了英国经济私有化进程的正向效应；另一方面也显示了基础设施服务业的国有经济的低效率。

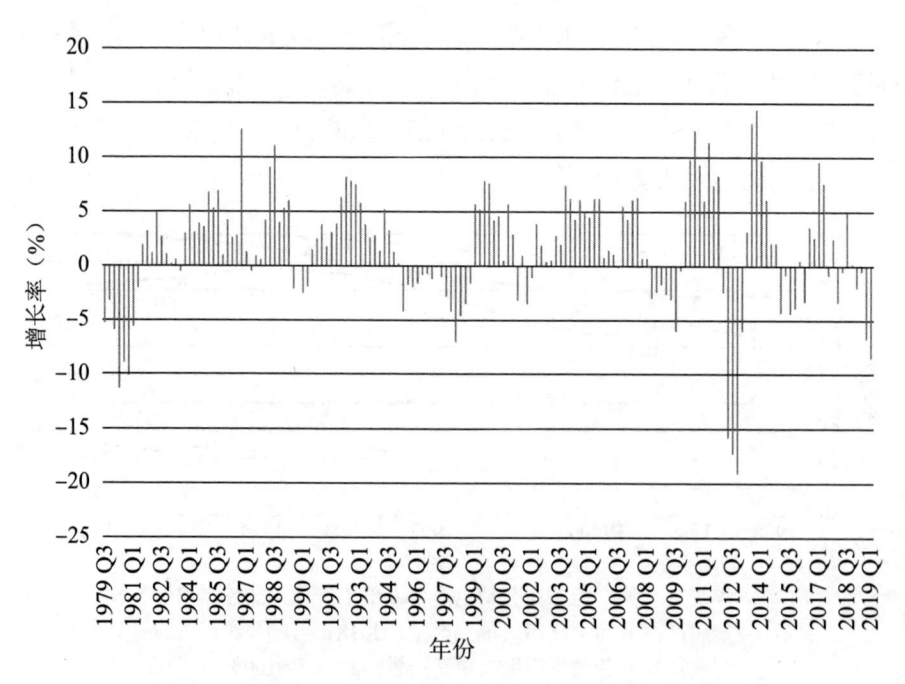

图 4-4　1979—2019年英国基础设施行业劳动生产率增长率

数据来源：英国国家统计局网站：https://www.ons.gov.uk/

（三）新兴竞争行业

在第二次世界大战后，经过英国工党上台掀起的两波国有化浪潮，国有企业在国民经济中的比例达到了顶峰，竞争性行业中国有经济也占据了相当比例，如钢铁和民航业，国有企业的比例超过70%，而在汽车制造和石油化工领域，国有企业的比例接近50%，等等。

如前所述，随后的英国私有化改革，大体经历了四个阶段。英国在改革初期即开始对新兴竞争行业进行了私有化改革。

图4-5中显示了以机械装备、制造业为代表的竞争性行业的劳动生产率增长率的变化趋势。由图4-5可知，虽然竞争性行业国有经济占比较低，但与基础设施行业的变化趋势相同，在1979年私有化前期，竞争性行业的国有企业劳动生产率较低；在经历私有化转变的过程中，机械装备、制造业等竞争性行业的劳动生产率逐渐转为正，除去金融危机等特殊年份，其一直保持劳动生产率的正增长。这也再次验证了私有化进程在一定程度上有利于改进原有国有成分的低效率，而原有的此类国有经济的低效率依然存在。

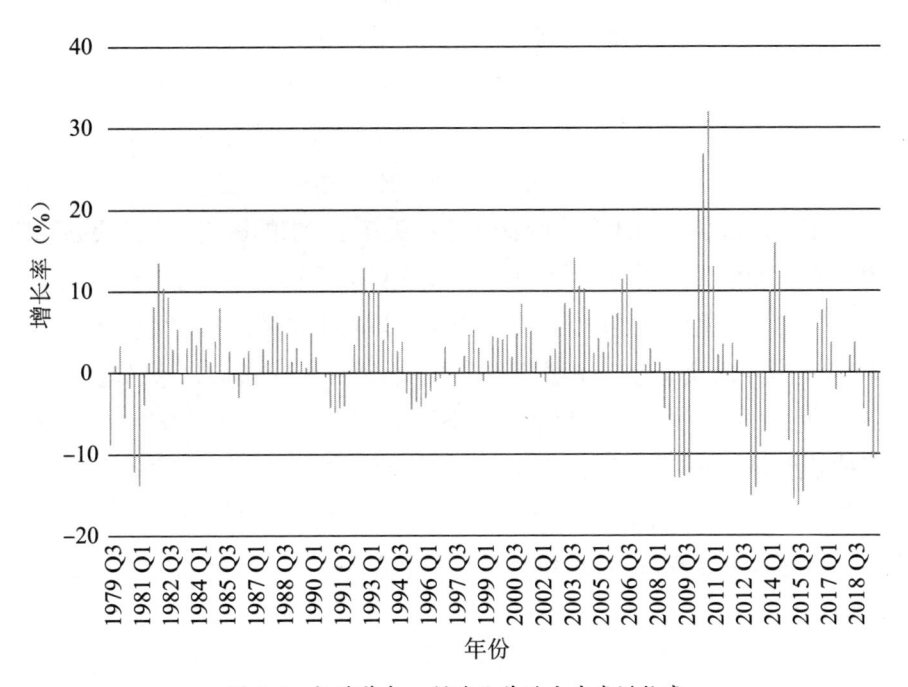

图 4-5　机械装备、制造业劳动生产率增长率

数据来源：英国国家统计局网站：https://www.ons.gov.uk/

三、案例分析："佼佼者"英国石油公司

BP（英国石油公司，后BP这一简称成为正式名称）是世界上最大的石油和石油化工集团公司之一。到2011年其员工人数达83 400人，当年营业收入为3 089亿英镑，在全球炼油的行业企业中排名第三。BP在2010年和2011年的世界500强排名中均为第四位。公司的主要业务是油气勘探开发、炼油、天然气销售和发电、油品销售和运输，以及石油化工产品生产和销售。此外，BP在太阳能发电方面的业务也在不断壮大。

BP在百年发展历史中，有73年的时间都是一家国家控股企业。英国政府并不干预企业的正常经营。由于石油具有战略意义，英国政府不断用外交、军事手法维护着英国石油公司的利益，也就是国家利益。直到1986年秋天，英国政府仍然持有BP公司32%的股份。当时保守党正在推进一系列经济改革措施，用撒切尔主义取代凯恩斯主义，开始逐步推行国有企业私有化，并试图重塑英国。1987年10月15日，BP公司的所有国有股份上市交易（政府最终保留了1.8%的股权，并于1995年12月5日以5亿英镑的价格出售）。

第一次世界大战之前的英国企业，用于分红的股息一般占利润的80%~90%。当时英国企业的融资方式一般采用发行股票和信用债券。英国公司和美国公司的区别在于，英国一直延续着个人资本主义的传统。对于英国企业家来说，家庭的大量稳定收入更优先于长期的公司发展。这就决定了英国公司的管理层组织相对较小，因此企业产业极易受到市场供求的影响。企业更喜欢使用兼并和购买，而很少使用内部投资来发展。美国公司在企业管理和企业规模上则恰恰相反。也正是鉴于上述原因，英国并未出现特别多数目的大型企业。

BP就是其中的佼佼者。BP早期便采用了由领薪水的管理人员经营企业的非英国模式。直到二战之后，美国模式才在英国开始流行。第一任总裁格林威治就是一个拿薪水的经理。在其管理下，英国石油公司逐渐成为一家大型跨国公司。钱德勒在《规模与范围：工业资本主义的原动力》一书中认为，英国石油公司的历史表明，在生产、销售和管理方面广泛而细致且有计划的投资，以及由此产生的组织能力，使这家英国公司在当时压倒了竞争对手的优势，成为其垄断全球少数供应商的主要角色，其经营效率也因此一直较高，成为英国国有经济发展效率高的代表性企业。

四、国有经济的微观效率评价

从积极的角度来看，国有企业曾经在英国经济生活中占有十分重要的地位。

国有化企业有利于企业扩大投资、发展科技和提高劳动生产率；国有化企业曾为私营部门和消费者提供燃料、电力、石油、钢铁等基本产品，提供交通运输和邮政等服务。国有化是"共识政治"的结果，使战后的英国经济取得了一定的发展。但是不可否认，英国的国有企业也确实存在生产效率低、亏损严重等问题。虽然经济绩效并不是评价国有企业的唯一标准，但在兼顾社会绩效的同时，也可借鉴英国石油公司的管理经验，努力做到经济绩效与社会绩效的"双赢"。

第三节　国有经济的社会绩效

众所周知，与私有企业相比，国有企业更加注重发挥其社会职能。国有企业作为一种制度安排，其主要的社会责任就是代表公众利益参与经济和干预经济。因此，研究英国国有经济的社会绩效是衡量英国国有经济绩效不可或缺的一部分。

一、军工国防部门国有企业的社会绩效

由于英国是全球首个工业化国家，并且具备完整的工业体系，所以英国的军工国防工业水平始终处于世界前列。英国首相、内阁及内阁委员会组成了英国军工国防部门的高决策层，内阁委员还依据执政党的执政理念设置了不同的专业委员会，所以可以说，英国政府始终都参与了其军工国防企业的经营管理。这就使得军工国防部门的国有企业的社会绩效要大于其经济绩效。

1991年，华约解散和苏联解体标志着美苏冷战的结束。随后，各国开始大幅度减少武器装备的订购量和削减军费支出，作为发达国家的英国尤为突出。20世纪90年代初，英国军费支出占中央政府支出的比重急剧下降，这就促使英国开始大力推进国防工业的军民一体化（即军民融合发展），从而帮助国防工业承担起军品科研生产的重大任务。所以，1991年之后，英国军工国防部门的国有企业的主要社会责任就是促进国防工业军民融合的发展。此外，军民一体化的发展不仅局限于国内，还向国际空间探索和实施。基于这个宏观的总目标以及不同时期拆分出来的小目标，我们来评估英国军工国防部门的社会绩效。

（一）军工国防部门20世纪90年代的社会目标：消化产能

20世纪90年代，以美苏为代表的两大军事集团长期对峙的结束使得英国国内和国际军品市场出现了严重的萎缩，从而出现了军工产能严重过剩问题。为了

更好地解决产能过剩的问题，英国政府主要实施了以下三个举措。

1. 加强国防工业军民融合发展国际交流与合作

加强国防工业军民融合发展国际交流与合作是英国为了消化产能而采取的第一个举措。具体来说，1992年，英国与印度、俄罗斯签署了军事技术合作协议；1994年，英国与法国、意大利制订了联合研制"欧洲护卫舰"合作计划，并与德国、西班牙、意大利制订了联合研制"欧洲战斗机"的合作计划。参与到这些协议的企业既包括军工企业也包括民用企业，生产的产品不仅供合作方使用，而且出口到其他国家。

这一举措的实施不仅使得英国消化了本国过剩的军工产能，而且通过取长补短提高了英国的军工和民用生产技术水平，从而给英国带来了显著的社会效益。这一举措也无疑促进了英国的国防工业军民融合的国际化发展。

2. 加大军工企业兼并重组力度

加大军工企业兼并重组力度是英国为了消化产能而采取的第二个举措。具体来说，英国通过兼并重组军工企业将军用飞机、导弹和电子设备的生产集中于英国航空航天公司和GEC——马可尼公司。此外，英国还加大了跨国兼并，比如，英国航空航天公司与法国达索电机公司组建的新一代战斗机联合开发小组，与法国马特拉公司合并战斗导弹生产业务。这一举措的实施不仅使得英国军工企业的数量急剧下降，有效缓解了军工企业产能过剩的问题，而且提升了其国际竞争力。

3. 引导军工国防企业开拓多种经营模式

引导军工国防企业开拓多种经营模式是英国政府为了消化产能而采取的第三个举措。具体来说，为了引导军工国防企业面向国内外市场开拓多种经营模式，英国国防部成立了国防鉴定与研究局。该机构为开发军民两用的技术创立了研发中心，如结构材料中心、超级计算机中心、软件工程中心、信息技术中心等。这一举措不仅应对了产能过剩的问题，还有效地提高了国防工业军民融合发展的国际化水平。

（二）军工国防部门21世纪前10年的社会目标：转型升级

2001年美国发生"9·11"恐怖袭击事件之后，日趋尖锐的恐怖主义的兴起和不断加深的区域矛盾冲突使得各个国家必须重新重视国家安全问题。为了加强国家安全，英国开始大幅度增加国防开支，从而不断加强军工国防领域的发展。但是，不断深化的新科技革命和新军事革命使得战争形态快速地从机械化战争向信息化战争转化，这就使得21世纪前10年军工国防部门的目标是要快速实现转型升级，从而满足复杂信息化武器系统研制的需求。为了实现这个社会目标，英国政府主要采取了以下两个措施。

1. 降低军工国防产业进入门槛

为了实现军工国防产业的转型升级，英国政府将国有军工科研机构和企业进行了私有化改革，从而降低了军工国防产业的进入门槛。这一举措不仅提高了国防工业的开放程度，促进了国防军工部门的转型升级，同时还增强了英国军工企业的国际竞争力。

2. 积极推动跨国联合重组

为了实现军工国防产业的转型升级，英国不仅自主发展军工国防产业，还通过积极推进军工国防工业的跨国联合重组，来充分发挥本国军民两用的技术和资本等优势。比如，2006年，英国同意美国L-3通信公司并购英国的TRL电子公司等。总体来说，军工国防企业的跨国联合重组显著提高了英国国防工业的发展质量和效率，从而加速了英国军工国防产业的转型升级。

（三）军工国防部门2010年后的社会目标：优化结构

2010年后，受到2008年全球金融危机和欧洲债务危机的双重影响，英国的经济陷入低迷，财政极为困难，从而大幅度降低了英国的军费支出。所以，在此阶段，英国的主要社会目标就是优化军工国防工业的结构，夯实军工国防工业的基础，并达到未来作战对先进武器装备的要求。为了实现这个社会目标，英国执政党主要采取了以下两个措施。

1. 调整军工国防产业的发展战略

调整后的军工国防产业的发展战略重点关注有利于夺取信息化战争优势的新兴产业。因此，英国重点扶持并发展创新能力强、发展速度快的小型企业，并在2011年5月发布了《英国敞开商业大门》的新战略。此举措不仅优化了国防军工产业的结构，而且促进了国防工业军民融合发展的国际化进程。

2. 调整和优化军工国防预算投资结构

优化军工国防工业的结构一定离不开对发展国防工业所需投资的调整。例如，英国政府在2010年年底发表的《防务与安全战略审查》中明确表示，将2011—2014年的国防预算削减7.5%。该举措不仅减少了一些不适应信息化战争的传统产业规模，而且促进了一些有利于信息化战争的新兴军工产业的发展，从而优化了军工国防部门的结构，并且加快了国防工业军民融合发展的国际化进程。

二、基础设施和服务部门国有企业的社会绩效

基础设施和服务部门作为社会发展不可或缺的产业，主要有投入大、资本回收慢、经营风险较大等特点。这些特点导致了政府需要积极参与到基础设施和服务部门的管理之中，从而使基础设施和服务部门国有企业的绩效更偏向于社会绩效，但也不排斥经济绩效。

（一）基础设施和服务部门在三次国有化的运动时期的社会目标：稳定并提高就业率

从1968—1978年的就业率情况来看，在此期间只有英国宇航公司的就业人数有大幅度的增加，但英国的电信、邮政服务等一些基础设施和服务部门国有企业的就业人数并没有发生过大变化，甚至有些国有企业的就业人数还出现下降趋势。例如，就业人数下跌了20%的天然气公司，就业人数下跌了40%的国家物流公司等。由此可见，这三次国有化的运动，并没有实现稳定并提高基础设施和服务部门就业率的目标。

（二）基础设施和服务部门在撒切尔政府时期的社会绩效

这一时期，该领域国有企业的社会绩效包括两个方面。第一，维持就业，救助濒临破产的私人企业，从而缓和社会阶级矛盾，维护整个社会的稳定。在就业率方面，撒切尔执政时期大规模的基础设施和服务部门国有企业私有化运动并没有让国有经济所容纳的就业人数比例出现大幅度下降。这说明这一时期的国有经济仍然起到了维持就业率稳定的作用。具体来说，1974—1983年，英国国有经济所容纳的就业人数在整个国民经济就业人口中的比例始终保持在7%以上。1973年，英国国有经济的雇佣人数为189万人，占全国雇员总数的7.5%。之后这一比例持续上升，1974年为7.9%，1975年为8.1%，1976年为8%，而到1977年，这一比例达到8.4%，国有企业雇员人数为208.9万人。随着20世纪70年代末英国撒切尔政府的私有化运动拉开帷幕，英国国有企业的雇佣人数有所下降，但到1983年为止，英国国有企业所容纳的就业人口数量仍达到166.3万人，占全国就业人口总数的7%。

第二，提高社会服务质量。英国政府的预算赤字、国内的通货膨胀很大程度上是由英国对亏损国有企业的高财政补贴造成的，这种财政补贴有时甚至高达整个国家财政支出的一半。通过国有企业改革，从总支出来看，减少了政府对国有企业的财政补贴，从而减轻了政府的财政重负并促使社会服务质量大大提高；从

总收入来看，国有企业的出售所得增加了政府的收入，使得英国政府的高财政负担得到了有效缓解。对于活力得以释放的市场以及实现了私有化的企业，其帕累托效率的实现也进一步成为可能。

（三）基础设施和服务部门在卡梅伦政府时期的社会绩效

2010年后，英国的卡梅伦保守党政府提出用"大社会"公共政策代替"大政府"政策，即让更多的非政府机构与政府机构共同进行公共事务的治理，尤其是私人企业开始与政府机构合作参与基础实施和公共资源的提供。这实际上是为英国的公共服务提供了更多手段和方式，也为英国的混合所有制经济发展提供了更精确的具体手段。在"大社会"框架下的混合所有制影响下，英国政府在基础设施和公共服务提供方面取得了一定的社会绩效。

第一，"大社会"政策中的授权社区政策，虽然只是增强了部分地方政府的权力和干预经济的能力，但让新上任的地方政府官员有了更大的责任心，并有了更多的地方经济资产为企业提供公共服务，从而可以推进当地企业服务和商业经济的发展，并且显著提高了公众参与社区治理和增强公众归属意识方面的绩效水平。

第二，"大社会"政策提倡的公共服务开放和扩大公共服务供给取得了一定的成效，但公共服务供给的私有化倾向会导致社会力量提供公共服务的社会绩效较低。在英国政府的"大社会"政策中，由于政府财政赤字压力增大带来的政府对社会组织的投入减少，使得大量的公共服务并没有被地方公共机构、社会志愿或慈善机构承担，而是更多地通过服务外包，由私有企业承担。这导致了国有经济组织的公共服务功能和服务供给能力被削弱，其与政府的合作关系也相对削弱，导致了英国私有经济的社会影响力上升，产生了社会服务领域的垄断现象，并使英国政府公共机构开展社会活动的绩效和中长期供给能力减弱。

第三，通过"大社会"政策的实施，为了帮助社会组织扩大公共服务供给，英国政府将在英国银行账户上闲散的和休眠时间超过15年的4亿英镑以及在英国的四大商业零售银行账户上的2亿英镑，用在实现"大社会"政策的实际行动中。同时，利用社会组织的支持逐步精简政府的行政服务机构，减少行政方面的开支，提升了政府对国家干预的社会绩效。

第四，"大社会"政策为社会提供了更多的就业岗位。由图4-6可见，基础设施和服务部门的就业人数在2010年后每年都在逐步上升，尤为突出的是人体健康与社会工作就业人数。更多的就业岗位可以缓和英国国内社会阶级的矛盾，从而维护英国整个社会的稳定。

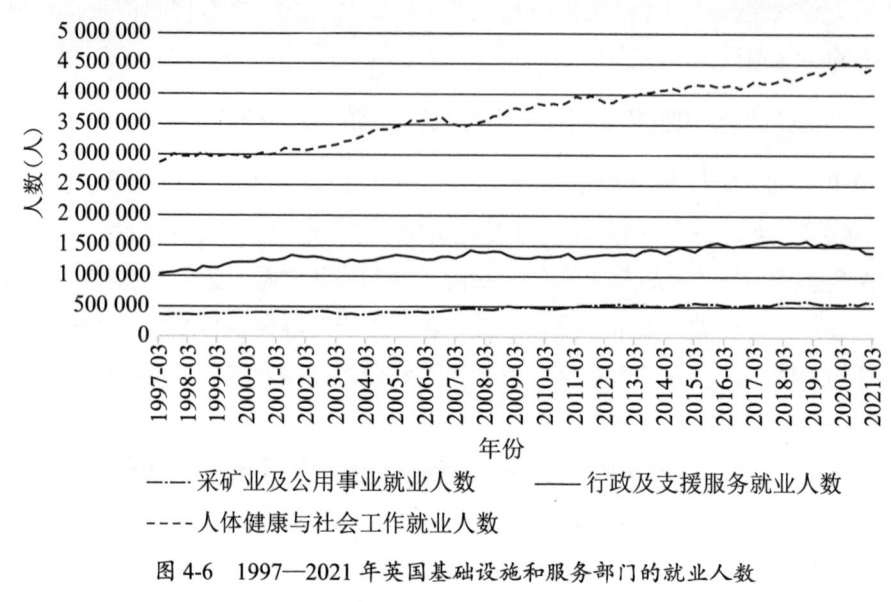

图 4-6　1997—2021 年英国基础设施和服务部门的就业人数

数据来源：WIND

三、新兴竞争部门国有企业的社会绩效

在英国第二次国有化运动中，出现了一系列在宇航、电子、机床和其他科技部门的新的国有企业。20 世纪 50 年代—80 年代初，随着国有企业改革问题的社会分歧不断加剧，英国首相撒切尔夫人为了应对日益严重的经济危机，缓解政府过度干预经济带来的一系列问题，改变了以往政府以凯恩斯主义作为经济政策的指导思想的主张，开始奉行货币主义的自由市场经济理论，即对新兴竞争行业的国有企业进行私有化改革，减少政府对经济的干预。虽然这一举措使得新兴竞争行业的国有企业的经济绩效要显著高于其带来的社会绩效，但后期该行业仍取得了一定的社会绩效。

（一）在绿色经济上的社会绩效

从撒切尔政府时期启动国有电力企业私有化改革开始，英国政府开始日益关注绿色混合所有制经济的发展，并积极参与气候问题的国际合作，制定绿色能源和资源、低碳转型计划等政策。到卡梅伦政府时期，为了实现建立"绿色政府"这一目标，加快解决国内失业等社会问题，英国政府更为迫切地发展绿色产业，推动全球低碳减排,增加绿色就业岗位。而以国有经济为核心的混合经济在其中发挥了日益重要的作用,从而在社会绩效上取得了一定成绩。例如,英国建立的世界第一家为国家绿色发展服务的绿色投资银行,不仅为英国向经济社会的绿色低碳转型提供了一定的资金供给,还为资本市场参与英国的绿色经济发展和绿色投资提供了渠道。这是目前英国的国有经济为绿色经济发展做出重要贡献的绩效体现。

(二)在就业方面的社会绩效

在撒切尔执政期间,对新兴竞争行业大规模的私有化改革并没有让英国的就业率大幅下降。具体来说,1973年,英国国有经济企业的雇佣人数占全国就业人口总数的7.5%,在撒切尔开展的国有企业私有化运动的后期,英国国有企业的就业人数在1983年仍占全国就业人口总数的7%。这充分说明了国有经济新兴竞争行业始终发挥着稳定就业从而稳定整个社会的作用。

1997年,撒切尔政府推行的国有企业混合所有制改革已经渗透到了各个行业之中。由图4-7可见,英国的信息及通信行业,金融保险行业,专业、科学技术行业等一些新兴的竞争行业的就业人数在1997年之后均逐步上升,但是制造业、农林牧渔业等一些传统行业的就业人数呈现了下降的趋势。这说明新兴竞争行业国有企业的混合所有制改革增加了就业岗位,从而提高了社会保障。

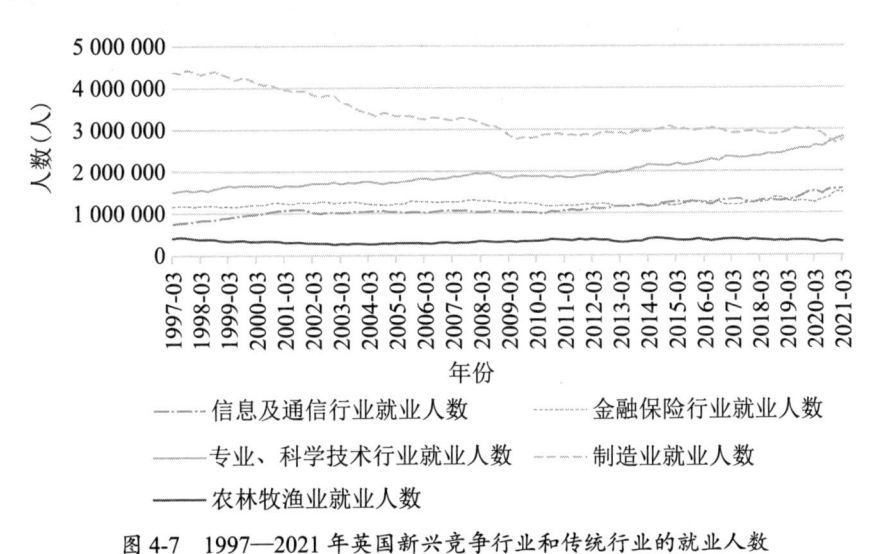

图4-7 1997—2021年英国新兴竞争行业和传统行业的就业人数

数据来源:WIND

（三）在产权关系方面的社会绩效

英国新兴竞争行业国有企业改革的最大成效就是明确了产权关系从而提高了国有企业的效率和效益。通过改革，国有企业形成了合理的所有权－控制权关系，促使产权关系的独立化进而强化了产权激励与约束作用，并在一定程度上带来了市场竞争环境的改善。

四、国有经济的社会效率评价

第一，在军工国防部门国有经济的社会绩效方面，英国政府通过消化产能、转型升级和优化结构这三个步骤完成了促进军工国防部门军民一体化的总目标。具体来说，英国通过加强国防工业军民融合发展国际交流与合作、加大军工企业兼并重组力度和引导军工国防企业开拓多种经营模式来消化产能；通过降低军工国防产业进入门槛、积极推动跨国联合重组来对军工国防部门进行转型升级；通过调整军工国防产业的发展战略、调整和优化军工国防预算投资结构来优化军工国防部门的结构。

第二，在基础设施和服务部门国有经济的社会绩效方面，英国政府在不同时期有不同的社会绩效。在撒切尔政府时期，英国政府不仅稳定了就业率从而维持了整个社会的稳定，而且通过减少对国有企业的补贴提高了基础设施和服务部门的服务质量。在卡梅伦政府时期，通过"大社会"政策的实施，基础设施和公共服务质量与服务效率被显著提高。此外，更多的就业岗位也缓解了当时的社会矛盾。

第三，在新兴竞争行业国有经济的社会绩效方面，英国政府加速了绿色经济的发展，稳定了社会的就业率并且明确了合理的产权关系。

第五章
英国国有经济的代表性企业分析

英国国家统计局的数据显示，2017 年，英国国有企业主要布局在公共行政管理与国防行业。2017 年，英国公共行政管理与国防行业中国有企业数量高达 7 135 家，国有企业占该行业所有企业的比重高达 99.79%。不难发现，在英国的公共行政管理与国防行业中，国有企业占据主导地位，发挥着非常重要的作用。本章主要选取公共行政管理与国防行业中的 4 家代表性企业——英国国家核实验室有限公司（National Nuclear Laboratory Ltd.）、英国绿色投资银行（British Green Investment Bank）、英国商业银行（The British Business Bank）以及一网公司（One Web）进行具体分析。

第一节 代表国防安全行业的公司：英国国家核实验室有限公司

英国国家核实验室有限公司成立于 2008 年，是英国能源和工业战略部门全资控股的国有企业。它是英国整个核燃料循环领域的技术提供者，代表英国的核研究和开发能力。

一、英国国家核实验室有限公司概况

（一）英国国家核实验室有限公司简介

英国国家核实验室有限公司由英国政府所有，成立于 2008 年 7 月 23 日。该公司是在英国核燃料有限公司（British Nuclear Fuels Ltd.）研发部门的基础上成立的。该公司整合了英国的核技术研究和开发能力，目的是成为整个核燃料循环

领域的技术提供者，建成世界一流的核研究和开发中心，为英国的核废物管理和国家新建核电项目贡献力量。

图 5-1 是英国国家核实验室有限公司的标志。可以看出，该公司的标志美观、简洁、大方，标志形似一个箭头，体现出英国国家核实验室有限公司技术的先进性和引领性。

图 5-1　英国国家核实验室有限公司的标志

数据来源：英国国家核实验室有限公司官方网站：https://www.nnl.co.uk/

自成立以来，英国国家核实验室有限公司一直属于英国政府所有。在英国国家统计局分类中，英国国家核实验室有限公司为一个公共公司。

英国国家核实验室有限公司共有 6 处实验室。第一处是中央实验室，位于塞拉菲尔德。第二处是沃金顿实验室，位于沃金顿。第三处是普雷斯顿实验室，位于普雷斯顿。第四处是温斯凯尔实验室，位于瓦瑞顿。第五处和第六处实验室分别是查德威克实验室以及核聚变研究中心。英国国家核实验室有限公司管理着价值 15 亿英镑的独立的核设施，其中中央实验室的有关设施是世界上同类设施中最现代化和最先进的设施。截至 2020 年 11 月，该公司营业额为 1.028 亿英镑。

英国国家核实验室有限公司有员工 940 人，其中有约 450 名科学家，在这些科学家中有许多人是各自领域中国际公认的专家，例如，锕系元素化学领域的专家 Robin Taylor、材料领域的专家 Colin English、核材料领域的专家 Jonathan Hyde，以及临界点安全领域的专家 Deborah Hill。同时，该公司还与大学积极合作，以保持其在核技术领域的前瞻性。

在劳动者权益和安全方面，英国国家核实验室有限公司有着零损失时间的事故率。

（二）英国国家核实验室有限公司的主要业务

1. 核电站运营业务

英国国家核实验室有限公司为客户和英国相关产业部门提供核能源设备（核电站）运营维护服务，以便对核能设备（核电站）的最佳运行、寿命延长和运行状态的转变（如扩张、关闭等）做出有效的决定。

2. 废物管理业务

英国国家核实验室有限公司可以就所有核废料的管理解决方案提供建议，并提供独立的专业性评估。该公司的研究能力可以支持该公司的客户开发和引用新技术，以实施安全、可持续且具有成本效益的解决方案，也可以对化学废料、物理废料进行分类和分析，并根据分析结果进行专业性的管理。该公司提供的废物管理的核心服务包括固定化技术、化学和工艺开发、废料行为和材料以及玻璃化技术四个方面。

3. 核设施退役业务

英国国家核实验室有限公司利用自己的专业知识、专业设备和专业方法开创了安全、环保、可持续的且具有成本效益的核设施退役方案。该公司不仅可以为核废水和放射性废物的管理提供个性化的服务，同时还可以评估核设施所在土地的质量并给出长期利用计划和处置方案。

4. 战略研发业务

英国国家核实验室有限公司与英国政府通力合作，实现英国在核技术领域的战略布局，通过开展先导性研究以使英国保持处于核能领域的最前沿位置。英国国家核实验室有限公司通过将学术界和工业界以及该公司的核技术专家召集在一起，提供创新的、领先的核技术解决方案。该公司在政府机构的支持下开展核技术研究，建立国际合作关系，并培养下一代的核技术专家，以将英国建设成一个核大国。

二、英国国家核实验室有限公司的管理体制

（一）英国国家核实验室有限公司的股权结构

英国国家核实验室有限公司由英国政府全资控股所有。具体而言，由英国的商业、能源和工业战略部（Department for Business, Energy and Industrial Strategy）通过英国政府投资部对该公司进行全资控股。值得注意的是，虽然英国国家核实验室有限公司由英国政府所有，由政府运营，但该公司是根据《公司法》成立的私人有限公司，也就是说，该公司保留了业务自主权和独立的商业运营模式，即在自主的基础上展开商业运营。

(二)英国国家核实验室有限公司的组织结构

1. 国务大臣

英国国家核实验室有限公司由商业、能源和工业战略部国务大臣代表英国政府拥有且进行管理。商业、能源和工业战略部国务大臣对英国议会负责,向议会说明与英国国家核实验室有限公司有关的业务。

2. 具体负责核事项事务的事务长

商业、能源和工业战略部国务大臣可将商业、能源和工业战略部门对英国国家核实验室有限公司的管理责任下放给负责民用核事项事务的事务长,由该事务长进行具体管理。

3. 首席会计官

商业、能源和工业战略部的会计官员作为首席会计官对商业、能源和工业战略部中管理英国国家核实验室有限公司的民用核事项事务的事务长负责。其具体职责包含以下六个方面。

第一,根据英国商业、能源和工业战略部更加远大的战略目标和优先事项,为英国国家核实验室有限公司制定适当的目标和评价指标框架。

第二,指导英国国家核实验室有限公司实现其战略目标,提高其资金效益。

第三,监督英国国家核实验室有限公司的运营活动,解决英国国家核实验室有限公司经营中可能出现的任何重大问题,并采取必要的干预措施。

第四,定期评估商业、能源和工业战略部及英国国家核实验室有限公司为实现其战略目标所面临的风险。

第五,将相关的政府政策及时告知英国国家核实验室有限公司。

第六,向商业、能源和工业战略部部门委员会提出对英国国家核实验室有限公司经营管理活动的担忧,要求英国国家核实验室有限公司进行解释和保证已采取适当的措施。

4. 首席执行官

英国国家核实验室有限公司首席执行官的职责包括以下五个方面。

第一,确保英国国家核实验室有限公司有效运作并达到较高的诚信标准,确保任何时候该公司的经营活动都是适当的、正确的且能够带来效益的。

第二,负责英国国家核实验室有限公司的日常运营和管理。

第三,首席执行官对议会负责。其具体职责包括以下几个方面。

(1)签署账目并保留账目存根,确保账目是按照商业、能源和工业战略部发布的指示进行编制和列报的。

（2）准备并签署一份涵盖公司治理、风险管理和对任何地方职责进行监督的治理声明，以纳入年度报告和账目。

（3）确保建立有效的程序来处理有关英国国家核实验室有限公司的投诉，并在该公司内部广为宣传。

（4）按照《英国国家核实验室有限公司框架文件》《公共资金管理原则》以及财政部和内阁办公室发布的其他指示和指导意见开展日常经营活动。

（5）在被商业、能源和工业战略部的会计官员（首席会计官）传唤时，应就公司对其资金的管理情况提供证据。

第四，首席执行官对最终股东英国商业、能源和工业战略部负责。其具体职责包括以下几个方面。

（1）配合英国商业、能源和工业战略部的战略要求，根据商业、能源和工业战略部的战略目标和商定的优先事项，制订该公司的战略和业务计划。

（2）向英国商业、能源和工业战略部汇报英国国家核实验室有限公司在实现该部门政策目标方面的进展，并说明如何利用资源来实现这些目标。

（3）及时向商业、能源和工业战略部门提供业务计划的年度报告（包括针对财务和非财务目标以及英国国家核实验室有限公司的战略目标的绩效）。如果与业务计划目标有重大偏差，应立即通知商业、能源和工业战略部门，并采取纠正措施，并将财务方面或其他方面出现的任何重大问题，以及通过内部审计或其他手段发现的任何重大问题，及时通知商业、能源和工业战略部门。

第五，首席执行官对公司董事会负责。其具体职责包括以下几个方面。

（1）按照《英国国家核实验室有限公司框架文件》中的规定履行职责，并向公司董事会提供公司发展建议。

（2）完成董事会制订的公司业务计划，并完成相关绩效目标，对公司董事会负责。

（3）确保英国国家核实验室有限公司董事会在做出和执行其决定的所有阶段都充分考虑到财务考虑，并遵循财务评估技术。

（4）如果首席执行官认为公司董事会或其主席正在考虑一项会违反礼节或常规要求或不代表审慎或不正当交易的交易，则首席执行官应采取《管理公共资金》第3.8.6段所述的制止行动。

5. 董事会

英国国家核实验室有限公司的董事会应确保做出有效安排，为风险管理、治理和内部控制提供保证。公司董事会必须设立审计和风险委员会，由一名独立的非执行成员担任主席，就风险问题提供独立意见。公司董事会应保证内部控制和风险管理系统的有效性。具体而言，英国国家核实验室有限公司董事会的具体职责包括以下五个方面。

第一，确立并推进英国国家核实验室有限公司的战略目标。这些目标应符合公司总体战略方向，并符合英国商业、能源和工业战略部国务大臣确定的战略目标框架。

第二，通过英国商业、能源和工业战略部的政策发起人小组，确保具体负责的核事项事务的事务长随时了解可能影响英国国家核实验室有限公司战略方向的任何变化，同时，董事会应及时给出处理这些变化所需的对策。

第三，在英国商业、能源和工业战略部的授权范围内，根据英国国家核实验室有限公司的组织章程和英国商业、能源和工业战略部发布的任何其他指导意见开展工作。

第四，定期接收和审查有关英国国家核实验室有限公司管理的财务信息；确保及时了解和关切有关公司的经营活动；向英国商业、能源和工业战略部和英国国家核实验室有限公司提供已就这些关切采取的适当行动的报告。

第五，通过有效履行《公司法》规定的职责，包括利用其小组委员会帮助解决主要风险和审查薪金和福利，在任何时候都表现出高标准的公司治理。

第六，经英国商业、能源和工业战略部中具体负责的核事项事务的事务长的批准，任命一名首席执行官，并与英国商业、能源和工业战略部协商，为首席执行官制定业绩目标和与这些目标相关的薪酬条款，对公共资源的适当管理、使用和利用给予应有的重视。

6. 董事会主席

董事会主席对商业、能源和工业战略部中具体负责核事项事务的事务长负责。英国国家核实验室有限公司董事会与具体负责的事务长之间的沟通通常应通过董事会主席进行。董事会主席确保公司政策和行动能够支持商业、能源和工业战略部门制定的战略政策。董事会主席应向本公司的各级部门清楚地传达和传播商业、能源和工业战略部门制定的战略政策。董事会主席还将通过新闻部常任秘书定期通报关键优先事项。具体而言，英国国家核实验室有限公司董事会主席的具体职责包括以下五个方面。

第一，制定英国国家核实验室有限公司的战略。

第二，确保英国国家核实验室有限公司董事会在做出决定时适当考虑商业、能源和工业战略部门中具体负责核事项事务的事务长所提供的指导。

第三，确保英国国家核实验室有限公司能够有效地使用人员和其他资源。

第四，确保公司的获得是高标准的、合法的和符合公司伦理的。

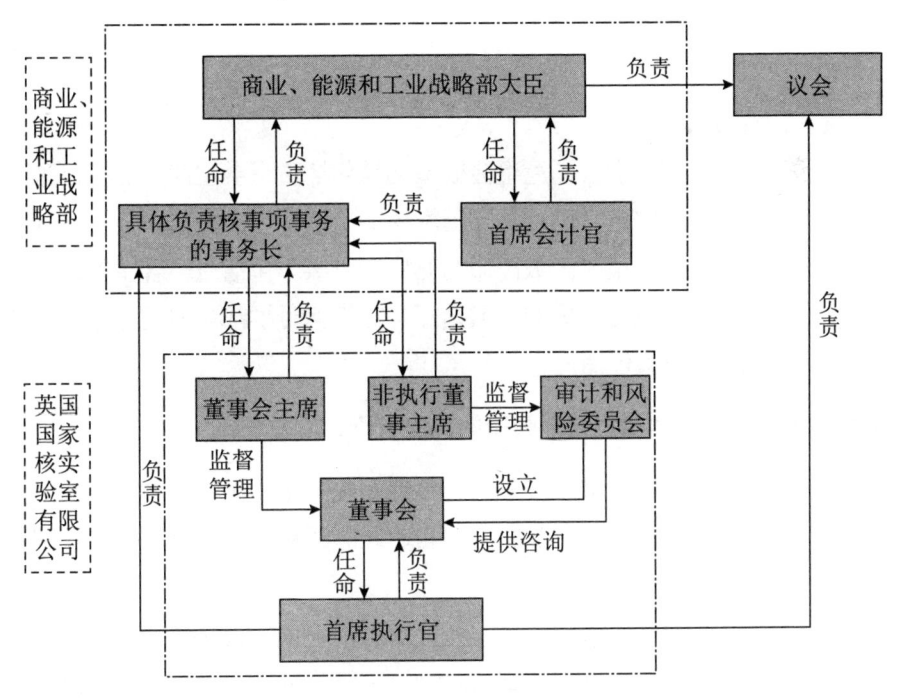

第五，确保英国国家核实验室有限公司的运营活动是公开的、透明的和诚实进行的。

第六，代表英国国家核实验室有限公司董事会对公众的意见。

7. 董事会成员

英国国家核实验室有限公司董事会成员的职责包括以下四个方面。

第一，始终遵守《公共机构董事会行为守则》以及相关资金使用和利益冲突的规定。

第二，不得将其职责中获得的信息滥用于为个人利益或政治利益服务，也不得利用职务之便来攫取私人利益或关联人士或组织的利益。

第三，遵守公司董事会关于接受赠与以及业务任命的规则。

第四，以公司的最大利益为基础采取行动。

图 5-2 中显示了英国国家核实验室有限公司的组织架构。

图 5-2 英国国家核实验室有限公司的组织架构

数据来源：作者根据所查阅资料绘制。

（三）英国国家核实验室有限公司的治理体制

英国国家核实验室有限公司的治理体系应在英国商业、能源和工业战略部授权范围内进行，且符合《公司法》《英国国家核实验室有限公司框架文件》《英国公司治理守则》以及适用于中央独立机构的《中央政府部门良好行为守则》中涉及公司治理的原则和规定。

1. 董事会主席和非执行董事主席的任命

英国国家核实验室有限公司的董事会主席和非执行董事主席由商业、能源和工业战略部门中具体负责核事项事务的事务长任命，任期3年。此类任命必须符合《公共任命专员关于公共机构部长任命的业务守则》的规定。此外，事务长可以根据非执行董事的表现延长其任期，一般可延长3年，或经商业、能源和工业战略部门以及英国财政部和内阁办公室同意的其他期限。

2. 首席执行官的任命

英国国家核实验室有限公司的首席执行官经商业、能源和工业战略部门中具体负责核事项事务的事务长和首席会计官批准后，由英国国家核实验室有限公司的董事会进行任命。

3. 其他高级管理人员的任命

由英国国家核实验室有限公司根据其公司章程进行任命。

4. 董事会成员

英国国家核实验室有限公司董事会成员通常包括董事会主席、非执行董事主席、首席执行官、首席财务官以及英国国家核实验室有限公司董事会根据其公司章程批准任命的其他执行董事。被任命的非执行董事（包括董事会主席）的人数通常不应少于被任命的执行董事的人数，而且在任何时候都应该至少有3名非执行董事和2名执行董事被任命。

（四）英国国家核实验室有限公司的风险管理体制

首先，英国国家核实验室有限公司必须确保按照《公司法》的要求，以正确的方式及时处理其面临的风险，并制定与商业、能源和工业战略部指导原则相一致的风险管理策略。

其次，英国国家核实验室有限公司应该根据商业、能源和工业战略部关于应对欺诈的指导意见，采取并实施政策和做法，以保障自己免受欺诈和盗窃的影响。

再次，英国国家核实验室有限公司还应采取一切合理步骤，评估打算与其签订合同的任何公司或其他机构的财务状况。

最后，英国国家核实验室有限公司应与英国商业、能源和工业战略部共享其每季度的风险信息，并把其应对措施及时告知英国商业、能源和工业战略部。

三、英国国家核实验室有限公司的发展战略研究

（一）英国国家核实验室有限公司的战略目标

英国国家核实验室有限公司整合了英国的核技术研究和开发能力。英国政府要求把该实验室建成为一个国际性的核研究和开发的"卓越中心"。英国国家核实验室有限公司的建立为英国拥有核领域的高科技人才、设施与技术提供了保障，在英国高科技能源领域和国防领域具有重要地位。

英国国家核实验室有限公司的战略目标有以下几个方面。

（1）成为值得信赖的国家实验室。利用英国国家核实验室的网络，提出专业和公正的建议，使英国国家核实验室的工作在英国和国际上都得到理解和欢迎，维持在该领域的领先地位。

（2）维持和发展其业务。提供创新的解决方案，为英国国家核实验室有限公司的客户创造价值，通过其独特的自筹资金运营模式产生收益以进行再投资。

（3）培养独特的能力。对英国国家核实验室有限公司的收益进行科学的再投资，以维护和发展科学、技术、核运营和安全方面的设施、人员和专业知识。

（4）制定规则。推动英国的核研究，帮助英国成为核技术领域的顶级国家，扩大该公司的全球影响力。

（二）英国国家核实验室有限公司的对外合作战略和动向

核科学和核技术在英国的清洁能源转型中扮演着重要角色。在未来，为了实现零排放，英国国家核实验室有限公司以高级燃料循环计划（AFCP）为桥梁联合了全球 100 多个组织。

高级燃料循环计划开创了独特的协作策略。该计划连接了工业界、学术界、国家实验室和政府，通过各方组织的紧密合作，推动核科学和核技术燃料循环利用领域的综合性技术创新。通过这种各方团结协作的工作方法，高级燃料循环计划可以确保先进的燃料循环科学和技术的部署经受未来的考验，同时又可以提高子孙后代的基础设施的建设，推进技能和人员快速发展。

需要特别指出的是，高级燃料循环计划也是英国商业、能源与工业战略部

5.05亿英镑能源创新计划的一部分，该计划致力于支持英国到2050年实现零排放的承诺。

四、英国国家核实验室有限公司主要经营指标分析

总体而言，英国国家核实验室有限公司的资产规模大，营业收入规模呈增长态势，经营现金流充足，且未来具有增长潜力。但是也可以看到，该公司的资产回报率相对较低，2018年和2020年公司资产回报率分别为1.45%和2.95%。这是由该公司的战略功能定位所决定的。

根据《英国国家核实验室有限公司框架文件》的规定，英国国家核实验室有限公司将其开展商业活动所产生的利润，通过维护、更新和发展核设施，引进新技术以及进行开创性的研发工作，再投资到企业中。

表5-1中给出了英国国家核实验室有限公司2018年和2020年的主要经营业绩。由表可见，相比2018年，2020年英国国家核实验室有限公司的总收入有一定提高，上交国家的税收收入以及公司净利润等指标大幅提高。

表5-1 2018年和2020年英国国家核实验室有限公司的主要经营业绩

指标名称	金额（万英镑）	
	2018年	2020年
总收入	9 773.9	10 401.9
销售成本	6 500.1	7 181.7
毛利润	3 273.8	3 220.2
税收	338.1	696.7
净利润	195.4	515.4

数据来源：英国国家核实验室有限公司年度报告

表5-2给出了英国国家核实验室有限公司2018年和2020年的主要财务指标和数据。根据表5-2中的结果可以看到，相比2018年，2020年英国国家核实验室有限公司的总资产、股东权益、总负债、经营现金流、资产负债率、资产回报率和股东权益回报率等指标进一步提高，但资产回报率和股东权益回报率等指标仍总体偏低。

表5-2 2018年和2020年英国国家核实验室有限公司主要财务指标和数据

指标名称	2018年	2020年
总资产（万英镑）	13 433.8	17 480.8
股东权益（万英镑）	5 895.4	6 538.4

续表

指标名称	2018 年	2020 年
总负债（万英镑）	7 538.4	10 942.4
经营现金流（万英镑）	1 790.4	2 889.0
资产负债率（%）	56.12	62.60
资产回报率 ROA（%）	1.45	2.95
股东权益回报率 ROE（%）	3.31	7.88

数据来源：英国国家核实验室有限公司年度报告

五、英国国家核实验室有限公司对我国的启示

英国国家核试验室对我国构建核能安全体系、加强我国战略科技力量有一定的启示作用，具体体现在以下几点。

（一）在核能安全领域，要集中式科研攻关，避免各自为政

英国国家核试验室有限公司作为英国核能安全体系的核心部分，承担基础性和战略性科研任务，通过多学科交叉协助，解决事关国家安全和经济社会发展全局的核能战略问题。相比之下，我国事关核技术的重大科技专项虽然也是目标导向、任务导向，但都分散在多家单位进行。英国国家核试验室的这种集中式科研攻关值得我们借鉴。在核能领域，中国应组建实体化、大规模运营的核试验室，有效凝聚和整合全国的核技术资源，集聚优势力量，在重大前沿科技领域快速取得突破，避免各科研团队各自为政，从而更好地发挥国家创新平台和增长引擎的功能。

（二）加大对核能安全项目的经费投入，提升科研人员待遇

英国政府给予英国国家核实验室大量的经费投入。除此之外，英国国家核实验室还可以从多种渠道获得科研经费。也就是说，在英国，不仅国家支持核能安全领域的基础研究，企业界和慈善机构也大力支持。这种持续性的投入能让科研人员心无旁骛地从事重大前沿科技研究，而且能让实验室在全球范围内聘用一大批优秀科技人才，有利于催生重大科学发现和颠覆性创新成果。与之相比，我国的一些核能安全项目较为分散，且体量也较小。因此，如果我国能够针对核能安全成立专门的实验室，那么可以为获批的核能安全项目给予稳定的经费支持，提升科研人员待遇，提升科研实力。

（三）针对核实验项目或公司，可以引入第三方机构运营提升管理绩效

英国国家核试验室是采用"国有民营"的管理模式，虽然隶属于英国商业、能源和工业战略部门，但是该核实验室委托给企业，即第三方机构进行管理运营。"国有民营"的运营管理模式能够实现专业化管理，而且通过政府考核，引入第三方机构竞争淘汰机制，有利于提升国家核实验室的管理绩效。据此，如果我国能够针对核能安全成立专门的实验室，也可引入英国国家核实验的类似模式，进行"国有民营"，并给予这些第三方管理机构较大的自主权，在经费使用和人才选聘上能有较大的自主空间。但是，需要注意的是，第三方机构不能固化，要引入考核淘汰机制。

第二节 代表绿色产业发展的银行：英国绿色投资银行

为了鼓励更多的社会资本投资于绿色环保项目领域，英国政府于2012年成立了英国绿色投资银行。该银行是世界上第一家专门从事绿色投资的国家级政策性银行，主要支持英国的可再生能源、节能与循环经济方面的基础设施建设项目。作为绿色投资市场的"催化剂"和"补充者"，英国绿色投资银行的宗旨是引进和鼓励更多的私有资本投入绿色经济领域，从而促进英国的绿色经济转型。

一、英国绿色投资银行概况

（一）英国绿色投资银行建立背景

2008年金融危机爆发后，欧美发达经济体经济陷入低迷。为应对这一状况，英国政府在2010年出台了"绿色新政"政策，以支持绿色经济的复苏和发展。而这一政策的实施将面临两个方面的难题：一是"绿色新政"所需资金庞大，传统融资渠道不足以提供足够的资金，从而给政府财政造成巨大压力；二是绿色经济的投资效益尚未明晰，市场对绿色经济的投资信心不足，存在疑虑。

在这一背景下，英国政府于2012年建立了英国绿色投资银行（以下简称GIB）来支持"绿色新政"的实施，为绿色经济复苏和发展提供资金支持。GIB承担了英国政府实现其环保承诺及支持英国绿色经济发展的关键任务，是一家由政府出资，并且按市场经济模式运营的绿色投资银行。

GIB 在成立初期成立了一个专家咨询小组，研究各种方案，并就该银行的详细设计和结构提出建议。随着设计和建立 GIB 工作的进展，公司为实现 HMG 在关键绿色领域调动额外私人投资的主要目标，最有效方式是作为一家基础设施投资银行来运营，与其他商业融资提供者一起，以完全商业条款提供融资，而不是充当政府融资平台，提供软贷款和赠款，或投资于更具投机性的早期技术。这种完全商业化的绿色项目投资方式是政府间投资银行吸引其他主流私人投资者共同投资并鼓励他们进入绿色领域的唯一途径。融资规模面临挑战，到 2020 年需要 2 000 亿英镑的投资，更广泛的市场证明绿色投资可以是有利可图的业务，仅靠政府资助不足以实现向绿色经济的转型。

因此，GIB 的角色将是既"绿色"又有利可图，利用其行业专门知识准确评估与绿色项目相关的风险，并给予共同投资者必要的信心，为项目提供融资。通过这种方式，GIB 将有助于克服抑制投资活动的特定金融相关市场失灵，动员更多的私人投资与它一起直接投入政府部门支持的项目，使共同投资者更加熟悉绿色行业所涉及的技术和风险。同时，GIB 还将通过示范效应吸引更多的私人投资进入相关部门，发展一个成功的投资组合，证明在绿色部门投资的商业案例，使私营部门相信绿色投资有潜力，并使其成为一项有利可图的业务。

（二）英国绿色投资银行的基本任务

GIB 把"绿色影响力"和"盈利"作为其要实现的两大基本任务。

"绿色影响力"指的是银行的投资活动应针对符合英国政府环保政策和实现可持续发展的绿色项目。其中，英国政府提出的五个绿色目标包括减少温室气体排放、提高自然资源的使用效率、保护或美化自然环境、保护或加强生物多样性、促进环境可持续发展。"盈利"指的是市场化模式下金融机构的经营目的，但与此同时，GIB 与私营的金融部门不同的地方在于，其不参与金融市场上融资的市场竞争，而是作为一种"额外的"投资者发挥其作用。

GIB 的其他主要任务还包括：对发展低碳经济过程中市场上对私人投资的门槛限制以及存在的市场失灵现象进行甄别；通过与政府和一些共同基金的合作来支持气候变化方面的创新活动；作为咨询部门对政府关于发展低碳经济的相关政策进行建议和服务。

（三）英国绿色投资银行的投资方式

GIB 把投资回报原则作为其主要的投资原则，主要投资方式包括股权投资以及与市场上的商业银行相类似的条件放贷。

与市场上已有的大型金融机构相比，GIB 的资金规模并不算庞大，但借助股权投资这一方式，GIB 可以直接承担其在绿色经济领域内所投资项目的风险，从而发挥市场创造者的作用。这对于拉动绿色经济的发展具有十分有效的市场示范和带动作用。GIB 对私人投资的拉动作用优于提供优惠贷款，类似于政府与社会资本合作（简称 PPP）模式。但 GIB 模式与 PPP 模式又存在一些不同之处，表现在 PPP 模式对需求强劲的国家更为实用，并辅以强有力的制度和治理、投资保护和争端解决机制。尽管 PPP 模式和 GIB 模式的共同目标是高端低碳投资，但它们都是在不同的国家背景下建立起来以实现一系列目标，包括以较低利率获得优惠资本，以及为绿色投资提供更长的期限等。

与此同时，条件放贷这一投资方式也符合商业企业追求利润的原则，GIB 以类似于商业银行的放贷方式证明了投资绿色经济的可营利性，从而带动市场上其他投资者的积极性，通过杠杆作用进一步撬动更大的私人投资。

（四）英国绿色投资银行的主要业务和投资领域

由于 GIB 的意图是利用其他资金来源，并作为其他商业投资者的示范，它将在商业上可接受的风险和回报平衡的基础上进行投资。因此，GIB 将根据市场经济经营者（MEO）原则进行投资，这意味着其只能在商业投资者可接受的条件下进行投资。GIB 被要求按照其国家援助的批准范围开展业务，包括附加性原则，该原则限制其只投资于其可证明有必要参与的项目。这一要求意味着，如果评估投资机会的过程导致项目能够从私人投资者那里吸引到足够的资金，政府投资银行必须退出该项目。

根据英国政府的指令，GIB 的战略重点应放在能够对减少碳排放和废物转移产生早期影响的部门和项目上。这意味着 GIB 将重点放在可以全面商业规模部署的技术上，并且能够吸引来自主流金融提供商的额外投资。这些融资提供者通常不会有兴趣参与风险更高的项目和早期技术，而这些项目在更长的时期内实现的商业回报具有不确定性。GIB 提供的主要业务包括：①投资业务是主要从事的业务，2013—2015 年主要对母基金、债权融资、股权融资板块进行投资，2016 年开始对流动资金融资提供服务；②第三方资金业务的开展，主要对基金管理、气候金融等相关领域进行投资。

从投资所涉及的产业部门和产品种类来看，GIB 的投资产业部门涉及离岸风电、废物和生物能源、能源效率、在岸可再生能源项目；投资的产品种类包括股权融资、债权融资、基金管理、账户管理。从投资领域来看，GIB 的投资领域优先集中在海上风电、垃圾发电、能效三大领域，考虑到三大领域符合市场主流的投资方向，有较强的商业可行性和参考性。

为绿色经济提供足够的资金支持是 GIB 的重要任务，因此提高融资能力是 GIB 要追求的重要目标。GIB 的融资机制作用主要体现在以下四个方面。一是进行股权融资，对于筹措到了一部分社会融资的绿色项目，GIB 同时也在项目前期对其进行股权融资，从而弥补项目在前期的资金缺口。股权投资方式将使得 GIB 直接承担项目所带来的相关股权风险，但同时也使得 GIB 享有针对少数股东的公司治理权益。二是提供长期贷款，例如，GIB 为海上风电、碳捕获与封存和能效项目以长期贷款的形式提供资金支持。三是针对海上风电以及碳捕获与封存和能效项目，在项目中期 GIB 提供有抵押次级债务。四是 GIB 提供对于能效项目的违约风险保证产品，这一业务主要针对的是小规模能效、微型发电和智能电网项目。

二、英国绿色投资银行的管理体制

（一）英国绿色投资银行的股权结构

GIB 由英国政府成立，在 2017 年 4 月 20 日私有化前由政府全资拥有。GIB 虽然在成立之初为英国政府全资所有，但在成立之初就制定了盈利目标和私有化的发展规划。英国政府认为，GIB 的经费尽可能由私人资本和需要最少的公共资金来负担，这也将进一步向投资者证明绿色的政府投资项目的商业模式是有利可图的而不是政府的保护。许多大型机构投资者，如英国养老基金、基础设施基金和主权财富基金等渴望入股政府投资银行，其中许多机构投资者并不投资单个绿色项目。因此，英国希望政府投资银行为他们提供一个投资于可再生基础设施项目组合的工具，这也符合政府投资银行应开发新的资本来源和最大化私人在绿色领域投资的政策目标。

1. 私有化的进程和目的

英国政府于 2016 年 3 月 3 日启动 GIB 的私有化进程，目的是吸引私人资本进入银行，针对对象是规模较大的长期投资者，计划于 2016—2017 年财政年度完成。2017 年 4 月 20 日，英国商业、能源和工业战略部宣布以 23 亿英镑的总价将 GIB 出售给澳大利亚麦格理集团有限公司，包括 17.5 亿英镑的价格和 5 亿英镑对现有 GIB 项目的继续融资承诺金。同年 8 月，英国气候变化与产业部长宣布收购工作已完成。之后，GIB 更名为"绿色投资集团"（GIG），以便克服参与国际市场投资的法律监管障碍，以及海外投资业务的顺利展开。

英国政府将 GIB 私有化的关键目标是将其重新归类为私营部门公司，而不是公共部门机构。基于此举引出其三个主要目的：一是扩展融资渠道；二是吸收更多私人资本；三是继续保持 GIB 的绿色性，保持其服务于绿色经济的宗旨。

2. 特殊股权的安排

除绿色项目财务的可持续足以让 GIB 维持其绿色定位和价值以外，在关于私有化的谈判中，政府要求潜在投资者接受绿色价值和绿色投资原则，保持 GIB 章程中的绿色目标条款，并确保投资绿色项目，继续报告绿色投资的业绩。在机制设计上，为保持 GIB 的绿色偏好，英国政府于 2016 年 2 月宣布 GIB 将设立特殊股份公司，由"绿色目的公司"（Green Purposes Company）持有特殊股份。该公司由独立于 GIB 和政府包括国会的 5 名信托人管理，股东职能仅仅对 GIB 章程中的绿色目标条款修改有同意权。政府规定的 GIB 绿色目标法律约束在其正式出售后失效，转由"绿色目的公司"管理特殊股份，约束其继续坚持绿色性制度。

（二）英国绿色投资银行的组织结构

GIB 董事会专门设立绿色委员会。该委员会身兼数职，其中包括 GIB 制定政策的审查、开展的投资活动是否符合其绿色使命、建立有效评估机制、评价指标体系的建立、量化 GIB 的投资表现等。

此外，GIB 的管理层和投资团队除了具备充足的金融知识外，在能源和气候等环保领域工作经验丰富，具备较多专业领域知识。因此，在兼具金融与环保的双重性后，GIB 的专业性得到显著提高。

（三）英国绿色投资银行的经营原则

GIB 的经营原则体现在以下六个方面。①明确项目的绿色目标。保持财务状况稳定，实现投资"双重底线"（即"绿色效应"和"投资回报"），同时有积极的投资回报，保留建立资本基础。②持续的绿色影响。减少全球温室气体的排放，建立一个可持续的制度，提供英国向绿色经济转型所需的长期影响。③与政府的策略配合。根据政府的环保政策目标和措施调整策略重点。④独立于政府的运作。与政府保持一定的距离进行管理和业务决策。⑤与私营部门的伙伴关系。与私营部门参与者合作运营，在适当的情况下加强私营部门的供应并利用私营部门的能力，而不是在私营部门单独供应可以实现政府政策目标的情况下采取行动。⑥最大限度地减少扭曲，维持透明的信息披露和有效的合作、监督、参与。建立健全的绿色影响评估体系和明确的投资标准，按照相关规则运作，最大限度地减少不正当竞争。

为了减少公众对 GIB 私有化后的绿色投资属性的质疑，GIB 在其公司章程中明确提出了一项绿色投资目标条款，要求 GIB 的投资必须至少达到以下四个特定的绿色目标中的一个，即提高自然资源的使用效率、保护或改善自然环境、保护或加强生物多样性和促进环境可持续性。对 GIB 绿色政策的主要保护形式源于 GIB 作为绿色基础设施投资公司的商业现实，而这正是投资者所购买的。GIB 试图明确其持续致力于明确的绿色价值和投资原则，并计划继续根据其既定的绿色商业计划进行投资，成功吸引了潜在投资者的关注。

（四）英国绿色投资银行的风险管理体制

基于 GIB 确立的投资"双重底线"原则，GIB 不提供优惠贷款，而是以股权投资和提供与商业银行条件类似的贷款来支持目标项目，或是为项目提供担保。在股权投资方面，GIB 通过直接投资或经基金管理公司间接投资获得绿色项目的股份。根据 GIB 年报，其项目投资的年均回报率自成立以来都维持在 8% 以上，并且自 2015 年起扭转了税前亏损状况，并于 2015—2016 年实现了约 990 万英镑的税前利润。

此外，GIB 在风险评估上也对投资者产生影响，如在风险被普遍高估的可再生能源领域，GIB 的业绩推动了其他投资者的投资行为。此外，即使 GIB 宣布投资的项目尚未盈利，对投资者同样存在吸引力，主要原因是其尽职调查获得了投资者的信任，从而大幅降低了潜在投资者的风险预期。

三、英国绿色投资银行的发展战略研究

（一）英国绿色投资银行的战略地位

GIB 的战略任务主要有以下三个方面：①准确甄别低碳经济发展中限制私人投资的投资壁垒，并开发针对性的金融产品解决相关问题；②与现有的政府机构、基金合作，如可再生能源发电和能源效率等领域的大型政府机构，共同支持气候变化方面的活动；③为英国政府提供有关可持续发展的政策方面的服务。

（二）英国绿色投资银行的愿景

低碳投资的融资恢复期一直持续到 2015 年的初期阶段，而 GIB 的目标是维持公共部门的投资信誉，为吸引潜在私人投资者对低碳行业的投资奠定基础。在 2018 年第二阶段的融资加速期，公有资本和私营部门的投资并存，且后者增长速度加快。随着主流的私人投资者对低碳行业的技术、商业模式和发展前景的信心的建立，2019—2025 年将是融资的主要阶段。GIB 的相关管理部门将努力推动公私部门的合作投资，保证更多的资本投入绿色领域中。

（三）英国绿色投资银行的对外合作战略和动向

麦格理集团有限公司于 2017 年 8 月 18 日宣布完成对 GIB 的收购时，承诺在未来 3 年内实施总额 30 亿英镑的绿色能源项目投资计划，这与 GIB 自成立以来 4 年半累计投资 34 亿英镑相比，投资力度更大。

在私有化完成后，"绿色投资集团"将利用麦格理集团全球业务平台加强对海外业务的拓展，扩大在东南亚、南亚、欧盟地区的布局，同时开展四项新业务，即绿色项目实施和资产管理服务、绿色评级服务、绿色银行顾问服务和绿色领域的企业兼并重组等公司金融服务。

（四）英国绿色投资银行的政策体系

GIB 的政策体系由绿色投资原则、绿色投资政策、绿色影响报告准则、负责任投资原则、企业环境政策和赤道原则六项内容组成。

1. 绿色投资原则

绿色投资原则作为 GIB 政策体系的核心部分，不仅是开展业务的先行条件，更是内部治理的核心要素，它由以下七个原则组成：①项目的绿色目标；②全球温室气体排放的减少；③持久的绿色影响；④明确的投资标准；⑤健全的绿色影响评估体系；⑥有效的合同、监督、参与；⑦透明的信息披露。

2. 绿色投资政策

绿色投资政策基于绿色投资原则而制定，目的是确保 GIB 的投资活动契合绿色投资原则。GIB 基于七大投资原则分别制定出相关的绿色政策，并且详细阐述了相关政策的实施方案。在对所投资项目能否实现预计的绿色影响进行审查时，GIB 在主要的投资领域中，分别列出所产生的绿色影响为评定标准。

3. 绿色影响报告准则

绿色影响报告准则对于能源使用的评估和温室气体排放至关重要，是 GIB

投资项目和绿色政策实施效果的评价依据。该准则给出计算绿色影响的综合公式，详细阐述了量化绿色影响的具体程序。

4. 负责任投资原则

负责任投资原则将环境、社会和公司治理（ESG）问题同时纳入投资分析和决策过程中，促进了全球可持续金融体系的发展。

5. 企业环境政策

除制定政策来管理自己的投资活动外，GIB 制定了环保政策对银行内部运营进行管理。该政策主要帮助 GIB 通过公司内部运营降低对环境的影响，通过对员工培训提高环保意识，遵守环境法律法规及准则，保证业务合法合规。

6. 赤道原则

在国际金融机构于 2002 年 10 月在伦敦召开的会议中，荷兰银行、西德意志州立银行、巴克莱银行和花旗银行共同起草了一份旨在评估、管理和发展与项目融资相关的环境及社会风险的指南，即赤道原则（Equator Principles）。该原则具有行业性、一般性、自愿性、开放性和免责性的特征。

四、英国绿色投资银行的经营状况

（一）英国绿色投资银行经营业绩

1. 英国绿色投资银行主要投资情况

2011 年 4 月至 2015 年 4 月，GIB 借由政府投资的 30 亿英镑，向低碳产业注入 150 亿英镑资金。超过 80% 的资金投资于绿色银行优先关注的五个领域，即海上风电、非家庭用能的能效产业、垃圾与再循环、废物处理和生物能源以及"绿色方案"，剩余的不足 20% 投资于其他绿色领域。在 GIB 投入运营的最初半年中，项目进展缓慢。至 2013 年 5 月，GIB 总共给 11 个项目发放了贷款，总额为 23 亿英镑，其中直接投资 6.35 亿英镑。这些项目大多为废物处理和生物能源或与之相关的项目。最大的项目为 1.25 亿英镑的政府"绿色方案"，旨在帮助英国家庭改善房屋绝缘，达到节能的目的。

截至 2014 年 3 月，绿色投资银行总共承诺投资 6.68 亿英镑，项目数量达到 18 个。2014 年 6 月，绿色投资银行为鼓励私人投资者投资海上风力发电场，计划筹资 10 亿英镑。同时，GIB 改进逐个投资项目的方式，优先寻求长期投资者的支持，通过基金购买运行中的风电场股权来募集私人资金。截至同年 9 月，GIB 资本总计达 40 亿英镑，为绿色项目提供债务和进行股权等投资的数量达 20 多个。

2. 英国绿色投资银行的业绩表现

作为英国绿色经济的主要参与者之一，GIB 在 2013—2016 年财政年度（截至 2016 年 3 月 31 日）占英国绿色投资中的市场份额高达 48%。其中，11% 是 GIB 独立融资，剩余为 GIB 与其他机构的合作融资。自成立以来，GIB 支持近 100 个绿色基础设施项目。其每投资 1 英镑便可吸引 3 英镑的其他资金投资，对社会资金撬动的杠杆率为 1∶3。从经营业绩来看，GIB 成立后的前两年亏损，第三年便开始盈利。其中，2016 年和 2017 年财政年度盈利较多，2017 年财政年度的盈利达到约 2 700 万英镑。从投资组合的预期回报率来看，2014 年、2015 年和 2016 年三个财政年度的投资预期回报率分别为 8%、9% 和 10%。

GIB 与市场上其他金融机构的重要区别在于，GIB 强调并披露其经营过程中绿色业绩的表现。业绩表现分为两个方面内容：一是通过资产管理对绿色经济产生的绿色影响，如绿色盈利或损失等；二是绿色损益表，这是对投资业务所产生的绿色影响进行的一个预测。到 2017 年年末，GIB 的绿色影响业绩表现为：①年新增可再生能源 215 亿度电，相当于 510 万个家庭一年的能源消费量；②年减少二氧化碳排放 760 万吨，相当于 350 万辆小汽车一年的温室气体排放量；③再循环利用废物 1 004 万吨，相当于 100 万个家庭一年产生的废物量；④避免了垃圾填埋 320 万吨，相当于 320 万个家庭一年产生的垃圾量。

（二）英国绿色投资银行主要经营指标分析

英国政府设立 GIB 的初衷是实现排放目标。这一目标反映在政府部门衡量和跟踪其绩效并证明问责制的一系列指标中，包括减少的排放量、创造的就业机会、杠杆比率（即每单位政府部门公共支出动员的私人投资），以及在某些情况下的回报率。与提供资助的公共机构不同，政府部门关注的是财务可持续性，有些还要求盈利。例如，英国绿色投资银行必须按照商业条款进行投资，每年总投资的名义回报率至少要达到 3.5%（扣除运营成本但未纳税）。

GIB 的经营业绩表现有其独特的经营指标来进行分析。一是营利性，可参考由政府设立的 3.5% 内部收益率指标。GIB 的投资团队专业经验丰富，人员来自投行、基金、能源企业等多个相关领域，这为其出色的盈利表现提供了人力资源的保证，3.5% 的内部收益率指标也已成功完成，2013 年和 2014 年更是超额完成目标，实现了 8% 的内部收益率。二是资本配置，在这个指标层面，GIB 的表现有待商榷。在 2012—2016 年这 4 年间，GIB 可调动的资金多达 38 亿英镑，然而其承诺投资的资金和所撬动的社会投资仅不足可调动资金的两倍，杠杆作用的发挥效果并不理想，也远低于绿色产业发展所需的资金要求。三是绿色影响力，对于每个所投资的项目，GIB 会对其绿色影响力做出评估、监测和报告，通过审计，在每年财报发布时同时披露"绿色影响力报表"。

对于这些指标，目前主要存在的问题有以下三点。

1. 投资限制问题

GIB 的投资必须具备两个条件来满足欧盟所要求的国家干预市场的限制：一是经营模式的市场化；二是投资项目仅限于出现市场失灵的领域。因此，目前 GIB 的大部分投资仅限于满足要求的政府界定的三大重点领域。

与此同时，与其他金融机构不同，GIB 的投资对象不能考虑企业，而只能局限于具体项目。这个权限过于狭窄，从而使得 GIB 面临缺乏可投资项目的巨大挑战。3.5% 的内部收益率对于可再生能源项目来说并不算特别严苛，但考虑到 GIB 调动了公众资本来投资，因此投资中的每一项损失所带来的社会影响都难以评估。

2. 社会资本的撬动问题

金融市场的传统投资观念对于绿色经济的投资比较保守，由于所需投资的成本较高，投资者需要政府补贴来弥补可能低于市场平均水平的投资回报。但 GIB 的投资项目并没有补贴性质，因此对于调动投资者积极性，更好地撬动社会资本存在一定的困难。

3. 绿色目标定义与绩效评价问题

社会上的投资者对绿色项目的疑虑除了财务方面的因素外，还有"信息不对称"因素。政府所规定的"绿色"目标定义过于宽泛，因此 GIB 投资的项目想要真正实现绿色目标的任务也就变得更加困难。

五、英国绿色投资银行对我国的启示

英国绿色投资银行的运作模式对中国构建绿色经济体系、助推经济转型有一定的启示作用，具体体现在以下几个方面。

（一）构建专业的绿色投资银行，发挥政策性银行的引领作用

GIB 作为英国绿色金融体系的核心部分，担任着提供绿色项目的发展资金、带动潜在私人投资、提供相关技术等任务，助推英国绿色金融体系的完善。相比之下，中国绿色投资领域的资金需求量更大，在构建绿色金融体系过程中，应建立专业的绿色投资银行，重视政策性银行发挥的信号作用，在关注技术开发和示

范项目的发展时,还应扩大投资资金规模,适度放宽在相关投资领域和融资方式上的行政管制,灵活根据市场需求和发展调整绿色投资机构的运作方式。

(二)平衡政府和市场的角色,建立适合的绿色金融实践模式

GIB 运作过程中虽然存在可用资金规模小等问题,但其与商业银行类似的条件放贷模式不仅带动了私人投资,还承担了项目相应风险,达到公共部门职能充分发挥和大量吸引民间资本投入的双重作用。中国在发展绿色经济时也应重视绿色投资资金的良性循环,以政策性银行和绿色投资机构为绿色项目融资为开端,通过技术和管理模式的创新提高项目盈利能力,利用杠杆效应撬动社会潜在资本,实现资本的循环利用,助推经济转型和绿色经济的发展。同时,构建绿色经济体系应与中国一系列经济改革的方向相一致,短期内发挥公共部门的引导和示范作用,长期则应关注政府与市场关系的平衡。

(三)针对不同的绿色项目采取差异化的投资管理

GIB 构建一套专门的绿色投资风险评估体系进行严格的项目管理,同时在进行绿色投资过程中采取弹性管理方式,依据不同领域的投资风险、投资回报率、技术难度等对其投资的海上风电、废物和生物能源、能源效率、社区能源可再生四大主要领域进行不同的资金管理和制定差异化的投资策略。中国在进行不同的绿色投资领域投资过程中也应向 GIB 一样制定专门的投资标准,适当放宽对关键绿色项目的营利性要求,对绿色效应明显并且具有广阔发展前景的优质绿色项目给予额外支持,充分发挥政策性机构的孵化效应。

(四)建立严格的管理制度和风险评估体系,完善绿色投资机构的业务经营模式

GIB 自建立以来已形成成熟的可循环业务模式。通过投资英国绿色环保项目,不仅有助于政府环保承诺的实现,而且加速了英国基础设施现代化进程,推进了英国绿色经济和就业的发展,实现了二者之间的良性互动。同时,GIB 的特殊商业经营模式也需采取专门的管理模式与之相匹配,即由董事会和委员会架构、政策和程序的制定、风险控制框架、风险偏好声明和 GIB 的宪法组成的分级管理模式进行严格的风险控制。中国的绿色投资机构在发展过程中要发挥积极的示范作用,重视资本回收和再利用,形成良性的资金业务循环模式。同时,在风险管理方面应按照不同绿色投资机构的治理模式制订配套的内部治理框架,完善绩效评估体系,并建立专业的风险评估和防范体系,针对投资、经营管理、流

动性等方面的主要风险进行分类管理。

第三节 代表第三方服务行业的机构：英国商业银行

英国商业银行是一家在英格兰和威尔士注册的公共有限公司。英国商业银行旨在使英国金融市场更好地运转，以使整个英国的小型企业得以繁荣发展。英国商业银行不直接给小微企业提供贷款或投资。相反，英国商业银行与130多家合作伙伴进行合作，如银行、租赁公司、风险投资基金和基于网络的平台，以促进小企业发展。因此，相对于其他银行而言，它更是等同于一家服务咨询机构。英国商业银行是一家由英国政府全资拥有的企业，不受英国审慎监管局（the Prudential Regulation Authority）或金融行为管理局（the Financial Conduct Authority）的授权或监管。

一、英国商业银行概况

（一）英国商业银行简介

英国商业银行是一家英国政府全资拥有的机构。该银行重点关注对英国经济非常重要的小型企业。英国商业银行的使命在于使金融市场更好地运作，使英国的小型企业能够繁荣和发展。图5-3是英国商业银行的标志。可以看到，该公司的标志美观、简洁、大方，直接把公司名称放在标志上，增强了公司标志的识别性。此外，该公司的标志中包含一个红色的箭头，体现出英国商业银行在服务小型企业发展中的专业性。

图 5-3 英国商业银行标志

数据来源：英国商业银行官方网站：https://www.british-business-bank.co.uk/

自成立以来，英国商业银行一直属于英国政府所有。在英国国家统计局分类中，该银行为一个公共公司，即 The public corporation。图5-4给出了英国商业银行的组织架构。由图5-4可见，英国商业银行拥有3家全资子公司。需要特别指出的是，英国商业银行及其附属实体不是银行机构，因此不以银行机构的身份运作。这3家子公司分别如下。

（1）英国商业银行Patient Capital控股有限公司（BBB Patient Capital Holdings Limited）。该子公司下还拥有2家孙公司，分别是英国商业投资有限公司（British Business Investments Ltd.）和英国Patient Capital有限公司（British Patient Capital Ltd.）。

（2）英国商业金融有限公司（British Business Finance Limited）。该子公司下的孙公司企业资本有限公司（Capital for Enterprise Limited）代表英国商业银行有限公司管理一些发展计划。该子公司下的另一家孙公司创业贷款公司（The Start Up Loans Company）负责政府的创业贷款方案。

（3）英国商业金融服务有限公司（British Business Financial Services Ltd）。

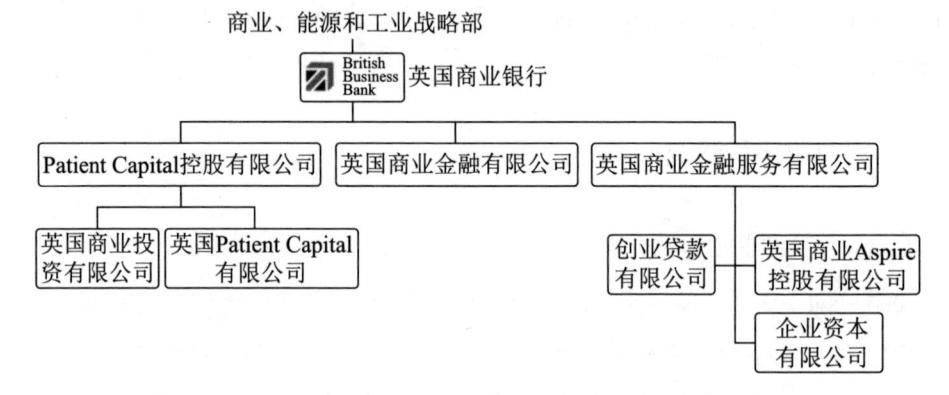

图 5-4　英国商业银行的组织架构

数据来源：英国商业银行官方网站：https://www.british-business-bank.co.uk/

（二）英国商业银行的主要业务

英国商业银行的目标是使金融市场在英国小企业发展的各个阶段都能更好地发挥作用，包括小型企业的初创阶段、扩张阶段和引领阶段。

英国商业银行100%由政府所有，但独立管理。英国商业银行为小型企业融资市场带来专业知识和政府资金。英国商业银行不直接给小型企业提供贷款或投资。相反，英国商业银行与130多家合作伙伴进行合作，如银行、租赁公司、风险投资基金和基于网络的平台，以促进小企业发展。

小型企业通过英国商业银行的合作伙伴申请融资。经过英国商业银行的专业评估，英国商业银行的合作伙伴可以为这些小型企业提供更多的贷款和投资，特别是对那些具有较大潜力和发展较快的公司。

英国商业银行的服务对象包括初创企业、高增长企业和潜力巨大但缺乏资金的小型企业。英国商业银行的主要业务包括以下几个方面。

第一，在金融市场不发达的地方增加对小型企业的资金供应。

第二，帮助小型企业创建一个更加多样化的金融市场，提供更多的选择和供应商。

第三，力求减少英国各地小型企业在获得资金方面的不平衡现象。

第四，鼓励和支持中小企业寻求最适合其需求的融资。

第五，成为英国小型企业融资的专业中心，为政府提供建议和支持，以促进和支持英国小型企业更好地发展。

第六，在稳健的风险管理架构下，有效管理纳税人资源，从而更好地发展。

二、英国商业银行的管理体制

（一）英国商业银行的股权结构

英国商业银行由英国政府全资控股所有。英国的商业、能源和工业战略部通过英国政府投资部对该公司进行全资控股。值得注意的是，虽然英国商业银行由英国政府所有，由政府运营，但该公司是根据《公司法》成立的私人有限公司，也就是说，该公司保留了业务自主权和独立的商业运营模式，即在自主的基础上展开商业运营。

（二）英国商业银行的组织结构

英国商业银行的组织结构与英国国家核试验室有限公司基本类似，包括以下几个方面。

1. 国务大臣

英国商业银行由商业、能源和工业战略部国务大臣代表英国政府拥有且进行管理。商业、能源和工业战略部国务大臣对英国议会负责，向议会说明与英国商业银行有关的业务。

2. 具体负责英国商业银行事务的事务长

商业、能源和工业战略部国务大臣可将商业、能源和工业战略部对英国商业银行的管理责任下放给负责英国商业银行事务的事务长，由其进行具体管理。

3. 首席会计官

商业、能源和工业战略部的会计官员作为英国商业银行的首席会计官对商业、能源和工业战略部中负责英国商业银行事务的事务长负责。

4. 首席执行官

英国商业银行的首席执行官负责该银行的日常运营。

5. 董事会

英国商业银行的董事会应确保做出有效安排，为风险管理、治理和内部控制提供保证。该银行董事会内部设立审计委员会、风险委员会、薪酬委员会和提名委员会。

6. 董事会主席

董事会主席对商业、能源和工业战略部门中具体负责英国商业银行事务的事务长负责。该银行董事会与商业、能源和工业战略部的沟通通常应通过董事会主席进行。董事会主席应确保公司政策和行动能够支持商业、能源和工业战略部制定的战略政策。董事会主席应向英国商业银行的各级部门清楚地传达和传播商业、能源和工业战略部门制定的战略政策。

（三）英国商业银行的治理体制

英国商业银行的治理体系应在英国商业、能源和工业战略部门授权范围内进行，且符合《公司法》《英国商业银行与商业、能源和工业战略部之间框架文件》《英国公司治理守则》以及2000年的《信息自由法》（FOIA）和2004年的《环境信息条例》。

首先，公司董事会主席（每6个月一次）、首席执行官（每两周一次）和商业、能源和工业战略部之间应举行会议，讨论英国商业银行的活动和业绩。

其次，商业、能源和工业战略部和公司财务团队每月举行一次股东会议，以审查英国商业银行的活动、英国商业银行在实现其战略目标方面的表现，以及该银行超出公司业务计划所规定的任何支出或预测支出，特别是涉及集团的本金和风险方面支出。

再次，英国商业银行应根据《英国商业银行与商业、能源和工业战略部之间框架文件》的要求，向商业、能源和工业战略部提供报告。报告中应包含足够的信息，以使商业、能源和工业战略部能够监测英国商业银行的总体目标、商业附属目标、授权附属目标和服务附属目标等所述目标的实现情况。此外，该报告还需要适用于本集团的风险管理体系。

最后，各级管理人员的任命与管理，应按照以下规定进行。

（1）董事会。公司董事会由不少于8名董事组成，其中包括6名非执行董事。董事会成员由英国商业、能源和工业战略部进行提名。英国商业、能源和工业战略部在提名董事会成员任职前，应与公司董事会主席协商，董事会主席不兼任公司提名委员会主席的，应与公司提名委员会主席协商。此外，公司董事会应确保对公司董事会主席和董事会成员的有效性进行适当严格的评估。

（2）董事会主席和非执行董事主席的任命。英国商业银行的董事会主席和非执行董事主席由商业、能源和工业战略部门中具体负责英国商业银行事务的事务长任命。

（3）首席执行官的任命。英国商业银行的首席执行官经商业、能源和工业战略部门中具体负责英国商业银行事务的事务长和首席会计官批准后，由英国商业银行的董事会进行任命。

（4）其他高级管理人员的任命。其他高级管理人员的任命由英国商业银行根据其公司章程进行任命。

（四）英国商业银行的风险管理体制

英国商业银行董事会对英国商业银行内的风险管理负有全面责任。英国商业银行的风险管理框架应与英国商业银行的目标、规模和复杂性保持一致，并以其他金融服务机构为基准。

英国商业银行不持有监管资本，因此不受金融行为管理局或审慎监管局监管。然而，英国商业银行须遵守其他适用的法律和法规。英国商业银行的风险管理体制内容包含以下三个方面。

首先，英国商业银行应制定风险偏好声明、风险偏好政策以及风险管理框架。上述每一项都应涉及与英国商业银行活动有关的风险，具体包括英国商业银行进行投资和退出投资有关的风险，以及评估和减轻这些风险的相关结构、控制措施、流程和程序。

其次，英国商业银行制定的风险偏好声明、风险偏好政策和风险管理框架应每年交由英国商业、能源和工业战略部进行审查和批准。此外，上述风险管理制度还应每年由公司董事会进行审查，审查内容包括但不限于英国商业银行的活动、投资环境、风险监管指导方针和要求（即使英国商业银行进行了一些不受监管的活动，也应在最佳实践的基础上适当应用这些变化）。

最后，英国商业银行应把风险偏好声明、风险偏好政策和风险管理框架的任何变化（本公司董事会认为是重大的，并且可能成为必要的变化）通知英国商业、能源和工业战略部并听取其建议。对风险偏好声明、风险偏好政策和风险管理框架的任何此类更新或修订，无论是在年度审查过程中还是在其他情况下产生的，都需与英国商业、能源和工业战略部讨论。

三、英国商业银行的发展战略目标

英国商业银行的发展战略目标如下。

（1）使英国的金融市场有效地为中小企业服务，使中小企业得以繁荣、发展，进而推动英国的经济发展。

（2）增加英国中小企业的资金供应，特别是在缺乏中小企业融资市场的地区，增加对中小企业的资金供应。

（3）致力于在英国为中小企业创造一个更加多样化的融资市场，为中小企业融资提供更多的选择和供应商。

（4）致力于在英国的金融市场上建立更好的融资渠道，成为中小企业融资领域的优先选择，为中小企业融资提供有价值的方案。

四、英国商业银行的经营状况

总体而言，英国商业银行的资产规模大，营业收入规模基本稳定。但是，因受到新冠疫情大流行的影响，该公司2020年的净利润为负。

表5-3给出了2019年和2020年英国商业银行的主要经营业绩。由表5-3可见，相比2019年，2020年英国商业银行的总收入基本稳定，但上交国家的税收收入有一定减少，且公司的毛利润和净利润为负，即2020年英国商业银行出现了亏损。

表5-3　2019年和2020年英国商业银行的主要经营业绩

指 标 名 称	2019 年	2020 年
总收入（万英镑）	8 331.0	8 898.8
毛利润（万英镑）	8 125.3	−213.8
税收（万英镑）	993.3	659.4
净利润（万英镑）	7132	−873.2

数据来源：英国商业银行年度报告

表5-4给出了2019年和2020年英国商业银行的主要财务指标和数据。由表5-4可见，相比2019年，2020年英国商业银行的总资产、股东权益、总负债、经营现金流有一定的降低，资产回报率和股东权益回报率等指标为负。这可能是

受到了新冠病毒疫情大流行的影响。但2019年和2020年英国商业银行的资产负债率基本稳定，这一数值基本稳定在35%左右。

表5-4 2019年和2020年英国商业银行主要财务指标和数据

指标名称	2019年	2020年
总资产（万英镑）	242 074.3	232 029.2
股东权益（万英镑）	154 769.6	153 923.2
总负债（万英镑）	87 304.7	78 106.0
经营现金流	15 211.7	6 370.5
资产负债率（%）	36.07	33.66
资产回报率ROA（%）	2.95	−0.38
股东权益回报率ROE（%）	4.61	−0.57

数据来源：英国商业银行年度报告

五、英国商业银行对我国的启示

英国商业银行对中国推动小微企业发展，解决小微企业融资问题有一定的启示作用。英国商业银行作为英国针对小微企业进行服务的专业性银行，旨在解决英国小微企业发展中的融资问题。相比之下，小微企业作为我国经济增长的重要引擎，虽然我国政府已制定多项政策，全力拓宽小微企业融资渠道，但当前我国小微企业融资难问题仍十分突出。因此，我国可以考虑借鉴英国模式，成立专门的针对小微企业发展的服务型银行，助推小微企业发展。具体而言，英国商业银行模式的可借鉴性体现在以下几个方面。

（一）融资服务模式可借鉴

英国商业银行实质上是一家专门为小微企业提供专业知识和政府资金的服务型银行。英国商业银行不直接给小微企业提供贷款或投资。相反，英国商业银行与130多家合作伙伴进行合作，如银行、租赁公司、风险投资基金和基于网络的平台，以促进小企业发展。因此，相对于其他银行而言，其更是等同于一家服务咨询机构。而这种创新性的融资服务模式使得英国商业银行能够有效整合政府、银行、个人投资者等多方资源，发挥各方优势，为小微企业提供更具专业性、合理性与目标性的投资贷款。在我国，小微企业也亟须这样一种集灵活化、长期化、多元化于一体的创新型融资模式，类似英国商业银行的做法在中国同样可以相对迅速地得以设计和启动。

（二）组织结构可借鉴

从组织结构上来看，英国商业银行是属于资金供给端和需求端的服务实体。通过为资金供给端提供投资管理服务，从而能够有效集中多方投资人资源实现规模经济效应。中国也可以成立类似于英国商业银行这种专业的投资管理服务企业来整合多方投资能力，统筹多方投资资金，以实现政府部门与商业银行在推动小微企业成长发展中的控制与承诺。

（三）技术处理可移植性

为将英国商业银行建成一个成功的商业模式，英国商业银行不持有监管资本，因此不受金融行为管理局（FCA）或审慎监管局（PRA）监管。我国监管部门也可借鉴英国监管局对英国商业银行的处理方法，从技术层面和监管层面为小微企业融资模式的创新创造条件并提供支持。

第四节　代表新兴科技行业的企业：一网公司

一网公司是一个全球通信网络公司，目标是发射650颗低地球轨道卫星以建立全球通信网络。一网公司总部位于伦敦，旨在为世界各地的政府、企业和社区提供高速、低延迟的连接。一网公司的卫星，连同全球网关站网络和一系列用户终端，以求提供通往5G的途径，从而实现为全球提供经济实惠、快速、高带宽、低延迟的通信服务。

一、一网公司概况

（一）一网公司简介

一网公司是一个全球通信网络公司。一网公司成立时的愿景是通过其网络弥合数字鸿沟。其目标是发射650颗低地球轨道卫星，为全球提供价格合理、快速、高带宽、低延迟的通信服务。

作为商业航天领域的知名公司，2020年10月，一网公司被英国政府和印度电信运营商Bharti Global收购。目前，一网公司已获得全球优先频谱，拥有一系列正在开发的用户终端，已确认扩展卫星网络卫星发射计划，其地面站位于世界各地，包括挪威、葡萄牙以及美国的阿拉斯加州、康涅狄格州、佛罗里达州等。

在2021年，一网公司已完成了卫星网络测试并对主要客户进行了演示。当前，其商业服务范围已覆盖全球。

（二）一网公司的主要业务

一网公司立足全球应急服务，从航空领域切入市场。一网公司提供的业务包括以下几个方面。

第一，应急服务市场。例如，在美国佛罗里达州，加勒比海的飓风摧毁了通信基础设施。这时，一网公司能够提供应急通信服务，这项业务会是一网公司未来成功的重要基石。

第二，移动性市场。例如，每年有 40 亿人坐飞机，全程是享受不到网络服务的。GEO 卫星对飞机天线视场角的需求以及 GEO 卫星的高延迟都会导致通信性能下降，从而导致乘客的网络非常不稳定。而人们需要在空中使用低延迟和快速响应的系统。一网公司所提供的 LEO 卫星的服务具有低延迟和快速响应的系统。同时，该系统是从现有 GEO 卫星等巨头业务的边缘切入，与现有 GEO 卫星的业务形成了互补，避免与业内其他公司竞争。

第三，消灭全球数字鸿沟的同时，深入太空安全。从全球范围来看，各个地区在数字化的能力上存在巨大的梯度差异，电信运营商基础设施的成本结构令其无法完全覆盖所有边远地区。因此，在可预见的未来，不管地面通信系统向边远地区推进了多少，市场都会需要卫星。考虑到发射其他廉价的轨道卫星带来的轨道重叠进而碰撞所带来的太空碎片的负面影响，一网公司的目标是尽可能地减少卫星数量，因为卫星数量越多越不利。一网公司希望最终在满足用户多变需求的同时，将高效卫星的数量控制在 1 500 颗以内。

二、一网公司的管理体制

英国政府的投资机构和印度电信运营商 Bharti Global 公司分别出资 5 亿美元，二者各持股 45%，成为一网公司的最大股东。其余 10% 的股份，则归属于一网公司的早期债权人。

英国政府之所以对一网公司感兴趣，是因为欧洲普遍使用伽利略系统来为全球用户提供定位、导航和授时服务。但英国脱欧后，不再是欧盟伽利略定位系统计划的一部分，因此，收购一网公司可以让英国通过重新利用一网公司现有的卫星技术来构建自己的导航和定位系统。英国此前也曾提出自己开发独立的卫星导航系统，但可能需要花费 40 亿~50 亿英镑，而收购一网公司或许可以让英国以更低的价格获得卫星导航、定位的能力。

因此，英国希望组建新的国家导航系统，时任首相鲍里斯·约翰逊试图从印度、中国和美国等国吸引新的外部投资，以抵消英国脱欧的负面影响。

如今的太空竞赛进入到了 2.0 时代，表面上是各家商业航天公司上演的一场"速度与激情"，本质上则是一场国与国之间围绕太空轨道和频段资源的争夺赛和排位赛。

三、一网公司的战略目标

数字鸿沟不仅仅是影响世界上缺乏通信基础设施的 32 亿人。在世界上的任何地方，由于价格、速度和交互等方面的限制，通信发展领域出现了新的鸿沟。世界上近一半的人口如今仍无法访问高速互联网（最低 30Mbps），而其他人在工作中或在学校中则依靠高速互联网进行同步虚拟通信。

为此，一网公司的战略目标包括以下几个方面。

（1）消除地球上阻碍经济和社区发展的连接障碍。

（2）作为一个批发企业，与政府和经销商合作为各地提供新的企业级宽带连接通道。希望占全球就业人数一半的中小企业以及当地社区实现数字化，这样，下一代人就能比上一代人有更好的连接，有更多的机会取得成功。

（3）与分销伙伴一起致力于提供连接，以推动大规模的积极变化，在各地实现更大的包容性、更好的生活质量和繁荣。

四、一网公司的经营状况

全球疫情让诸多企业遭受了沉重打击。2020 年 3 月 28 日，一网公司申请了破产保护。根据英国《破产法》第 11 章的条款，一网公司计划出售公司业务，以寻求公司价值的最大化。申请破产保护前，为了最大程度地缓解公司财务危机，一网公司裁掉了 531 名员工，裁撤比例高达 85%。据其破产文件显示，一网公司的负债总额已达 21 亿美元，其中包括 17 亿美元的高级担保融资。

当前，公司现在的营收非常低，但增长率相对较高。一网公司正在从"如何建造卫星"阶段转向"作为全球电信运营商，应该如何为客户服务"的阶段。

五、一网公司对我国的启示

一网公司的破产与清算值得我国新兴科技行业企业吸取的教训，具体体现在以下几个方面。

（1）从技术路线来看，一网公司包括技术路线的要求，且这些路线的一般性和成熟性较弱，从而难以通过对一般性、成熟性的技术加以灵活应用，进而有效控制成本。从一网公司推出的星座计划来看，在该计划初期所确立的人员合作的技术路线，就出现了需要过多的弊端，从而使得该计划的技术协调难以实现，给控制项目成本带来了较大的难度。因此，我国的新兴科技行业企业也应该吸取这方面的教训，在兼顾技术路线创新性的同时，需要兼顾技术路线的一般性和成熟性。

（2）从产业链的协同效应上来看，一网公司不具备自主可控的产业链体系，从而对产业链上游和下游的控制能力较弱。一网公司主要负责卫星的运营，但是其卫星的制造业务、发射业务以及销售业务都由其他企业来完成，这大大增加了该公司的产业链协同难度。对于我国的航空航天企业而言，形成完备的产业链条是具有重要意义的，这不仅能节约由臃肿的供应链以及叠加的外包订单带来的高成本，还会增强航空航天领域的战略安全。

（3）从投融资模式来看，一网公司的融资渠道较少，过度依赖单一的投资方，导致企业整体的风险抵抗能力较差。具体而言，一网公司与投资方捆绑过度紧密，导致企业的正常经营受到投资方的影响过大。我国航空航天领域的新兴科技企业应建立强大的资金储备能力。国家也应该强化对国防安全新兴科技企业的指导，对其设立、成长以及成熟的各个环节予以扶持。

第六章
对国有企业监管机构的主要启示

中国的国有企业可以适当吸收英国国有企业发展的经验，对国有企业的管理制度和日常建设加以完善。同时借鉴国外经验以提升对国有经济发展的监管水平，促进国内国有经济又好又快地发展。

一、加强不同功能国有企业的分类考核和管理体制建设

作为当前世界经济发展进程中最信奉私有化和自由市场经济的国家之一，英国对其有限的国有经济进行了非常明显的日常分类管理，即其无论是在国有企业的经济绩效上还是在社会绩效的考核上，都会考虑根据其所处行业自身的现实特征和可能发生的作用进行分类考核，形成差异化的日常管理方式。尤其是由其所属的专业部委进行分类考核，而这是当前实施国有企业统一管理的国资委监管模式还未能实现的。

具体而言，由于英国的经济发展模式以市场经济和私有化为基础，私有化的主体地位难以动摇，因此国有经济在二战后的英国国民经济发展中的占比和作用一直较低，即使是在二战结束后的三次大规模国有化运动中，国有企业的占比也基本没有超过15%，作用相对有限。然而，有限的国有企业被英国政府主要分布在基础性的社会治理、国防安全、公共服务、教育、基础设施建设等行业，以及新兴的和需要大量前期投资的高新技术行业进行重点发展。而这些行业的根本差异是其盈利水平不同，因此，英国政府及其各主管部门会对处于落后的基础公益性产业、涉及国家安全的国防产业、少量竞争性产业，以及新兴的高附加值科技产业内的不同企业，采取不同的绩效考核方式，由不同的主管行业和部门进行分类管理和考核，从"天然"的制度管理上保证了分类考核的可行性和精准性。

中国的国有企业是集中由国资委管理的，分类考核机制尚处于起步阶段。因此，一是未来对国有企业考核的改革可能会是针对不同类型的行业及其所属国有企业进行分类，其考核的指标设置不能"一刀切"。尤其是在对承担基础公共服务的行业及其所属国有企业的考核上，公益服务及公共服务功能是否充分发挥，应成为考核指标设置的重要参考，而体现企业经营好坏的盈利、成本等经济效益指标的设置及其所占比重可以适当降低。二是在那些关系我国的国计民生的基础原材料、能源和相关产业，体现社会效益的考核指标所占比重应该适当扩大，充分体现绩效考核的行业差异性。只有这样，才能充分体现国有企业在中国国民经济发展中应该起到的作用。三是受三年新冠肺炎疫情的影响，国内宏观经济整体处于下行压力较大时期，国资委的管理重心应该更为偏向支持和管理发挥基础设施和公共民生服务的大型国有企业，并适当放松对那些营利性强、科技创新能力水平高的新兴高科技行业和竞争性行业的国有企业控制，让竞争机制在这些行业发挥更大的作用，体现更高的绩效，从而更进一步发挥这些行业中大型国有企业发展对国民经济的促进作用。

二、重点发挥中央国有企业的基础支撑和新兴创新的核心作用

从英国国有企业的发展历程来看，其所拥有的国有企业的数量相比私有企业始终处于少数和弱势状态。为了最大程度地发挥国有企业在促进就业、提供公共服务和新兴技术研发上的核心作用，英国政府及其对应主管部门通过国有企业的直接联合和私有化，将国有企业主要集中在能够起到社会发展基础支撑作用的公共服务产业、起到国防保护作用的军事国防产业以及决定未来经济发展方向的新兴示范产业，并在这些产业内，利用行政命令和市场竞争并行的方式将国有企业做大做强。这种集中力量在具体行业发展国有企业的做法，在国有企业数量和规模相对有限的情况下，能最大程度地发挥国有企业在英国经济社会发展中的示范引领作用。

因此，在我国国内的国有企业数量更多、力量更强的情况下，国资委应更加注重适当明确国有企业兼并重组的重点领域和核心发展方向，至少应在基础公共服务、国防安全及新兴产业上激励国有企业，特别是让中央企业发挥更大作用。一是在宏观经济下行压力加大时，国资委应引导关键国有企业参与到与经济复苏和民生密切相关的基础性建设之中，促进国有资本流向与国家安全和国民经济命脉密切相关的基础性和前瞻性产业领域中。二是结合英国"大社会"的发展经验，国资委可以鼓励更多的社会基层组织、社会企业和非政府机构参与到经济公共服务的提供和公共事务的治理中，甚至可以适当入股，增加资本投入。三是在

当前加快"双碳"经济发展的推动下，国资委可以适当鼓励加大国有企业和国有资本对绿色环保和节能减排项目的资金支持力度，加强对绿色技术的推广支持，让国有企业更多参与绿色新兴产业的发展。四是充分发挥国有经济在国内产业发展方向上的引领示范作用，可以适当引导更多中央国有企业在其旗下二、三级子公司或分企业中实施混合经营，培育更多技术领先、机制灵活和以市场为导向的分支国有企业，引领中国新兴科学技术研发的主要发展方向。

三、加快国有资本的控股方式多样化

从英国国有经济的发展历程来看，在 20 世纪 70 年代末之前，其国有企业的发展效率偏低现象相当明显，而其经济绩效的改善源于其国企的混合所有制改革及私有化改革，英国政府充分利用了民间资本，在更大程度上激发了国有企业经营效率的提升。这也是当前中国的国有企业深化改革的重要突破点之一。因此，混合所有制改革可以适当地成为我国国有企业扩大规模、实现高质量发展及科学管理的发展方向。当前，我国的国有企业改革应当在保证国有企业性质不变的情况下，适当引入更多社会资本，利用控股方式多样化来实现国有企业的管理方式和效率改善的目标。具体而言，一是在一级非涉及国家安全和秘密的中央国有企业中，适当引入民营资本参与企业经营管理，改善企业的经营效率和效益。二是在中央国有企业的二级或三级子公司中，更多地引入"黄金一股"等新型的股权控股模式，在保证国有企业性质不改变和发展可控的原则下，让更多的民营资本参与中央国有企业的子公司经营。三是进一步推进国有企业的所有权和经营权相分离，不断改善董事会、监事会和上级监管的内外管理制度，给予国有企业更多的独立自主经营权，例如推广董事会下的专门委员会管理等，真正让战略委员会、薪酬委员会和考核委员会在国内企业的实际发展中发挥作用，尤其是进一步厘清政府和企业在日常企业经营管理中的定位。同时，完善国有企业的法人治理结构，优化治理方式，坚决消除"内部人控制"的弊端和问题。

四、完善国有企业管理和科技人员的选拔机制

人才是企业发展的生命线，如何吸引外部增量人才、留住和选拔内部存量人才，建立科学的选拔任用人才机制体制，是我国国有企业能否快速发展的关键。从英国国有经济的发展经验来看，其国有企业在研发人员和领导者的选拔和考核方面采取了极其严格的制度和方法，如考虑到复合型人才对科技创新可能产生的

巨大作用，英国将研发人员的选拔范围扩展到多重领域，进行复合式的跨领域人员选拔。为了提升英国国有企业的对外投资能力，英国的国有企业常常在国际人才市场上公开选聘具有国际化背景的重要领导管理人员，对保证英国国有企业的科技创新和高质量发展产生了重要影响。

因此，我国国资委在人才选拔上要统筹规划，放松限制。一是要完善调整新兴行业的科技创新人才和高层管理人员的选拔提升方法，通过发挥内部竞争机制的激励作用和公平灵活的考核机制，激发国有企业的内在创新动力和研发人员的积极性。二是在完善国有企业外部治理机制上，鼓励外部审计、法律及其他第三方服务机构，与国有企业增加日常合作，并与国家审计部门、相关法务部门等建立日常联系监管机构，多方监管国有企业的日常运营，并选拔专门管理人才在这一多部门合作的机构中进行日常监管，完善国有企业的外部监管体系。三是在国资委大框架下，建立不同类型行业的国有企业监管和考核专门部门，聘请该领域有对应经验的专门人才和管理人才，进行分类、分行业管控和考核，做到人才选用、考核监管的精准化和专业化。四是实现人才选拔的国际化、复合化和专业化，在全球范围选择合适的管理和创新人才，让人才真正为国有企业的经营贡献最大力量。

五、完善国有企业各类风险和收益评价体系的分类管理

随着近年来我国中央国有企业间兼并重组的增多，当前留存的中央国有企业的规模加速扩大，而其内部的交易成本和制度成本也随之不断上升，经济效益和社会效益的增加日益困难。这不仅给我国中央国有企业的日常运营带来巨大阻碍，还使得作为主要监管机构的国资委在日常管理上面临更大的困难。因此，科学化管理国有企业的运营风险，将是事关我国中央国有企业未来能否更快发展的关键。从英国国有企业发展的经验教训来看，在我国国务院国资委修订印发的《中央企业负责人经营业绩考核办法》及《关于完善中央企业功能分类考核的实施方案》的基础上，要细化考核和管理的企业范围和目标。

具体而言，企业的科学化管理可体现在以下四个方面。一是制定明确的国有企业经济效益和社会效益的发展目标，明确分类现有不同行业中央国有企业的主要效益目标及其对应的可能权重，为国资委的分类考核制定明确的分类标准和考核目标。二是对不同行业的中央国企进行考核，制定具体的风险和收益评价体系，并对每个指标提供考核期或年度参考增长标准，以及不同行业的央企各指标的可参考权重。三是制订明确的民营资本参与中央国企混合所有制改革的行动

方案、分类实施步骤、行业开放的前后顺序以及可参考的持股方案，为中央国企适度的混合所有制改革指明方向和确定具体的行动步骤。四是制订明确的央企混合所有制改革的政策补贴方案，尤其是对那些参与公共服务行业及可能亏损较大的公共基础事业行业的混合所有制改革，制定明确的企业参与补贴标准或相关政策，从而鼓励更多民间资本参与基础公共事业的中央国企改革，提升中央国企的经营效益，加速其开展多元化的经营转型，让国有经济保持活力，实现又好又快地发展。

六、混合所有制改革绝不是走向大规模私有化

从英国1979年以来的国有企业私有化改革的教训来看，虽然私有化及混合所有制改革在一定程度上提高了英国国有企业的效率，但也带来了英国国内失业增加、新兴高科技企业的国际竞争力增长缓慢、大量国有资产流失等现实问题，这是英国国有经济过度私有化的现实教训。因此，我国中央国有企业的私有化一定要把握好混合所有的深"度"和广"度"，坚决避免混合所有制改革偏向英国式的全盘私有化。首先，要明确中央国有企业混合所有制改革的战略目标、行动重点、可能面临的主要问题以及混合所有制发展的广度。其次，逐步制定不同领域的中央国有企业混合所有制改革的行动步骤，确定同一中央企业内部不同级别公司以及不同领域的中央企业实施混合所有制改革的先后顺序和实施的深度。在这一过程中，应该重点对国有企业让渡不同层次的企业股权的比例、私有资本的安全出资金额、私有股权在合资企业中的权利和义务范围、衡量民营股东的绩效和贡献及如何分配的具体指标等，适当地提前进行制定。再次，明确中央国有企业的内部管理机构、权利分配机制、私有资本的效益激励制度，以及合资企业的内外专项监管机构的设置。尤其是可以在国资委框架下，适当地和国有企业对应的所属各部委组成联合监管机构，尝试在国务院统一领导下进行更为专业的分类监管。最后，建立鼓励更多社会组织、私人资本融入国有企业日常经营的管理机制和激励制度，保证国有企业混合所有制改革的持续实施和日常安全。

七、结合国家重大发展战略推进中央国企的兼并重组

从英国政府发展中央国企的经验和教训来看，针对关系国家"卡脖子"的未来新兴技术以及与国家未来发展战略相关的产业，英国政府不仅不会私有化，而且会主动实施企业的国有化战略。如针对有利于欧盟碳市场发展和英国国内环境

保护的国有金融机构——绿色投资银行，英国政府是不遗余力地提供优惠政策和国有资本，推进这类国有企业的创建形成和发展壮大。当前正值中国进入新发展时期，我国在"一带一路"沿线地区的绿色环保合作、国家"双碳经济"的发展以及长江经济带等的绿色经济发展方面，都有与绿色等新发展理念相关的政策需求。这无疑需要中央国有企业在其中发挥更大作用，相关类型大型国有企业的创建日益重要。

在航空航天、芯片制造、油气矿产等多个事关国防安全、能源安全和未来科技发展方向的重要领域，由于美国等西方国家对中国实施的技术出口管制等，也需要中央国有企业在这些领域的研发投入上发挥更大的作用。这就需要国资委利用其作为中央国有企业的独家管理机构的特殊身份，对现有央企及其核心组成部分进行重组、整合和兼并，不仅可以推进相关央企再度建立战略联盟，甚至可以在不同的中央国企内部各自抽出一部分部门或子企业，重新建立新的适合国家重大发展战略要求和新发展理念需要的新型中央国有企业。因此，当前我国中央国有企业的发展趋势绝不是简单的减少、重组、兼并和规模扩大，而是以服务国家重大发展战略需求为目标，可以重新定位中央国有企业的功能，让中央国有企业能够在新兴科技领域及国防安全领域的生产中发挥更大的作用。

八、结合行政命令和法制化监管科学管理国有企业

随着中央国企的不断兼并与重组，在央企数量大幅度减少的同时，其企业经营规模不断扩大，内部组织机构也日益复杂，上级监管机构对其内外监管的难度日益提升。尤其是随着央企的二、三级子公司的民营资本和外资资本的引入，仅仅靠国资委和中央国有企业内部的自上而下式的监管，已经难以满足企业科学监管的要求，因此，当前国有企业的监管除了传统的集中式行政监管之外，还需要更多地借鉴英国政府对国企监管的做法，向法制化与行政化相结合的综合式监管方式转变。一方面，要完善《国有企业改革法》，建立标准化的国有企业内部监管和规章制度，详细确定内部监管的内容、形式和程序以及相关责、权、利的划分，尤其是要对内部管理过程中的当事各方的免责、追责及惩戒等相关制度和规则进一步细化。另一方面，对国有企业混合所有制改革进程中各方的权、责、利和义务进行明确的规定，规范国有成分和民营成分的日常行为，保证各方都能做到有法可依、规范有序、目标可控。从而确保混合所有制改革中各方的利益分配均衡、内部经营可控，最终保证央企的经营在公开、公平、公正的市场环境下快速完善和有效发展。

参考文献

[1] Andrew Thorpe A. A history of the British Labour Party. New York：St Martin Press, 1997.

[2] Anna Geddes and Tobias Schmidt. The Role of State Investment Banks in Technological Innovation Systems: The Case of Renewable Energy and Energy Efficiency in Australia, Germany and the UK. EPG & CP Working Paper, 2016.

[3] Bortolotti B, Faccio M. Understanding Privatization Policy: Political Economy and Welfare Effects. Specific Targeted Research Project: Citizens and Governance in a Knowledge-based Society, 2007.

[4] Feigenbaum H.et al. Shrinking the State the Political Underpinnings of Privatization. Cambridge: Combridge University Press, 1998.66.

[5] Foxon T J, Gross R, Chase A, Howes J, Arnall A, Anderson D. UK innovation Systems for New and Renewable Energy Technologies: Drivers, Barriers and Systems Failures. Energy Policy 2005（33）: 2123-2137.

[6] Geddes A, Schmidt T S, Steffen B. The Multiple Roles of State Investment Banks in Low-carbon Energy Finance: An Analysis of Australia, the UK and Germany. Energy Policy, 2018(115): 158-170.

[7] Green Investment Handbook. A Guide to Assessing, Monitoring and Reporting Green Impact. UK Green Investment Bank, 2017.

[8] George Yarrow. Privatization in Theory and Practice, in George Yarrow (ed.) Privatization, Routledge London, 1996.

[9] GIB. Green Investment Bank Summary of Transactions. London, UK, 2016a.

[10] GIB. UK Green Investment Bank plc Annual Report and Accounts 2015—2016. London，UK, 2016b.

[11] Hall S, Foxon T J, Bolton R. Financing the Civic Energy Sector: How Financial Institutions Affect Ownership Models in Germany and the United Kingdom. Energy Res. Social. Sci. 2016(12): 5-15.

[12] J Dunkerley, P G Hare. Nation-alited Industries. The British Economy Since 1945, Clarendon Press, Oxford, 991. P400-401.

[13] Millward. State Enterprises in Britain in the Twentieth Century, in P.M. Toninelli (Ed.). The Rise

and Fall of State-owned Enterprise in the Western World. Cambridge: Cambridge University Press, 2000: 103-127.

[14] Nasir H M. State-owned Enterprises: A Comparison between the UK, Japan, and Malaysia. International Journal of Economics, Commerce and Management, 2017, 5(2): 114-130.

[15] N F R Crafts, N W C Woodwcard. The British Economy Since 1945. Clarendon Press, Oxford, 1991. P391.

[16] OECD. Green Investment Banks-leveraging Innovative Public Finance to Scale Up Low-carbon Investment. Policy Perspectives, 2015.

[17] OECD. OECD Guidelines on Corporate Governance of State-owned Enterprises. OECD Publishing, 2005.

[18] Peter J Curven. Public Enterprise: A Modern Approach. Great Britain, Wheatsheaf Books Ltd, 1986.

[19] Pimlott Ben. Harold Wilson. London: Harper Collins Pub, 1992. P342.

[20] Richard Pryke. The Nationalized Industries: Studies and Performance Since 1968. Martin Robertson, 1981. P238.

[21] Stephen Martin, David Parker. The Impact of Privatization：Ownership and Corporate Performance in the UK. Routledge, 1997. P2.

[22] World Bank. Bureaucrats in Business: The Economics and Politics of Government Ownership. 1995.

[23] 白金亚:《西方国家国有资产监管模式比较研究》,载《知与行》,2016（4）,45-49页。

[24] 卜永祥:《英国绿色投资银行的转型及其启示》,载《中国金融论坛工作论文》,2017(13)。

[25] 曹均伟、洪登永:《国外国有资产监督模式的比较和借鉴》,载《世界经济研究》,2007（06）,73-79+88页。

[26] 常辉:《西方主要资本主义国家国有经济的发展与变革研究》,山东大学,2010。

[27] 崔越:《论国有独资公司治理机构的组成及产生机制》,天津工业大学,2007。

[28] 邓沛琦:《中英混合所有制经济模式比较研究》,武汉大学,2015。

[29] 董楠:《国有企业负责人经济责任审计研究》,武汉大学,2017。

[30] 杜人淮:《国外国防工业军民融合发展国际化进程和举措（上）》,载《中国军转民》,2016（10）,14-19页。

[31] 冯丽珍:《哈罗德·威尔逊政府改革研究（1964—1970）》,陕西师范大学,2007。

[32] 葛承群:《中英国有化非国有化比较》,载《南开经济研究》,1998（3）。

[33] 贵琳:《英国的国有企业》,载《国际研究参考》,1997（10）,18-23页。

[34] 国家国有资产管理局:《英国国有企业股份化改造情况评价》,载《国有资产管理》,1996(3)。

[35] 郝臣:《国外国有企业董事会建设比较研究》,载《经济与管理研究》,2009(9),123-128页。

[36] 胡家勇:《国有经济规模:国际比较》,载《改革》,2001(1),115-122页。

[37] 黄速建、余菁:《国有企业的性质、目标与社会责任》,载《中国工业经济》,2006(2),68-76页。

[38] 李保民:《英国、法国国有资本营运与监管体制的考察》,载《产权导刊》,2004(6),55-60+68页。

[39] 李栋:《撒切尔主义的经济政策实践及借鉴》,载《税收经济研究》,2011(5),92-95页。

[40] 李俊江、马硕:《英国公有企业改革的绩效、问题及其对我国的启示》,载《吉林大学社会科学学报》,2002(5),46-53页。

[41] 李小虎:《卡梅伦的"大社会"思想述评》,载《世界经济与政治论坛》,2013(9),82-94页。

[42] 李永杰:《国外股份经济100年》,广州,广州出版社,1997,170-171页。

[43] 李永友,严岑:《服务业"营改增"能带动制造业升级吗?》,载《经济研究》,2018(4),18-31页。

[44] 李兆熙,谢晖译:《国有企业公司治理:对OECD成员国的调查》,北京,中国财政经济出版社,2008。

[45] 李众宜:《论布莱尔第一届政府的新混合经济政策》,山东师范大学,2007。

[46] 梁中芳:《国有化与英国经济》,载《发展》,2004(1),42-44页。

[47] 梁中芳:《英国国有化经济的绩效考察与评价》,载《集团经济研究》,2005(6)。

[48] 林心仪:《市场经济国家国有企业比较》,载《科学决策》,1999(6),39-47页。

[49] 刘成:《理想与现实——英国工党与公有制》,南京,江苏人民出版社,2003,13-15页。

[50] 刘国良:《国外政府对国有资产监管的机构设置与职责分工》,载《财政研究》,1998(10),61-63页。

[51] 刘杰:《战后英国共识政治研究》,中国社会科学院,2000。

[52] 刘茂伟:《英国绿色投资银行运作模式的借鉴及启示》,载《当代金融家》,2015(10),126-127页。

[53] 刘强:《国有独资公司董事会建设研究》,哈尔滨工业大学,2008年。

[54] 刘群:《西欧四国国有企业的管理与改革简介》,载《四川财政》,1997(3),38-39页。

[55] 刘中桥:《中西方国有企业发展比较》,北京,经济科学出版社,2000,83-84-110页。

[56] 罗红波、戎殿新：《西欧公有企业》，北京，经济日报出版社，1994。

[57] 罗志如、赖以宁：《二十世纪的英国经济——"英国病"研究》，上海，上海人民出版社，1994。

[58] 毛锐：《撒切尔政府私有化政策研究》，北京，中国社会科学出版社，2005。

[59] 毛锐：《二战后英国国有化运动述评》，载《探索与争鸣》，2007（3），58-61页。

[60] 钱霞：《国有独资公司高级管理人员的约束机制探析》，四川大学，2004。

[61] R.K. 米什勒，S. 雷维森卡，吴柏均：《英国的国有企业》，载《国有经济评论》，2013（5），9-21页。

[62] 邵宁：《大企业治理构架》，南京，江苏人民出版社，2011。

[63] 石祥君：《论撒切尔政府的国有企业改革及启示》，重庆师范大学，2014。

[64] 孙彦红：《德国与英国政策性银行的绿色金融实践比较及其启示》，载《欧洲研究》，2018（1），26-40+5-6页。

[65] 宋忠伟，王锋：《英国"大社会"政策绩效评价与启示》，载《北京航空航天大学学报（社会科学版）》，2018（9），110-115页。

[66] 唐成：《国有资本运营模式比较研究》，中共中央党校，2008。

[67] 田云华，王凌峰，冯路：《国外军工贸易发展经验及其对我国的启示》，载《国际贸易》，2019（5），69-75页。

[68] 托尼·布莱尔：《新英国：我对一个年轻国家的展望》，北京，世界知识出版社，1998，40-43页。

[69] 万瑶华：《英国资本市场自律监管经验及对我国的启示》，载《前沿》，2010（8），68-70页。

[70] 汪平：《基于价值管理的国有企业分红制度研究》，北京，经济管理出版社，2011，251-259页。

[71] 王昂华：《我国国有企业绩效审计研究》，云南大学，2015。

[72] 王洪华：《卡拉汉工党政府经济政策研究（1976—1979）》，山东师范大学，2014。

[73] 王冀宁、朱玲：《美英法德日芬的国有资产管理体制的国际比较》，载《求索》，2007（6），10-13页。

[74] 王可强：《西欧国有企业经验对我国国有企业改革的启示》，吉林大学，2005。

[75] 王小曼：《英国工党的国有化政策》，载《西欧研究（参考资料）》，1983（1），16-28页。

[76] 王勇，邓峰，金鹏剑：《混改下一步：新时代混合所有制改革的新思路》，北京，清华大学出版社，2018，73-75页。

[77] 魏磊：《英、法、西德、瑞典四国对国有企业管理的比较》，载《理论前沿》，1998（42），13-16页。

[78] 勿日汗:《20世纪英国的所有制形式的两次嬗变研究》,内蒙古师范大学,2018。

[79] 希尔德:《英国国有企业的经济和财政管理》,载英国《经济学人》,1990。

[80] 肖红军:《国有企业社会责任的发展与演进:40年回顾和深度透视》,载《经济管理》,2018(10),5-26页。

[81] 杨光斌:《英国卡梅伦政府的宏观经济政策研究》,山东师范大学,2019。

[82] 杨煌:《英国工党战后国内政策的三次调整——围绕工党国有化政策演变的考察》,载《欧洲》,1998(4)。

[83] 杨建荣:《英国国有企业审计研究》,载《审计研究》,2016(2),22-35页。

[84] 杨洁勉:《战后西欧的国有经济》,上海,上海外语教育出版社,1988,55页。

[85] 叶祥松、李建平、梁咏琴:《英国国有企业管理体制及其启示》,载《国有资产管理》,1996(8),58-61页。

[86] 张立省:《欧洲国有控股公司黄金股制度研究》,首都经济贸易大学,2012。

[87] 张敏:《论英国国有企业的经营与管理》,载《欧洲研究》,1996(5),62-71页。

[88] 张云:《论英国绿色投资银行(GIB)的发展借鉴》,载《齐齐哈尔大学学报(哲学社会科学版)》,2015(6),62-64页。

[89] 周昌林:《国有控股上市公司治理与监管法律问题研究》,中国社会科学院,2013。

附　表

2017 年英国私营企业、国有企业的行业分布（99 个行业小类）

行　　业	私营企业 公司数量（个）	私营企业 公司占比（%）	国有企业 公司数量（个）	国有企业 公司占比（%）	合　　计
01：农作物和动物生产；狩猎和相关服务活动（crop and animal production; hunting and related service activities）	139 790	100.00	0	0.00	139 790
02：林业和伐木业（forestry and logging）	4 055	99.88	5	0.12	4 060
03：渔业和水产养殖业（fishing and aquaculture）	3 945	100.00	0	0.00	3 945
05：煤炭和褐煤的开采（mining of coal and lignite）	10	100.00	0	0.00	10
06：原油和天然气的开采（extraction of crude petroleum and natural gas）	130	100.00	0	0.00	130
07：金属矿石的开采（mining of metal ores）	5	100.00	0	0.00	5
08：其他采矿和采石业（other mining and quarrying）	680	100.00	0	0.00	680
09：采矿支持服务活动（mining support service activities）	345	100.00	0	0.00	345
10：食品生产（manufacture of food products）	7 840	100.00	0	0.00	7 840
11：饮料生产（manufacture of beverages）	2 020	100.00	0	0.00	2 020
12：烟草制品制造（manufacture of tobacco products）	5	100.00	0	0.00	5
13：纺织品制造（manufacture of textiles）	4 220	100.00	0	0.00	4 220
14：服装制造（manufacture of wearing apparel）	3 850	100.00	0	0.00	3 850
15：皮革及相关产品的制造（manufacture of leather and related products）	610	100.00	0	0.00	610
16：木材及木材和软木制品的制造；家具除外；草编和编结材料制品的制造（manufacture of wood and of products of wood and cork; except furniture; manufacture of articles of straw and plaiting materials）	9 050	100.00	0	0.00	9 050
17：纸和纸制品的制造（manufacture of paper and paper products）	1 435	100.00	0	0.00	1 435

续表

行　业	私营企业 公司数量（个）	私营企业 公司占比（%）	国有企业 公司数量（个）	国有企业 公司占比（%）	合　计
18：记录媒体的印刷和复制（printing and reproduction of recorded media）	12 000	100.00	0	0.00	12 000
19：焦炭和石油炼制产品的生产（manufacture of coke and refined petroleum products）	105	100.00	0	0.00	105
20：化学品和化学产品的生产（manufacture of chemicals and chemical products）	2 805	100.00	0	0.00	2 805
21：基本医药产品和医药制剂的制造（manufacture of basic pharmaceutical products and pharmaceutical preparations）	615	100.00	0	0.00	615
22：橡胶和塑料制品制造（manufacture of rubber and plastic products）	5 755	100.00	0	0.00	5 755
23：其他非金属矿物制品制造业（manufacture of other non-metallic mineral products）	3 670	100.00	0	0.00	3 670
24：基本金属的制造（manufacture of basic metals）	1 970	100.00	0	0.00	1 970
25：金属制成品制造（机械和设备除外）（manufacture of fabricated metal products; except machinery and equipment）	27 015	100.00	0	0.00	27 015
26：计算机、电子和光学产品的制造（manufacture of computer; electronic and optical products）	6 065	100.00	0	0.00	6 065
27：电气设备制造（manufacture of electrical equipment）	3 055	100.00	0	0.00	3 055
28：机械和设备制造（manufacture of machinery and equipment n.e.c.）	7 690	100.00	0	0.00	7 690
29：机动车制造；拖车和半拖车（manufacture of motor vehicles; trailers and semi-trailers）	3 265	100.00	0	0.00	3 265
30：其他运输设备的制造（manufacture of other transport equipment）	2 310	100.00	0	0.00	2 310
31：家具制造（manufacture of furniture）	6 225	100.00	0	0.00	6 225
32：其他制造业（other manufacturing）	9 480	100.00	0	0.00	9 480
33：机械和设备的修理和安装（repair and installation of machinery and equipment）	14 195	100.00	0	0.00	14 195

续表

行　业	私营企业 公司数量（个）	私营企业 公司占比（%）	国有企业 公司数量（个）	国有企业 公司占比（%）	合　计
35：电力；燃气；蒸汽和空调供应（electricity; gas; steam and air conditioning supply）	5 000	99.90	5	0.10	5 005
36：水的收集；处理和供应（water collection; treatment and supply）	105	100.00	0	0.00	105
37：污水处理（sewerage）	935	94.92	50	5.08	985
38：废物收集；处理和处置活动；材料回收（waste collection; treatment and disposal activities; materials recovery）	5 430	99.82	10	0.18	5 440
39：补救活动和其他废物管理服务（remediation activities and other waste management services）	920	100.00	0	0.00	920
41：建筑物的建造（construction of buildings）	91 960	100.00	0	0.00	91 960
42：土木工程（civil engineering）	24 615	99.98	5	0.02	24 620
43：专业建筑活动（specialised construction activities）	203 270	100.00	10	0.00	203 280
45：批发和零售贸易以及机动车和摩托车的修理（wholesale and retail trade and repair of motor vehicles and motorcycles）	75 075	100.00	0	0.00	75 075
46：批发贸易；不包括机动车和摩托车（wholesale trade; except of motor vehicles and motorcycles）	103 410	100.00	5	0.00	103 415
47：零售贸易；但不包括机动车和摩托车（retail trade; except of motor vehicles and motorcycles）	196 800	100.00	0	0.00	196 800
49：陆路运输和管道运输（land transport and transport via pipelines）	67 260	99.96	30	0.04	67 290
50：水上运输（water transport）	1 395	99.64	5	0.36	1 400
51：航空运输（air transport）	760	100.00	0	0.00	760
52：仓储和运输的支持活动（warehousing and support activities for transportation）	19 965	99.73	55	0.27	20 020
53：邮政和信使活动（postal and courier activities）	19 815	100.00	0	0.00	19 815
55：住宿（accommodation）	16 920	100.00	0	0.00	16 920
56：食品和饮料服务活动（food and beverage service activities）	133 365	99.9	10	0.01	133 375

续表

行　业	私营企业 公司数量（个）	私营企业 公司占比（%）	国有企业 公司数量（个）	国有企业 公司占比（%）	合　计
58：出版活动（publishing activities）	11 680	100.00	0	0.00	11 680
59：电影、录像和电视节目制作；录音和音乐出版活动（motion picture; video and television programme production; sound recording and music publishing activities）	26 300	99.98	5	0.02	26 305
60：编程和广播活动（programming and broadcasting activities）	2 000	99.75	5	0.25	2 005
61：电信（telecommunications）	8 430	100.00	0	0.00	8 430
62：计算机编程；咨询及相关活动（computer programming; consultancy and related activities）	160 765	100.00	0	0.00	160 765
63：信息服务活动（information service activities）	7 835	100.00	0	0.00	7 835
64：金融服务活动（保险和养老金资助除外）（financial service activities; except insurance and pension funding）	15 570	99.87	20	0.13	15 590
65：保险；再保险和养老金筹资；强制社会保险除外（insurance; reinsurance and pension funding; except compulsory social security）	6 795	100.00	0	0.00	6 795
66：金融服务和保险活动的辅助性活动（activities auxiliary to financial services and insurance activities）	33 320	99.96	15	0.04	33 335
68：房地产活动（real estate activities）	93 120	99.94	60	0.06	93 180
69：法律和会计活动（legal and accounting activities）	76 680	99.99	5	0.01	76 685
70：总公司的活动；管理咨询活动（activities of head offices; management consultancy activities）	185 020	99.99	10	0.01	185 030
71：建筑和工程活动；技术测试和分析（architectural and engineering activities; technical testing and analysis）	102 180	99.99	10	0.01	102 190
72：科学研究和开发（scientific research and development）	5 405	99.54	25	0.46	5 430
73：广告和市场研究（advertising and market research）	23 215	99.98	5	0.02	23 220
74：其他专业、科学和技术活动（other professional; scientific and technical activities）	82 440	99.99	5	0.01	82 445

续表

行　　业	私营企业 公司数量（个）	私营企业 公司占比（%）	国有企业 公司数量（个）	国有企业 公司占比（%）	合　　计
75：兽医活动（veterinary activities）	3 825	100.00	0	0.00	3 825
77：出租和租赁活动（rental and leasing activities）	17 415	100.00	0	0.00	17 415
78：就业活动（employment activities）	27 880	100.00	0	0.00	27 880
79：旅行社；旅游经营者和其他预订服务及相关活动（travel agency; tour operator and other reservation service and related activities）	8 140	99.88	10	0.12	8 150
80：保安和调查活动（security and investigation activities）	8 690	100.00	0	0.00	8 690
81：为建筑和景观活动提供服务（services to buildings and landscape activities）	41 025	99.98	10	0.02	41 035
82：办公室行政；办公室支持和其他商业支持活动（office administrative; office support and other business support activities）	124 995	99.99	15	0.01	125 010
84：公共行政管理与国防；强制性社会保障（public administration and defence; compulsory social security）	15	0.21	7 135	99.79	7 150
85：教育（education）	43 970	91.04	4 330	8.96	48 300
86：人类健康活动（human health activities）	66 055	99.41	390	0.59	66 445
87：住宅护理活动（residential care activities）	11 985	99.96	5	0.04	11 990
88：无住宿的社会工作活动（social work activities without accommodation）	41 580	99.78	90	0.22	41 670
90：创意、艺术和娱乐活动（creative; arts and entertainment activities）	29 680	99.98	5	0.02	29 685
91：图书馆；档案馆；博物馆和其他文化活动（libraries; archives; museums and other cultural activities）	1 735	96.66	60	3.34	1 795
92：赌博和投注活动（gambling and betting activities）	1 160	100.00	0	0.00	1 160
93：体育活动和娱乐及休闲活动（sports activities and amusement and recreation activities）	30 535	99.82	55	0.18	30 590
94：会员组织的活动（activities of membership organizations）	21 645	99.79	45	0.21	21 690
95：电脑和个人及家庭用品的维修（repair of computers and personal and household goods）	8 825	100.00	0	0.00	8 825

续表

行　业	私营企业 公司数量（个）	私营企业 公司占比（%）	国有企业 公司数量（个）	国有企业 公司占比（%）	合　计
96：其他个人服务活动（other personal service activities）	75 160	99.97	20	0.03	75 180
97：家庭作为家庭人员雇主的活动（activities of households as employers of domestic personnel）	0	0	0	0	0
98：私人家庭自用的无差别的商品和服务生产活动（undifferentiated goods- and services-producing activities of private households for own use）	0	0	0	0	0
99：域外组织和机构的活动（activities of extraterritorial organizations and bodies）	0	0.00	5	100.00	5
合计	2 656 280	99.53	12 530	0.47	2 668 810

数据来源：英国国家统计局网站：https://www.ons.gov.uk/

注：这里的序号为行业编码，缺项表明未使用该数字作为编码，所以只有88个行业小类。

法国国有经济研究

杨成玉[1]

---

[1] 杨成玉,经济学博士,中国社会科学院文化发展促进中心副研究员,主要研究领域为欧洲经济、中欧经贸关系、法国研究。法国国有经济研究部分主笔人。

第一章
法国国有经济现状

法国是资本主义大国，在西方各国中是经济国有化成分较高的国家。自 20 世纪 30 年代以来，法国经历了三次国有化浪潮，国有企业数量有所增加，覆盖了交通、通信、能源、钢铁、银行和保险等多个对法国经济有战略意义的部门。国有经济在法国国民经济中发挥着不可或缺的重要作用。在很长一段历史时期里，法国的工业化落后于英国和德国，法国一直在追赶。但是，第二次世界大战结束后，法国的工业化突然有了长足的进步。从 20 世纪 60 年代中期到 80 年代初期，法国的工业制造业附加值曾多年保持世界第一，最高时是将近美国的 2 倍。与此同时，法国建立起了一套较为独立的工业体系，如航空航天、通信技术、军事与民用核能、高速铁路等。而在这背后是法国国有企业的崛起。法国国企曾经是法国经济的脊梁，它支撑起了二战后法国经济的恢复与发展。法国的国企来源不同，有一些是历史遗留，但更多的是由政府创建。法国的国企曾是技术突破的工具，也是宏观经济调节的阀门，更是公益服务的提供者。法国国企也曾给中国的国企改革提供了许多启示。但是，法国政治的变幻深深地影响了法国国企的命运，而法国国企的衰落也导致了法国经济的停滞不前。分析法国国企的变迁可以更好地梳理一些经济发展中的重要理念，防止落入思维定式的窠臼。

第一节　国有经济的规模

国有经济是法国宏观经济的重要组成部分，主要分布在交通基础设施、能源、制造业、公共服务、金融服务等领域。法国的国有经济体量占经济总量的比重也是发达国家中最大的。国有企业是法国政府经营国有经济的重要抓手。法国政府通过成立国家参股局（APE），充分发挥"国家股东"战略，兼具"解放经济、保护法国、投资未来"的发展使命，以持有企业股权的形式对国有企业进行投资参股（或控股）。截至目前，APE已成为全球最大的公共股权管理机构之一，涉及法国的能源、交通运输、服务业以及工业等公共领域。APE管理的企业是目前法国最具代表性和最有全球竞争力的国有企业。

法国经济治理具有"大政府"的传统理念，中央政府严格掌握着"财权"，并由经济与财政部负责所有宏观经济规划、财政收支、产业战略、货币政策等经济政策的制定和管理工作。地方政府财权则有限，仅负责城市建设的管理工作，并无更多的资源用于经营企业，因此在法国并无地方政府经营的国有企业之说。也就是说，法国国有企业都是中央企业。事实上，地方基础设施等公共领域也是由民营资本或APE参股的国有企业负责的。因此，APE所管理的股权项下的国有企业具有法国国有企业的普遍性。考虑到数据来源的一致性和可靠性，在测算法国国有企业规模、布局等现状方面，选取法国国家参股局参股或控股的国有企业作为分析样本。

法国国家参股局每年发布《国家股东年报》和《财务年报》。《国家股东年报》的主要功能，一是分析国家控制的重要实体的经济状况，二是介绍这些实体的合并账目并准确显示其财务状况，三是追踪汇报国有企业转移交易、政府收到的分红及其用途，四是总结国家股东的角色，并提供有关上市公司的商业和工业战略及就业政策的信息。《财务年报》则汇总国家参股局资产负债表以及资产组合配置、盈利及分红等财务状况。

《国家股东年报2020》显示，截至2019年年底，法国政府参股或控股了85家国有企业，国有企业的总资产规模达9 382.54亿欧元，占当年法国国内生产总值（GDP）的38.68%。其中，法国政府参股的规模为1 222.28亿欧元，占国有企业总规模的13.02%（即法国政府仅持有13.02%的国有企业股权），占GDP的5.03%。

如图1-1所示，2004年国家参股局成立之初，法国政府对国有企业的参股规模仅为440.1亿欧元，是法国国有经济历史最低时期。2004—2009年，法国政府结合"国家股东战略"扩大了参股规模，政府通过增资、重组等方式加强了对法国公共事业企业的控制。法国政府参股规模在2010年达到了历史峰值，超过了1 000亿欧元，占GDP的比重达到5.15%。国际金融危机和欧债危机后，法国政府参股规模保持稳定，2017年的参股规模依然维持在1 000亿欧元以上，但占GDP的比重则下降至4.46%。截至2019年年底，法国政府参股总规模为

1 222.28 亿欧元，占 GDP 的比重上升至 5.03%。

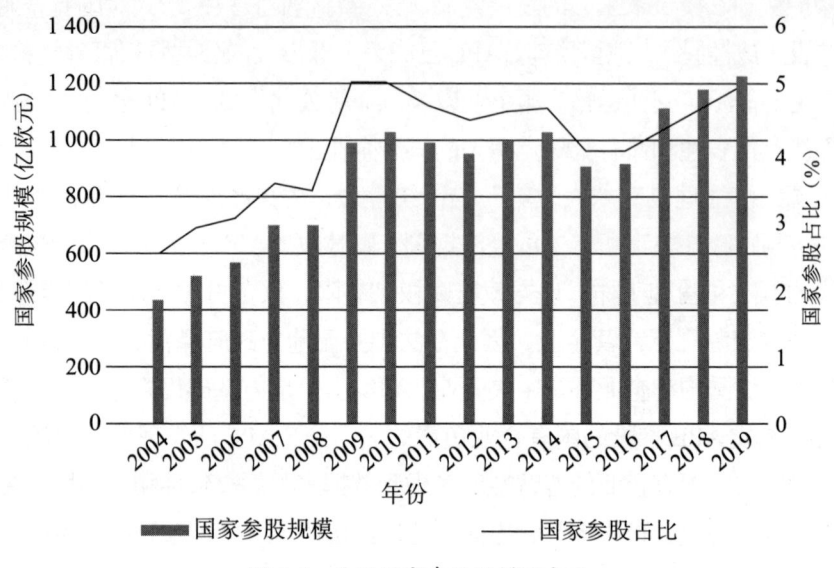

图 1-1 法国国家参股规模及占比

资料来源：国家参股规模是作者根据对历年《国家股东报告》整理得到；法国 GDP 数据来源于法国国家统计与经济研究所（Institut National de la Statistique et des études économiques，简称 INSEE）。

近 20 年来，法国国有企业规模呈稳中有升的增长态势，由 2004 年的 5 293.31 亿欧元发展至 2019 年的 9 382.54 亿欧元，占 GDP 的比重由 31.06% 上升至 38.68%。法国政府持有国有企业股权呈上升态势，由 2004 年的 440.1 亿欧元上升至 2019 年的 1 222.28 亿欧元，占 GDP 的比重由 2.58% 上升至 5.03%。2020 年新冠肺炎疫情在欧洲暴发期间，法国政府还主动提高了对国有企业的持股比例方案，防止因经济衰退、竞争力下降导致潜在恶性收购。

第二节 国有经济的布局

2019 年，法国国家参股局的资产组合中包括 85 个实体企业。这 85 个实体企业为法国最重要的国有企业实体，分布于国计民生的重要公共领域。国家参股局通常按照行业属性将这 85 家参股（或控股）企业分为交通运输、能源、服务业与金融、工业四大领域，并设置相对应的参股部门进行分类管理，分别为交通运输参股部（Direction de Participations Transports）、能源参股部（Direction de

Participations Énergie）、服务业与金融参股部（Direction de Participations Services & Finance）和工业参股部（Direction de Participations Industries），如表 1-1 所示。

表 1-1 法国国有经济的行业分布

行　　业	代表性企业
交通运输	法国航空（Air France KLM）、巴黎机场集团（Groupe ADP）、法国国家铁路公司（SNCF）、巴黎地铁（RATP）、勒阿弗尔港、马赛港、敦刻尔克港、白峰隧道和高速公路控股（Société Autoroutes et tunnel du Mont-Blanc）、弗雷瑞斯公路隧道控股（Société française du tunnel routier du Fréjus）
能源	法国电力公司（EDF）、法国输电网公司（RTE）、法国电网公司（Enedis）、欧安诺集团（Orano）、阿海珐（AREVA）、恩基公司（ENGIE）、Eramet 有色矿业、法马通（Framatome）
服务业与金融	法国主权基金（Bpifrance）、法国邮政、法国电信（Orange）、法国博彩公司（FDJ）、德克夏银行（Dexia）、法国地方开发银行（SFIL）、法国电视台、法国广播（Radio France）、法国广电公司、法国世界传媒（France Médias Monde）、塞马利市场管理公司（SEMMARIS）、国家印刷厂（IN Groupe）
工业	大西洋造船厂（Chantiers de l'Atlantique）、法国地面武器工业集团（GIAT Industries）、KMW+Nexter 防御系统公司（KNDS）、海军集团（Naval Group）、雷诺汽车（Renault）、赛峰集团（Safran）、泰勒斯公司（Thales）

资料来源：《法国国家股东报告》（Rapport de l'État Actionnaire），https://www.economie.gouv.fr/files/files/directions_services/agence-participations-etat/Documents/Rapports-de-l-Etat-actionnaire/2020/Rapport_Etat_Act-ionnaire_2020

法国国家统计与经济研究所（INSEE）按照企业经营属性将这 85 家参股企业分为上市公司、非上市公司以及具有工商属性的公共事业机构三个类别：①上市公司，代表性企业包括阿海珐、法国电力、巴黎机场、法国燃气等；②非上市公司，代表性企业包括法国邮政、邮储银行、法国博彩公司等；③具有工商属性的公共事业机构，代表性企业包括法国广电公司、法国广播、法国国家铁路公司、巴黎地铁、巴黎剧院、公共投资银行、法国教育联盟等。

在国有企业经营管理方面，得益于鼓励企业实行市场化经营机制，2019 年，国有企业实现营业收入超过 1 387 亿欧元，税前利润 293 亿欧元，国家共得到 23 亿欧元投资分红（即股票股息）。此外，国家还在参股和转让委员会授权下通过处置国有资产部分股权获取资金。2019 年 6 月至 2020 年 6 月，国家参股局共进行了 30.54 亿欧元的股权转让，涉及 2019 年 7 月 9 450 万欧元的法国电力股权回购、2019 年 11—12 月法国彩票公司股权受让等业务。

在 85 家国有企业中，有 12 家为上市公司。截至 2019 年 12 月 31 日，国家参股局持有的 12 家上市公司的股权价值为 774.93 亿欧元。其中，能源行业规模最大，在法国电力资本重组后，能源行业持股市值接近 50%，但与以前相比略有降低（2014 年，能源部门的占比为 72.06%）。得益于能源和采矿业股票的良好表现，国家参股局上市公司股权组合年盈利率为 16.8%，是法国 CAC40 指数的 4 倍（指数年均盈利率为 4.0%）。在航空航天和国防领域，空客、赛峰和泰雷兹的股票在过去的 6 年中持续增长。2019 年，尽管法航经营和财务业绩与指标稳健，但一年内估值下跌了 44.1%。此外，因劳资纠纷导致持续罢工的负面影响产生治理困境，拖累了投资组合的表现。法国国家参股局采取阿海珐重组、巴黎机场资产减持等一系列联合措施，不断对投资组合进行动态调整优化，从而实现了国有资产的保值增值。

第三节　国有经济的特点

法国以国有企业作为发展国有经济的"抓手"，参与市场经济和国际竞争浪潮中，国有企业被视为法国国有经济的集中体现。经历二战后数十年的发展演进，法国国有经济主要有以下几个主要特点。

一、规模化和多样化发展

2019 年，法国国有企业规模高达 9 382.54 亿欧元，在欧盟国家中规模最大。根据经合组织（OECD）统计，法国国有企业创造的就业人数、附加值和固定资本形成总额均位居全球第 3 位。国有企业在法国交通运输、能源、服务业与金融、工业领域占据主导地位。按营业额计算，法国居前三位的企业集团以及交通运输、能源、金融、制造企业均为国有企业。

二、组织和监管结构严密

法国的国有企业按照不同的形式进行组织，大多数公共服务企业和其他垄断企业都属于国有企业，预算受到政府管控。法国政府设立国家参股局专门行使"国家股东"的使命和责任，并专设参股与转让委员会行使国家股权变动的决策。同时，财政监察、国家稽查、审计法院、反腐署等政府部门各司其职，形成系统性的监管体制。

三、克服了公共利益长期目标和代理人不一致的矛盾

在法国行政体系中，国有企业常任职员属于公务员。该制度安排能够部分解决法国国有企业主和代理人之间的关系问题。国有企业使公共行政部门能够自由追求公共利益的长期目标，而不必担心选举等政治不确定性所带来的影响。法国精英阶层接受相同的职业培训，使得代理人（经理）与企业主（政府）对企业发展的长期判断相一致，克服了信息的不对称性。同时，法国的企业管理人员身处市场经济中，其薪酬完全基于市场化原则确定。

四、经营效率和社会责任显著

评估国有企业的绩效可参考四个指标，即技术效率、成本和价格、财务绩效、动态效率。结果表明，法国国有化通常与技术效率的提高相关，而私有化在任何方面都没有产生重大变化。在公共服务的成本和价格方面，法国电信部门在运营成本和质量方面的效率似乎并不低于其他欧洲国家。在网络数字化方面，法国更是位居经合组织（OECD）国家的第3位。法国的平均电价低于欧盟其他地区电价的平均水平。法国国家铁路公司（SNCF）是经合组织国家最成功的铁路公司之一。

五、研发投入和国际化程度较高

法国国有企业的研发支持长期位于行业内领先水平，阿尔斯通等工业企业科技水平达到了世界级，被誉为法国的"工业之花"。法国国有企业拥有专利数量超过其他工业化国家的平均水平。法国研发支出最多的7家企业中有6家是国有企业。截至目前，法国具有较强国际竞争力的跨国企业均为国有企业，法国航空、雷诺汽车、法国电力、泰勒斯等企业的海外营业收入甚至占到其总营业收入的七成。

第四节　国有经济的地位

法国国有企业的地位特殊且重要，尤其是法国的国有企业大部分属于高资本密集型企业。由于具有提供公共服务的职能，国有企业会与从事同样经营活动的私营公司做出不同的战略选择，有时不得不从事无利可图的业务（例如，某些铁

路线路等），制定的价格低于成本，以实现国家特定的社会政策。法国国有企业保障了全国 12% 的非农业人口的就业，实现了近 1/3 的总投资规模。国有企业经营活动普遍针对国家经济战略部门开展，即能源生产、运输和电信等基础设施部门。相对于其他的西方工业化国家，法国政府国有化的比重更大。政府不仅控制能源和交通行业，还控制信贷发放和主要工业领域，尤其是基础性工业领域。这一点与其他的工业化国家形成鲜明对比，如英国、德国、意大利和日本的政策正朝着相反的方向进行。

一、国有经济的理论逻辑

第二次世界大战后，戴高乐组建战后临时政府，当时法国经济正处于风雨飘摇之中。受到国内劳动力、燃料和原材料匮乏等因素影响，当时法国工业生产水平仅略高于战前水平的 1/3。农民自给、交通瘫痪等因素使得城市食品供应严重不足，外汇、船只和港口缺乏导致无法依靠进口来缓解压力。物资短缺、市场隔阂以及物价管控不力导致法国年均通货膨胀率高达约 30%。在此情形下，改善民众生存条件、重建基础设施、推进经济现代化改革等经济任务显得极为迫切但又困难重重。在此背景下，在法国中央集权传统思想的影响下，"国家力量"成为推动法国经济建设的主要动力，法国国家干预经济模式初步建立起来。

从理论层面出发，法国国家干预经济模式主要借鉴了凯恩斯学派理论、皮埃尔·马赛（Pierre Massé）的二元调节理论、雷蒙·库尔比（Courbis Raymond）的受竞争理论以及阿瑟·林德贝克（Assar Lindbeck）的瑞典学派理论等思想，并结合法国实际情况进行了一定的改良。

凯恩斯学派理论为战后西方资本主义国家经济治理提供了重要参考。凯恩斯学派认为市场机制是不完善的，"看不见的手"导致了"协调失败"，必须由国家对经济进行干预。国家应制定调控政策对经济活动进行宏观干预，调控政策的核心观点是反对自由放任，主张国家干预。在具体措施上，凯恩斯学派提出宏观经济具有周期性，经济发展存在"繁荣、恐慌、萧条、复苏"四个循环阶段，政府应该积极运用需求管理政策，实现宏观经济稳定。国家计划中可以运用逆周期的财政政策来对冲经济波动。具体来说，在经济萧条时期，要通过降低税率、增加政府开支实行赤字预算、增发公共债务、增加货币供应量、降低利率等来刺激投资和消费；而在经济景气时期，则应通过提高税率、控制政府开支、控制货币供应量增长、提高利率等来遏制投资和消费。凯恩斯主义迅速赢得了资本主义国家的青睐，也成为法国国家干预经济模式的理论基础，有指导性地干预经济使法国国有经济规模迅速增长。

在发展国有经济方面，法国吸取了瑞典学派的理论精髓。阿瑟·林德贝克所提出的混合经济理论是瑞典学派的代表性理论，该理论的核心观点是实行"部分国有化"（即在各个不同决策单位之间保持竞争与垄断同时并存的关系）。该理论认为，政府应在保持权力分散化和集中化两者平衡的决策结构基础上，保持市场调节与中央计划结合的资源配置机制。经济结构方面坚持实行部分国有化，强调经济刺激与行政命令相结合的激励机制。该理论为戴高乐政府在一些关乎国计民生的工业、能源、运输、金融等领域实行国有化改革提供了理论层面的支持。

随着国有经济的深入发展，皮埃尔·马赛在20世纪60年代担任法国国家计划委员会（Le Commissariat Général du Plan）主席期间提出了计划和市场二元调节理论。该理论系统地解释了法国中长期经济规划（也称为"指示性计划"）与市场经济的关系，并分析了法国介于"中央集权制的硬性计划与资本主义完全市场调节之间中间道路"的合理性。该理论在边际学派"理性人"的基础上进行了扩展，认为"理性人"主要根据市场价格波动传递信息，以追求自身利益最大化为目标进行短期性经济决策，并从宏观层面构建了经济短期性自我调节的主要逻辑。但同时，"理性人"还存在可计划的一面。可计划的一面来自对未来市场的不确定以及信息的不对称，因此国家应该制定中长期经济规划以消除各个经济部门发展目标的不一致，从而使资源配置更有效率，实现全国范围内的协调。在法国寻求的中间道路合理性方面，该理论认为中长期经济规划只是在权利和市场限制之外寻求一种经济发展的公共设想，使经济发展目标具有普适性和预期性，强调了经济活动者既关注自身利益又遵守公共利益的概念。与当时其他国家的"硬性计划"相比，法国的"指导性计划"在实现宏观指引的同时也给予了经济活动者很大的自主权利。

该理论对法国经济具有较为深远的影响。在该理论的影响下，法国的中长期经济规划仅限于做出预测，对于经济主体来说，即使最后"指导性计划"没有实现也并不会导致任何后果。法国的"指导性计划"只是政府将传统的激励政策按照实际情况进行了调整，如减免税收、财政贴息、政府采购、津贴、补助金等，即希望最终在国家、雇主和员工之间建立一种新型经济关系，它与市场经济毫无冲突。在"指导性计划"的配合下，法国国家干预经济模式除了国家在预算选择、经济政策方向、产业政策目标以及对国有企业下达的指令中对自身有所限制外，再无其他限制。

针对政府应该在哪些领域进行"指导性计划"、将哪些领域交给自由市场的问题，雷蒙·库尔比的受竞争理论给出了答案。该理论将法国的经济部门分为两个部分。一是需要保护以避免受到国外竞争的部门（受保护部门），主要包括当时法国较为脆弱的农业、服务业、建筑业、公共工程等。这些受保护部门由于缺乏国际竞争力、有效需求不足，因此需要实行扩大有效需求的凯恩斯主义需求管理措施。二是参与国际竞争的部门，主要为工业。工业部门身处国际市场并参与激烈的国际竞争，产品价格受到国外竞争者的约束，因此参与竞争工业部门的利润和自有资金的投资是有限的。该理论不赞同对参与竞争部门采取凯恩斯主义扩大有效需求的经济政策，否则会导致对外贸易的失衡。应该在一定程度上接受萨伊法则（Loi de Say, encore appelée loi des débouchés），采取在扩大参与竞争工业总供给的同时控制国内需求的政策。政府通过降低税收、提供长期贷款以降低企业成本等干预措施，提升了受竞争工业生产率，创造了超额利润。国家干预推动了国有化改革，法国政府通过降低税收、提供长期贷款以降低企业成本等干预措施，提高了参与竞争部门的工业生产率。在"指导性计划"下，政府集中国家生产资料，集约投资于参与竞争的工业，培育出如航天航空、核能、交通运输、军工、石油石化等战略新兴产业。这些产业都自成体系，是国民经济的支柱产业，具有极强的国际竞争力。值得一提的是，在参与竞争工业部门中实行以降低成本和提升竞争力为目标的国家干预产业政策，使法国工业在快速积累资本的同时实现了技术革新。

综上所述，突破经典经济理论架构，法国国家干预经济模式存在两个典型特征。一方面，法国国家干预经济模式围绕计划与市场两种机制，对经济进行二元调节。在保留"理性人"追求市场竞争以实现自身利益最大化的同时，重视可计划的另一面，通过宏观中长期经济规划的制定来指导社会均衡发展。另一方面，法国国家干预经济模式对不同经济部门分而治之，对受保护部门实行凯恩斯主义扩大有效需求的干预政策，而对参与国际竞争部门实行扩大总供给的干预政策。

法国国家干预经济模式使国有经济逐渐做大做强，催生出了大量的国有企业，且归于政府实际控制与经营。国有企业满足服从指令和市场竞争双重职能，保障中长期经济规划的顺利实施，成为法国国家干预经济模式下最为重要的"抓手"。国有企业大规模的设立基本围绕以下目标展开：①进入国际市场，突破国际市场的门槛，如道达尔、埃尔夫；②技术突破的工具，如法国宇航、法马通、法国电信；③实现产业政策的工具，如法国电力、法国电信、法国天然气、汤姆逊；④保障就业的工具；⑤保证自然垄断领域的公平，确保政府有效掌握生产要素；⑥保证公益服务的可获得性，如国家铁路、公共交通、法航、城市水务公司、管理公司；⑦开发与承担领先全球的工业技术，如高铁、航天航空、民用核能、电信领域的先进技术。鉴于此，法国国有经济实际上是在法国国家干预经济模式下围绕国有企业所确立的。时至今日，国有企业依然是法国国有经济的载体，覆盖电力、交通、能源、工业等国计民生重要领域，承担着主权国家经济发展的重要使命。在法国这种中央集权传统思想较为浓厚的国家，国有企业的社会地位高、经济影响大、与政府之间关联紧密，持续发挥着国有经济的影响力和竞争力。与此同时，从研究本身出发，以国有企业为依托的研究相对较为"务实"，在研究样本、资料来源、典型案例及相关数据的整理和搜集方面相对全面和系统，因此这里将以国有企业作为研究法国国有经济的突破口。

二、法国对国有企业的定义

国有企业（英语：state-owned enterprises，简称 SOEs；法语：entreprises d'état 或 entreprises publiques）通常指由政府投资或参与控制的企业，是任何被国家法律承认为企业且由国家行使所有权的公司实体，包括股份公司、有限责任公司和股份有限公司等。此外，通过国家特别立法成立的法人机构，如其目标和活动（或部分活动）具有经济属性，也被视为国有企业。国有企业是世界大部分经济体的重要组成部分之一，甚至在许多发达经济体中所占比例较大。从产业领域划分来看，国有企业在交通基础设施、能源、公共服务、金融服务等领域最为普遍，其中在交通基础设施和能源领域的比重最大。OECD 数据显示，全球以交通和能源为主营业务的国有企业资产规模占所有国有企业的 40%，并创造了 43% 的就业岗位。当前国有企业依然是全球经济增长的强劲动力之一。例如，逐步失去政府控制和持股的金融机构在金融危机中同样是危机重重，而政府仍然持股或控股的企业，由于拥有技术优势或产品优势，在金融危机中同样获得了高额利润，在国际金融危机中发挥了"稳定剂"作用。2020 年新冠肺炎疫情暴发，法国、德国等欧洲国家政府主动提高了其对国有企业的持股比例，防止因经济衰退、竞争力下降导致的潜在恶性收购。但同时，也有声音认为，国有企业效率问题普遍存在，特别是在法国，国家通过对大企业直接或间接的控制，在经济中拥有绝对影响力，对市场自由和技术创新形成了一定阻碍。

在法国国有企业发展道路和改革方向的选择方面，公有制与私有制之争长期为学界关注探索的焦点。Gathon 和 Pestieau（1996）发现，对法国国有企业改革采取鼓励竞争和放松管制的方式比调整所有权模式具有更大绩效溢出效应，因此相对于所有权之争，对国有企业改革的重点应聚焦于鼓励其公平竞争和放松行政管制。Dewenter 和 Malatesta（2001）从实证分析层面给出了证据，其研究提供了关于法国国有企业和私有企业的相对盈利能力、杠杆率和劳动强度的实证证据。对大型企业样本进行横断面分析表明，国有企业的盈利能力明显低于私营企业。国有企业杠杆率和劳动密集程度偏高。但该研究未发现私有化提高盈利能力的证据。证据表明，政府在出售之前至少对一些企业进行了有效的重组，但实际的所有权变更并未导致其后的效率进一步提高。国内学者通过不同角度分析了法国国有企业改革的特点，刘迅和李东升（2011）从高管激励经验的角度、邱伟年等（2011）从法美改革国际比较的角度、李青（2014）从利润上缴制度的角度、许宁舒（2016）从审计监督的角度，分别分析了法国国有企业改革的积极效应。姜影（2014）深入分析了法国国有企业管理体制改革的历程及成效，将法国国有企业管理体制归纳为"行政管理""合同化管理"和"国家股东管理"三个阶段，并认为法国国有企业管理体制改革在实现国有资本保值增值、维护社会公共利益、优化国有资本投资、实现国家经济结构战略性调整中成功地发挥了积极的作用。

与此同时，部分学者基于所有权视角的研究支持私有化改革是"有效的"。Megginson 等（1994）通过比较研究的方式，分析了 18 个国家 32 个行业的 61 家国有企业私有化前后的财务和经营业绩，这些企业在 1961 年至 1990 年期间通过公开发行股票进行全面或部分私有化。对于法国企业而言，在私有化之后，公司的实际销售额、资本投资支出显著增长，运营效率和劳动效率得到提高，此外，私有化后这些公司大幅降低了债务水平并增加了派息。Megginson 和 Netter（2001）对国有企业私有化的文献进行了回顾，包括国有和私有企业相对表现的理论和实证证据、私有化的类型、国有企业在非转型国家和转型国家的表现、私有化投资者的表现，以及私有化对资本市场发展和公司治理的影响。结果发现，在大多数情况下，法国国有企业私有化改革促使企业变得更有效率、财务更健康，投资者得到更多分红和激励。Mrad 和 Hallara（2014）使用法国私有化企业样本，从理论上分析了私有化背景下董事会治理机制的构建和作用，并证实了董事会机制的规模、组成和结构与私有化后的绩效和价值创造之间的协同关系。

综上所述，长期以来，法国国有企业的经济活动干预对市场形成了一种强制控制机制，在越复杂的强制控制机制中，未被干预的部分市场往往显得更有效率。必须指出的是，私有化改革确实能为企业在运营效率、财务状况、投资绩效等诸多方面带来显著提升，但同时并不意味着政府不应该进行干预。相反地，政府更应该从保证市场机制正常运行的角度进行"干预"，以保证生产要素自由流动和市场公平竞争。

三、国有企业在基础部门中占绝对优势地位

法国国有企业在电力、煤炭、交通运输等基础部门中占据绝对地位，其地位可分为三类。①垄断地位，包括煤炭、电力和天然气的生产和分配，以及电信业的基础设施建设。国有企业在这些部门的增加值总额占相关部门增加值总额的90%以上，投资占比达到95%以上。②重要但非垄断地位，包括航空建设、军备制造、运输和房地产建筑。国有企业占各部门产出的近一半，并实现了更高的投资比例。在运输部门，国有企业实现的增值占比为46%，投资占比接近65%。③次要地位，包括石油部门、汽车制造、化工和服务行业。国有企业增加值总额占比为10%~20%。国有企业的投资份额大于其增值贡献，如在化工行业，国有公司的增值总额占比为11%，但投资占比达到了40%以上。表1-2总结了法国国有企业的产品与服务地位，说明了国有企业在竞争性行业中的确切地位。

表1-2 国有企业在各行业中的地位

国有企业产出占总产出的比例（%）	地位情况	相关行业
>80	垄断	煤、褐煤和压缩木料、分布式天然气、电力、天然气、电信
40~80	极其重要	焦化产品、机电自给设备、航空建造、军械和弹药、各种矿业、海陆空运输
20~40	重要	原油、汽车、无机化学、卫生服务
5~20	次要	家用电器、有机化工、公共建筑、运输辅助设备、住房服务、为企业提供的服务

由表1-2可见，国有企业在矿物化学和有机化工行业中占有垄断地位，在机械建造、建筑和土木工程行业中占有极其重要的地位。据估计，国有企业占机电产品生产份额的5.5%，占建筑和公共工程生产份额的6.8%。对于直接为最终需求生产的所有部门（农业、农用工业、食品工业、消费工业、主要向个人提供服务的行业），国有企业在卫生服务、客运、电力和天然气领域的产出都很高。国有企业在生产周期中占有特殊地位，而这种地位往往处于产业链的上游。同样，

国有企业拥有的资产比例远远高于其对总产出的贡献。初级部门使用的资本比其他部门多得多。因此，法国国有企业在能源和通信等基础经济部门占有非常重要的地位，而在工业或服务业中，国有企业往往集中在资本密集度最高的部门。

四、国有企业在国民经济中的地位特殊

国有企业是市场价格的"稳定器"。法国国有企业产品和服务的价格增速低于总体价格水平。相对价格下降的主要原因包括技术迅速进步带来的生产力显著提高、获利标准的制定以及公共服务和社会政策的要求，大额补贴也是关键因素之一。与此同时，平均销售价格水平在很大程度上决定了国有企业是否能获得补贴。

国有企业是福利社会的"催化剂"。虽然相对较低的公共产品和服务价格政策会使国有企业的附加值减少，但人员费用在国有企业附加值中所占比例很大。仅就员工工资而言，国有企业的平均工资支出占到附加值的45%，而私营非农业企业约为33%。其中，国有企业社会福利缴款所占附加值的比例（19%）是私营企业中附加值的2倍（9%），在能源和通信领域，社会福利缴款比例甚至更高。

国有企业是社会投资的"主力军"。法国国有企业的基本特征之一是高投资率。法国政府取消了所有的业务和基础设施补贴，但国有企业可以通过自筹资金来实现巨大的长期资本需求。国有企业实现了国内产出的12%、企业投资的30%，长期资本投资更是占到总投资规模的70%。国有企业的长期资本积累同样归因于政府低利率政策。

国有企业是社会消费的"重要来源"。法国国有企业对公共事业的高投资率反映在创造产品和服务方面。由国有企业产品和服务占总消费的比例可见，国有企业提供了99.6%和67.3%的航空制造产品和天然气，造船产品、公共工程的供给也在40%以上。此外，电子电气设备、电信服务的消费份额也在20%以上（见表1-3）。

表1-3 法国国有企业产品和服务占总消费的比例

类　　别	比例（%）
>60	
航空制造产品	99.6
天然气	67.3
40~60	
造船产品	59.1

第一章　法国国有经济现状

续表

类　　别	比例（%）
建筑，公共工程	43.0
20~40	
电子设备	30.7
煤炭，褐煤	30.5
海上运输和航空	29.0
电气设备	25.5
电信服务	21.1
5~20	
辅助运输服务	17.8
电力	17.4
主要设备	17.0
水和杂项	14.7
精密机械产品	12.5
储存式气体	12.2
新闻和出版产品	11.2
橡胶和石棉制品	10.9
石油精制产品	10.2
钢铁初加工产品	11.7
金属加工产品	11.0
有色金属中的半成品	10.1
针对企业提供的服务	9.6
钢铁产品	8.8
铸造产品	8.2
汽车、摩托车、自行车	7.7
其他矿物	7.5
铁路、公路和内河运输	7.0
纸和纸板	6.8
家具和床上用品	6.4
有机化工产品	6.2
医药产品	6.1
粗锯木	6.0
化工副产品	5.2

第二章
法国国有经济演变的历程、路径与原因

第一节 二战后国有经济的发展

　　随着第一次世界大战的爆发，法国政府为了摆脱经济困境和适应战争的需要，采取了一系列管制经济的国家垄断资本主义措施，在1919年实行了国有化政策，通过不固定的法律形式对一些工业部门实行"国家管理"。在1929—1933年全球经济危机时期，法国政府为使大批私人企业免遭破产而对这些企业进行拨款，形成了一批以国营公司和混合公司为组织形式的国有工商业企业。20世纪30年代，当时"人民阵线"上台执政，在勃鲁姆总理（社会党领袖）领导下，对一批企业实行了国有化。不过那次国有化运动范围有限，国家更多地采取了控股公司的形式，且规模较为有限。第二次世界大战后，面临着医治战争创伤、恢复经济的艰巨任务，在国家干预经济思想下，左、右两派达成制订中长期经济计划的共识，国家干预经济模式建立。1944—1946年，在戴高乐的支持下，把能源、运输业、机械制造业、银行和保险业等国民经济的基础部门中的一大批企事业单位收归国有。20世纪50年代至70年代，法国经历了大规模的国有化运动，国有经济得到空前发展。1958年，戴高乐组建第五共和国，总统行政权得到加强，政府更加稳定、高效，工作重点由以往的政治问题逐渐转向并聚焦于经济问题。在戴高乐任期内，国家干预经济的力度和范围被进一步加大，具体体现在：①国民经济发展计划形成以5年为周期的常规化模式，经济计划在范围扩大的同时也变得更为翔实；②戴高乐政府进行了大规模的国有化改革。

　　法国政府基于发展需要采取的针对性的国有化运动，并非针对所有行业。其国有化的动机主要归纳为五个类别。

（1）惩罚性国有化。战后法国政府将第二次世界大战中通敌或为德国生产武器装备的企业资产做没收处理，主要惩罚一些通敌的大规模工业企业，如为德军制造坦克装备的雷诺、飞机和火箭发动机制造商斯奈克玛公司以及飞机发动机制造商尼奥姆罗纳公司。

（2）基础部门国有化。早在解放前，全国抵抗运动委员会便着手考虑战后要将主要生产资料收归国有的计划，用以支持战后的经济重建，其中煤炭、电力、燃气关乎国计民生，必须实现国有化。战后法国政府便着手组建法国煤炭公司、法国电力公司和法国燃气公司。

（3）信贷国有化。战后经济重建需要大规模投资，需要执行国家意志的金融机构，以调动经济现代化所需的资金来源，戴高乐政府决心成立国有金融机构，以在投资领域执行国家意志。

（4）财富转移。法国的国有化动机之一是将一些财富转移给共同体以削弱私人资本主义。早在1944年3月15日通过的《全国抵抗委员会纲领》中，延续了法国反资本主义传统，使得国家干预基础设施现代化建设变得不可或缺。该纲领明确提出，在经济领域要建立经济和社会民主制度。因此需要合理地建立经济组织，确保私人利益从属于公共利益，并摆脱法西斯主义战线建立的贸易独裁统治。在此背景下，被垄断的生产资料应回归国家所有，包括公共劳动力所得、能源、矿产、保险公司以及大型银行。同时，需要发展和维护生产者、采购和消费者合作社。工人有权进行领导和管理，并参与经济方向的决策。

（5）拓荒。法国国有经济部门的扩张也源于政府在私人资本不关注的领域建立企业。例如，石油作为法国的稀缺资源，勘探难度较大且不确定性较高，少有私人资本涉足，因此法国政府只得通过国有部门力量投入法国本土和殖民地区的石油资源勘探中。在科学研究领域，核能涉及诸多基础研究、科技创新、铀矿开采等原始积累，为高效利用核能，法国政府成立了国家原子能委员会来专门开发、利用核能。法国政府在细分领域也会成立国有企业，例如，成立农业公司以解决葡萄单一种植导致的土壤问题等（见表2-1）。

表2-1 法国国有化动机及涉及的对象

国有化类别	涉及的领域	主要涉及的企业
惩罚性国有化	二战期间对德国提供服务的大规模工业企业	雷诺、斯奈克玛公司、尼奥姆罗纳公司
基础部门国有化	主要生产资料（煤炭、电力、燃气）	法国煤炭公司、法国电力公司、法国燃气公司

续表

国有化类别	涉及的领域	主要涉及的企业
信贷国有化	调动经济现代化所需的资金来源（银行、保险）	法兰西银行、法国里昂信贷银行、法国兴业银行、法国国民工商银行、巴黎全国贴现局以及11家保险集团
财富转移	资本削弱	法国跨大西洋总公司、法国航运公司
拓荒	私人资本不关注的领域（石油勘探、核能）	国有石油开发公司、阿奎坦石油国家公司、国家原子能委员会、罗纳-朗格多克国家公司

尽管法国政府国有化动机的种类和区别差异巨大，但整体上符合以下基本原则。

（1）私人资本的退出机制完善。对于企业的原股东，其股权以债券的形式获得资金补偿。债券由国家担保，一般在5年内还清，并按固定的3%或不低于3%的资本价值计息。

（2）行业内集中领导协调。国有化之前，法国各行业在很大程度上都是分散的。法国政府通过国有化运动并设置代表组织，以加强对行业的领导和协调。煤炭和电力行业的中央管理机构以及银行和保险行业的协调机构均由国家、消费者和从业人员的代表组成；国家信贷委员会也由6名国家代表、17名主要行业代表（其中7名是金融专家）和7名从业人员代表组成。

（3）国有企业实行多元化的管理模式。国有企业的董事会中原则上必须涵盖国家、消费者、从业人员的代理人席位。例如，在每个银行的董事会中有国家、消费者、从业人员、专家4个席位。区域电力和天然气企业设置三方机构，成员包括中央机构的4名代表、6名工作人员代表和8名消费者。

（4）掌握国有企业高管的任命权。国有企业高管由政府根据有关董事会的提议，与经财部长协商后，根据政府法令进行任命。国有银行行长由董事会选举产生，并由经财部长批准，保险公司总裁由经财部长直接提名。电力、天然气和矿产企业的董事长由董事会选出，并经国家相关机构批准产生（见表2-2）。

表2-2　20世纪50年代至70年代法国重要的国有企业

所属性质	企业名称
工业或商业服务部门	邮政和电报局及其支票账户组织、法国放射扩散组织、政府烟草和火柴工业、陆军和海军军火库、国家火药工厂、吕埃尔港和盖瑞尼港外的海军机构、空军武器库、三大服务兵团和军队卫生服务的建设或转换服务部门、军事修理车间、国家安全讲习班、官方出版物管理局、国家印刷局、戈贝林制造公司、法国存托银行、国家储蓄银行、技术部门的各种修理和建造服务部门、二级铁路网、非自治港口和机场

续表

所属性质	企业名称
工业或商业公共机构	能源领域：法兰西煤矿公司和九大本土油田、南部奥兰油田、石油自治区、石油研究院、法国电力公司、法国煤气公司、阿尔及利亚国家电力煤气公司、萨雷矿业局 交通领域：航海局、巴黎地铁、波尔多港口、勒阿法尔港口、斯特拉斯堡港口、巴黎机场 工程领域：雷诺国营公司 化学工业领域：图卢兹国家工业氮办公室、阿尔萨斯钾盐矿 农业领域：酒精委员会、国家粮食行业间办公室 银行集团：法国银行及四大合资银行、国家农业信贷银行、国家市场银行、能源银行、合作酒店信贷银行、中央海外银行、阿尔及利亚和突尼斯银行、法国外贸银行 保险集团：根据投保风险将11家集团国有化，分为33家不同的公司，中央再保险基金、法国海外贸易保险公司
科学应用研究	原子能委员会、国家航空研究办公室
法国非本土地区	9个矿业局、六大铁路管理局、两个投资发展基金及其信贷公司或房地产公司
国家股东企业	能源领域： 罗讷河国营公司、法国石油公司、伊拉克油田共有者、法国炼油公司、阿奎坦和朗格多克国家煤矿公司、石油研究和开发公司、阿尔及利亚国家石油研究和开发公司、北非煤矿公司 化学工业：布森工厂和法兰克公司 工程领域：四大航空制造公司、莱茵河船厂 交通运输企业：法国国家铁路公司及其子公司、法国跨大西洋总公司、法国航空、石油运输公司、法国航运公司、法国莱茵河航海社、内河航道维修公司 法国非本土地区：摩洛哥石油公司、突尼斯石油研究与开发公司、北非石油公司、突尼斯石油公司、法航子公司以及18家由两个投资发展基金在海外领土成立的公司 其他行业：哈瓦斯新闻社、法国丝织公司

资料来源：Jules MOCH. Nationalisation in France, Annuals of Collective Economy, Confrontations, Paris, pp.97-117.

20世纪70年代之前，法国最重要的国有企业涵盖工商业的服务部门及公共机构、科学应用研究领域。此外，在法国非本土地区还设立了矿业、铁路和投资发展基金等类型的国有机构。法国政府以股东身份参股的企业涉及能源、化工、农业、交通运输、金融、传媒、纺织等领域。当时法国国有企业对经济重建及发展产生的重要贡献体现在以下四个方面。

（1）有助于法国企业进入国际市场的国企。第二次世界大战结束后，在一些关键技术领域，几家跨国大企业已经瓜分了世界市场。其他国家的企业想进入这些市场显得比登天还难，因为那些处于垄断地位的大企业轻易就可以把价格打压下来，让新入场的企业无利可获，最后只能落得个被挤出市场的下场。比如，在石油领域，"石油七姊妹"（埃克森、壳牌、英国石油、海湾公司、德士古、美孚和雪佛龙公司）瓜分了世界市场，任何法国私有企业都没有能力单独涉足石油产业，挤进这个竞争激烈的市场。正是在这种背景下，法国政府通过兼并、重组，创建了两个国有石油公司埃尔夫-阿奎坦公司和道达尔公司，后来又让道达尔兼并了埃尔夫-阿奎坦公司，变成了道达尔一家公司。有政府背书，法国的国有石油公司可以获得廉价融资，从而开发出独特的技术，挤进了世界石油市场，并成为石油市场上重要的一员。其实，不仅法国靠国有企业在世界石油市场上获得了重要的一席，意大利也是靠国有化创建了一家石油公司埃尼集团，最终跻身于全球500强企业的行列。当然，法国通过创办国企获得一席之地的也并非只有石油市场。

（2）新创建的技术型企业，并利用产业政策工具支持这些企业在技术上取得重大突破，最终站到了世界市场的高峰。尽管法国政府利用"产业政策"支持国企技术创新并超越竞争对手的做法可以追溯到18世纪法国封建王朝时代，但法国政府成功地利用产业政策培养自己的国企不断进行技术创新、占领世界技术市场高地的做法主要发生在20世纪60年代末和70年代。那段时期，法国政府制定了一个"空档政策"（politique de créneaux），以刺激法国企业在一些特定领域进行技术突破。法国政府认为，在世界经济舞台上，形势的变化使一些技术突破成为解决困局的关键因素。不突破这些技术难题的瓶颈，经济发展就没有动力。而法国政府必须支持本国企业在这些领域取得技术突破，争取占领世界经济的制高点。

（3）作为保障政府宏观经济政策落实工具的国企。国企成为政府调控宏观经济政策的手段之一。一方面，需要保障就业，而国企是保障就业的重要工具。另一方面，要遏制通货膨胀，特别是成本推动型的通货膨胀，而工资上涨被认为是成本推动型通货膨胀的关键。为此，国企又成为重要的遏制工资上涨的工具。法国国企员工的职位虽然不是"铁饭碗"，跟公务员的地位还有些差距，但与其他私营部门相比，国企职工的位置还算稳定。法国国企很少因为经济行情的原因采用裁员方式来降低成本。但是，政府对国企员工的工资有一定的决策权。国企同等行业的工资收入会比私营部门低一些，因为私营部门的代价是高失业风险。反过来，在劳资与政府的工资三方谈判中，国企职工的工资收入水平又会被政府拿来作为参照，以压低工资上涨的诉求。

（4）保证自然垄断领域公平性的国企。西方经济学认为，经济中某些市场具有自然垄断性质。由于存在着资源稀缺性和规模经济效益、范围经济效益，某些提供单一产品和服务的企业会自然联合起来，形成一家公司（垄断）或极少数企业（寡头垄断）。最典型的例子就是供水、电力、煤气、热力供应、电信、铁路、航空等。在这些领域中，法国基本上实行国企制度。法国的电力公司、电信公司、天然气公司、铁路公司、航空公司都是国有企业。法国的决策者认为，既然这些领域有自然垄断的性质，如果让私营企业垄断就会出现"暴利"现象，因为它有某种不可替代性。因此国家必须干预，国企由政府控制可以保证自然垄断领域里企业的经营不会"唯利是图"。可以看出，自然垄断经营的产业一般具有网络经济的特征，即依赖一定的网络为市场提供商品和服务。如果离开这些产业网络，企业所生产或者提供的商品和服务便无法流转到社会消费领域。衡量这些产业网络作用的最佳指标是网络上的流量（如交通、电力、通信信号等），而网络上的流量将随网络节点的几何级数增加。网络节点数量越多，边际投资收益越大。自然垄断行业往往又是公共服务行业，法国政府出于"公益"的考虑，既要照顾到不同社会阶层的人，又要照顾到为国家做出过特殊贡献的人，等等。因此，政府要通过国企向国民显示政府"亲民"的一面，再通过给国企一定的优惠政策（财政、税收和融资）加以补偿。

然而，大规模的国有化运动也引发了一些质疑和一部分人的反对。首先，在所有以前由国家抵抗委员会代表的政治部门中，只有社会党和一小部分人民运动党真正希望进行这些国有化改革，而其他政党的代表在非公开会议上倾向于服从抵抗运动、遵从社会主义者和左翼基督教社会主义者（其后他们组成了人民运动党）的意愿。但实际上，这些党派仍持敌对态度，并在解放后不承认自己受到抵抗委员会投票的约束。议会制恢复后，大多数激进派、温和派、农民和保守党的反对派很快表明了自己的立场。在1946年和1951年的两次国民议会中，社会主义者和人民运动党的席位数量有所下降，而各种类型的"自由主义者"实力渐强。1947年又有一部分共产党人被反对派取代。而这些都是原先支持改革的反对者。1951年的国民议会大会加剧了这种情况，自由主义者由于获得成功而变得更加激进，在议会中占据了绝对多数席位。

自由主义者的反对并不是唯一原因，对弊端的揭露（尤其是在1947年以前由共产党人部长管理的部门）也对公众舆论产生了不利影响。

此外，二战结束时国有化企业的发展状况十分糟糕。矿产、电力、煤气行业等都需要进行现代化或重组改革以适应社会经济发展的需求。各行业普遍存在的这些困境引起了资本成本的增加以及财务困难，因为售价仍远低于工资和原材料成本。这些均成为引起反对国有化运动的诱因。

最后还有补偿原股东债券的问题，这类债券在相当长的几年中都没有起到减轻财务费用的作用。同时，在共产党人离开政府部门后，国有企业中罢工的次数成倍增加，而由共产主义者掌握的劳资联合会及其社会活动还需要法定征费，加之供应部门管理不善和将企业财产用于宣传。这一切都导致社会公众倾向于否定国有化改革。

但客观地回顾后不难发现，自矿业国有化以来，矿山现代化设施逐步完善，生产力也得以提升。法国电力公司（EDF）目前的月产量已相当于1938年全年产量的一半。因此，法国的国有化带来了企业的现代化、生产的增长，并使协调下的生产计划得以实施。国有化同样削弱了资本主义的力量。法国则处于中间阶段，不再是单纯的资本主义，但也不是社会主义。

在此情境下，法国国有企业的角色同样需要重新定义。一些人以一种新自由主义的眼光期待国有企业带来经济效益和财政收益。1966年，一位高级官员起草了《诺拉报告》，他曾于1954年至1955年在皮埃尔·孟代斯·弗朗斯身边工作，1969年至1972年在雅克·沙邦-戴尔马身边工作。他的这份报告建议调整国家与国有企业之间的关系。他批评国家的行为给企业强加了沉重的负担，比如，低于成本价格的定价或者非常优厚的薪资制度，获得大量财政补贴，造成无法避免的财政赤字。他认为这样一种管理模式对于国家来说是非常危险的，会增加财政支出；对于纳税人来说是不公平的，因为税收支撑着国家补贴，只有使用者可以从中受益；对于私有企业来说是受到约束的，它们被国有企业规模巨大的贷款排挤出了资本市场。《诺拉报告》建议国有企业与政府签订多年期的合同，将企业和政府的责任清楚地区分开来。该报告还认为，一方面，公共服务是一项无论成本高低都必须完成的任务，国有企业有权以国家的名义给予无条件支持；另一方面，政府在竞争活动中要为国有企业提供与私营企业相同的条件，并允许其从中获得收益。出于经济原因，这个新方向使得"真实价格"政策在多年之后终于得以落实。勒内·麦耶在1948年就曾发起这一计划，之后在1957年又由弗里克斯·盖拉德再次提出。1969年，政府与法国国家铁路公司签订了第一份规划合同，这一新政策才终于得以落实。在接下来的一年里，国家又与法国电力公司签署了类似的合同。

第二节　20世纪70—90年代法国国有经济改革

从20世纪70年代开始，法国经济经历了两次石油危机，造成物价暴涨、通货膨胀加剧。1981年，左派密特朗政府推动"国家现代化改革"，开启"国有化改革浪潮"。1981—1984年，大部分大型企业的国有化程度得到加强，国有企业几乎涉及国民经济的各个领域，在国民经济发展中处于绝对地位。然而，在经济衰退的背景下，法国资本生产率并未因此提高，全球化和信息化使得法国受保护产业以及传统劳动密集型产业失去国际竞争优势，失业率加剧，从而导致1986年国有企业经营状况恶化。在国有化改革过程中，左派政府虽然集约投资了一大批新兴产业，但最终并未形成较强的国际竞争力。自20世纪80年代中期开始，希拉克政府的国有经济政策开始转向，政府进行了大规模的国有企业私有化改革。改革的总体思路是减少政府对企业的干预，更多依赖市场的作用开放部分行业，通过大规模私有化改革对国有企业实行资本重组和股权多元化改造，引入竞争机制，提高企业效率并减少政府预算赤字以减缓公共债务的增长。

一、法国经济的特殊性导致国有经济的弊端逐渐显现

一是战后"运动式国有化"并非法国政治层面的一致共识。一方面，在战后议会制政体中，左翼共产党和社会党占据大多数议会席位，左派经济政策思想延续第三共和国时期中央集权传统，认为国家应制订经济干预计划以确定整体经济方向，其中，实施国有化是其最为重要的政策主张之一。另一方面，戴高乐上台旨在加强总统行政权以组建更有效率的政府，并将国有化作为全面实行体制改革的重要"抓手"。然而，法国国民议会中的"自由主义者"政党对此始终持反对态度，随着自由主义者在议会中的席位越来越多，反对国有化的声音进一步加剧。

二是国有企业的任命弊端。法国社会对国有企业的质疑主要在于，在国有企业内部关键岗位的任命方面，政治可靠性比技术能力更为重要。

三是国有企业经营状况不佳。部分国有化企业的经营状况不佳，矿产、电力、煤气等行业资本成本高企，普遍存在财务困难，受制于企业的社会责任，导致其产品售价远低于工资和原材料成本，同时两次石油危机又进一步抬高了原材料价格，造成国有企业大范围亏损。

四是国有企业财务负担较大。法国国有化运动过程中，为使原私人资本退

出，政府向私人资本发行大量债券，并在企业国有化后进行利息偿还。这类债券在相当长的时间里成为国有企业财务的沉重负担。此外，企业需要向员工工会缴纳法定经费，加之罢工的次数在国有企业中成倍增加，造成国有企业的财务负担较大。

二、政治经济多重因素使法国政府放弃国家干预模式

长期以来，国家干预主义是法国公共政策的基础。20 世纪 70 年代的两次石油危机导致法国经济出现大规模衰退，国家中长期经济计划的不确定因素与矛盾变得越来越严重，国家干预模式的效率越来越低。1982 年，法国实施了一项针对中长期经济计划的改革，将计划的开展方式"民主化"，以希望能够减少人们对法国的"失业印象"。在经济计划的制订阶段，由法国国家计划委员会邀请来自各地区、工会以及一些民间组织的 80 名代表，对经济计划进行讨论。在对国有企业的管理方面，法国政府设立了具体的量化指标，对企业推出优先执行事项，并与各国有企业签署计划合同。然而，由于经济计划所设定的目标过于受局限，在具体执行操作过程中的参考价值有限，从 20 世纪 80 年代中期开始政府放弃了量化指标，但还是遭到社会的抵触和排斥。至此，计划委员会已经失去了让·莫奈时期所赋予的意义，它不再是那个全面且具有主动性的政治经济工具。

20 世纪 80 年代，降低行政力度成为当时政策的发展方向。政府依赖市场规律的修复与调整，逐渐放弃了国家干预经济主义以及 1945 年制定的价格管控措施。1986 年，政府正式废除价格管控，开始执行倡导价格自由及竞争的法律规则。在 1990 年欧盟框架下实现资本自由流动之前，汇率管控措施得以逐步取消。信贷控制规定最终被修订，一些如价格信贷的限制措施以及一些更加尊重银行自由管理的新模式取代了之前极具约束力的措施。在法国政府放弃国家干预模式的背景下，法国国有经济也就失去了政治层面的推进动力。

三、"国有化"和"私有化"改革的交替出现

首先，20 世纪 70 年代的经济危机使法国国有经济得到强化。一是法国政府以债务重组、清算、取消等方式推行国有化。法国政府在经济危机中向濒临倒闭的两大钢铁巨头——齐诺尔公司和萨西洛尔公司提供了巨额贷款。二是国有企业扩大投资的国有化。1978 年，法国政府更是进一步取消了这两家企业的债务，作为回报，两家企业向政府出让了 85% 的股份，并由政府任命企业领导人。

1973—1980 年，大型国有企业法国煤炭、法国电力、法国铁路公司、巴黎地铁、法国航空分别在能源、交通和通信领域加大投资力度，在危机中以扩大生产性投资的方式刺激国内经济。三是法国政府对国有企业扩大持股比例的国有化。法国政府作为一些国有企业的重要参股方支持国有企业的繁荣发展，进行了多轮增加持股比例的操作。

其次，1981—1984 年，法国国有经济出现了进一步规模化的扩张。深层原因主要是法国社会对私营资本主义的诸多指责：①私营企业的过度跨国化经营，导致法国就业机会外流；②私营企业无序发展，影响国家产业政策前后执行的一致性；③非国有成分银行对最有利于刺激就业和经济活力的中小企业并不感兴趣，而更趋向于饱受诟病的大型国际融资业务。在此期间，社会党政府为了在危机中锤炼出"法国制造"，采用分批次方式实现"现实派"国有化计划。1981 年 10 月 26 日，法国国民议会通过了莫鲁瓦政府的国有化方案，计划首先对 5 个工业集团、存款在 10 亿法郎以上的 36 家私人银行和 2 家法国国有股权公司（巴黎 - 荷兰金融公司、苏伊士金融公司）实行部分或全部的国有化。但相比于战后至 20 世纪 70 年代的国有化运动，80 年代的国有化运动主要是出于经济因素的考量，而非社会或意识形态因素。

尽管法国政府郑重承诺对国有企业遵守自主化管理原则、维护市场经济，但并不排除法国政府通过协商介入干预。此外，国有化对相关集团的战略形成法律制约，企业的每次并购行为都需要法律准许。国有企业可在股票交易所上市，但其股票实际上是有交易权但无投票权的"投资许可证"。

最后，兴起于盎格鲁 - 撒克逊国家的自由主义在法国取得了很大进展。为避免国有企业在市场上形成垄断或成为公共服务的指定提供者，爱德华·巴拉迪尔在 1987—1988 年担任希拉克政府的经财部长期间，采取了一系列私有化改革措施，其成功经验也被其继任者所效仿。私有化运动涵盖了历史较为悠久的各大国有企业。1986—1988 年，部分私有化改革项目被落实。1993 年，私有化运动又重新开始，且规模有所扩大。一方面，私有化运动取得了很大的成功，很多公司诸如法国圣戈班集团、巴黎银行、巴黎国民银行、法国电信公司均实现了私有化。另一方面，由于证券市场经营状况或经济发展受限，此次私有化运动也面临很多阻碍，如当一些国有企业在私有化运动中出现亏损时，这些企业就会推迟自身的私有化进程。值得注意的是，私有化运动所面临的阻碍基本上不是出于政治或意识形态方面的原因。

综上所述，法国"国有化"和"私有化"改革的交替出现，既有来源于社会经济的因素，又有基于左、右交替民主制度不稳定的政治因素。在法国左、右两大政治阵营之间，一方面，左派执政时期以巨大的代价将企业国有化，而右派执政期间则急于将其转售，致使法国国有企业在20世纪70年代至90年代难以执行一以贯之的战略，走了很多"弯路"。

四、国有企业目标职能的演变

（一）国有企业的"临时性工具职能"

法国对国有企业私有化改革即"去国有化"进程，是企业所有权从公共部门向私营部门大规模转移的过程。从目标功能和管理标准的角度分析法国私有化进程，可以提出不同模式作为对历史上推动这种私有化的力量的不同解释，但这些模式中的每一种都只能成为一部分原因。实际上的复杂演变是三者共同推动的，各自的权重则根据时期和部门的不同而变化。两种驱动力定义了其轨迹，即由新国有化工业的最初行为逐步且不可逆转地成为一种达到平衡的最终战略，也就是"解放的"国有企业战略。法国的国有企业私有化改革则更像是一个循环过程交替出现，即国有企业受制度约束的阶段和明显私有化的阶段。

法国认为创立国有企业是为了完成一项精确的任务（一般是产业政策的任务），这也就定义了国有企业的工具性职能。例如，致力于重建战后经济，对风险太大或财务盈利前景渺茫却不断扩大的经济部门进行干预，接管衰退的经济部门以降低其社会成本，等等。

法国经济学家哈弗西认为，国家混合经济中的资本主义会周期性地处于主导地位。在这一背景下，国有企业是一种"工具"，有时能暂时性地突破私营企业经济行为限制。私营企业的盈利动机是综合性的且始终在更新，国有企业的目标职能则不同于这一点，通常只对其提供部分或暂时的指导。因此，法国的公共部门应该会致力于更新和完善其已经逐渐过时的目标职能内容：①发展一种私营类型的集团战略，如增加工业力量，寻找财政上的有利投资等；②接受其部分生产潜力应服务于有强烈动机的私营战略这一事实；③与私营部门建立混合关联公司，使其部分的不可用资产用于具有普遍利益的新工作，其私营伙伴不可触及的利益将成为抵御"不当负担"的壁垒。

只是严守界限进行精细、严格的监督，这对于保护真正的国有企业来说是远远不够的。而定义和明确国家对国有企业的期望能够更好地起到维护作用。如果国家战略无法明确和更新，则公共部门必然会以某种方式解体。

从动态的角度来看，甚至可以让国有企业相对自由地根据所分配目标的变化来定期重新评估其最佳结构，而不是将任意一个国有企业固定在某个位置，再思考其作用。

第二种驱动力完全符合法国对国有企业改革的准则——趋于摆脱束缚。其实，某些企业试图通过逐渐赋予自己一种理论、一种文化以及合法性来加强其公共地位。这些企业通过争取建立其自主范围，而非通过逃避来自国家层面的管控来加强其公共地位。以法国电力公司为例，该公司逐渐将主要的公共服务约束纳入其建立的成本函数中，包括制定复杂的定价原则以满足集体效益、用户平等待遇和预算平衡的要求。同时，还涉及设计社会折现率，以便尽可能满足公共服务连续性的约束。法国电力公司研究在其计算中引入"影子价格"的可能性，以便与政府提出的主要宏观经济目标相一致。

这种方法的特点在于，在企业目标职能的基础上确定企业的公共性质，允许国家和国有化企业之间的政企关系与管理规则保持稳定。在法国传统经济市场运行的背景下，为企业提供更好的内部和外部规划的可能性是法国政府的责任。此外，在一定时期内，考虑到经济状况，可以增加一种合同制度以完成国家的一系列长期要求，例如，通过确定某个目标来提高生产率以改变关税或工资水平等。

1970年年初，法国政府与部分国有企业之间签署了"计划合同"，随后又被废除。20世纪80年代，社会党政府在此基础上进一步完善，建立了"计划合同"体系。这成为破解国有企业"官僚化"或"私有化"经典困境的最佳方法。也就是在属于非市场经济计算的内容和属于市场经济计算的内容之间建立一种平衡，前者体现了国有企业在集体利益方面的优越性原则，并使其存在合法化，后者在理论上使得"国有企业"避免因行为不当或不适应市场组成的官僚机构而造成的浪费。

因此，公私部门之间的界限恰好在于国有企业的战略和管理标准，而随着生产性公共部门的扩大，这一点变得更为必要。

法国部分大型国有企业还将对金融、技术、商业活动以及国家集体观念进行融合，进而将国有化的成本体现到基础设施支出中，从而使法国生产部门的文化特征得到体现。

（二）国有企业的监管职能

理想情况下，国有企业可以在稳定的经济和政治环境下找到内部平衡，从而能够真正将其业绩与私营部门的业绩进行比较。然而，比较后表明，理论与现实大相径庭。国有企业由于不具有财务利润最大化的动机，所以不仅成了涉及工业、社会和集体利益任务的优先考虑对象，还是全球经济逆周期监管的重要目标。现在的这种监管职能并非对先前职能的简单补充，而是从根本层面上与其竞争，也就是赤字层面。

显然，这种监管功能的两个主要表现形式会导致国有企业财务状况的恶化。一方面，投资的周期性试验迫使其做出不合时宜的努力，从而干扰计划并增加生产成本。另一方面，部分关税政策和延迟关税政策改变了国有企业的收入，使其自筹资金率下降。这些都增加了国有企业的负债和财务负担，同时还要求它们尽快补足关税（延迟时间越长，关税负担越重）。

最终造成的结果是，依靠公共部门监管所带来的监管体系成本，不论是对国有企业还是对宏观经济本身来说，都是无法承受的。国有化后的企业必须持续地获取"利润"，并要尽可能地保持与私营企业类型一样的严格财务管理制度。

五、国有企业的私有化与关联方

自20世纪70年代末开始，工业类国有企业的关联公司和持股数量持续增长。随着关联方数量的增长，公共集团结构也愈加复杂，主要集中于竞争部门的国有企业之间。但在法国，建立关联公司引起了很多质疑。

然而，国有企业建立关联公司并非只表现在公私营之间的界限方面。从更广泛的意义来看，这也是重新分配财富的主要工具手段，其背后反映出国家作为企业的所有者或管理者所追求的目标发生了实质性变化。这种变化在很大程度上推动了国有企业的私有化。国家希望使私营部门充满活力，以促使通过关联机构进行私有化。

（一）国有企业资源的关联和私有化

私营资本财务盈利的目标使其不会从事盈利少或不盈利的经济经营活动。因此，政府有时可能经由关联机构来引导从事某些被认为"具有普遍利益"的经济活动，而这种情况与一个从根本上仍依附于私营行为的国家是相矛盾的。因此，激励私营部门的任务就交给了公共资本。关联关系就是这一政策的重要支持。当公共资本放弃了最大盈利的动机，就会动摇国家的决策。但是这种放弃对公共资本的影响是需要解释的。根据不同情况，这种资本可以被引导进行低收益或零收益的投资，甚至是进行赤字投资。这意味着资本的实质可能被改变。

无论如何，私营部门获得公共企业的资源必须被视为一种私有化的形式。通过关联机构可以确定三个主要方向，即私营资本进入公共部门、混合关联公司内部的差异性公私关系以及公共资产私有化。前两个方向主要是指收入的转移，第三个方向是指资本的投入。

在私营资本进入公共部门方面，私营股东进入有利可图的公共部门从事经济活动，部分是指公共资源私有化的国家选择。在政府机构的支持下，私营资本事实上已能够触及公共部门的主要盈利活动。关联关系则允许在根据资产盈利程度进行资产分离时避开法律障碍。因此，即使在某些公共集团内部，在私营利益所在的不可盈利的资产和完全公有的不可盈利的经济活动之间也存在一个界限。但是，私营资本进入公共部门有时可能只是在为公共和私营之间建立歧视关系做"铺垫"。

在混合关联机构方面，即使在混合公司内部，国家也可以放弃公共资本的增值，进而增加私营利益所获得的利润。因此，国有企业从其混合公司正常获得的收益与其实际收益水平之间应存在差异。在这种不平等的情况下，为了在混合公司中获得公私平等的权利，国有企业往往通过投资或弥补赤字的方式向混合子公司进行财政转移。

在商业关系方面，国有企业无偿地为其子公司提供服务，以低价向子公司出售商品或高价买入子公司商品。这其中也包括国有企业知识技能的传播。国有企业还向私营部门提供人力和技术方面的资源支持。这一方面是出于支持的需要，另一方面则是预期在这种联系中起到重要作用。

在资本私有化方面，通过资产私有化来理解公共财产的组成部分向私有控制的过渡，有两种截然相反的形式。一种是公共资本的少数扩散（提供财政支持）。在这种形势下，国家将公共部门中的少数股权作为其私营行为动态化的政策工具，特别是针对准公共机构（法国存托银行、工业发展机构、地区发展协会和具有特定职能的机构）。国有企业在其中发挥了不可忽视的作用，其中一些企业的出资不属于盈利投资的范畴。因此，公共资本依赖于以资本出资形式对私营部门的财政支持。然而，与去国有化不同，这种私有化很容易被逆转，因为国家原则上可以在任何时候进行股权回购。另一种是多数私营资本进入公共部门（即所谓的"去国有化"）。在20世纪70年代，法国公共当局显然将关联关系视为一种部分的去国有化和向私营部门转移盈利资产的手段，关联关系在其中发挥了主导作用。这种通过部分去国有化实现的资产私有化的逻辑是用私人资本替代公共资本。事实上，根据国家指示进行的资产私有化也与安排公共和私营之间的互补性有关。

（二）国有企业管理的关联和私有化

与私营部门的管理大致相同，法国国有企业在管理方面也存在着双重关切：一是保持其权力；二是增强其行动自由。为此，国有企业竭力表现出有能力回应国家的发展愿景。从这个角度来看，国有企业管理必须从其资本中获取利润，以便应对限制和竞争。其结果是在肯定资本增值动机的基础上，对国有企业进行"管理层面的私有化"。关联关系作为这一战略的要点，主要有以下两个方面：一是提出一种新的且更好的组织生产的方法（寻求"结构效应"）；二是支持发展工业和商业的增值战略（工业和商业动机）。

从寻求"结构效应"来看，经过1936年和战后大规模国有化浪潮后，法国公共部门形成了一种典型结构，即生产活动基本集中在规模非常大的企业中。这种情况似乎不利于公共资本的价值增长。而在国有企业中引入关联公司存在以下优势。

首先，通过由关联公司授权的生产方式可以克服部分管理成本增加和组织繁琐的问题，子公司的盈利能力及其管理者的责任更加明晰，生产单位被赋予双重法律和会计的作用。

其次，就人事管理而言，弊端同样明显。劳动力流动和分配过程中的僵化阻碍了企业的业绩发展，并加重了人力资源成本。将公共人力管理与私营企业的人力管理相结合的趋势自然会招致工会的批评，但根据对每个组织关联关系的总体判断，这种趋势会有很大不同。

再次，公共形式关联机构的增加仍然需要依赖于人事管理或日常管理这些必要的条件。融资的原因也鼓励了混合关联公司的建立，这使得国有企业能够从不参与投资公司管理的小股东或机构投资者的资金支持中受益。通过这种方式，母公司增加了其控制资产。应该注意的是，这种策略给国有企业的管理带来了额外的利益，因为在混合关联公司中，私人持股者的存在使得管理层的正当性只基于财务盈利能力，从而阻止了任何"普遍利益"的任务。寻求可靠且有利的投资有时甚至会导致国有企业仅持有少数股权，即公共资本的稀释。

最后，关联公司的建立能节约资本，并获得合作伙伴的知识技能。从工业和商业动机来看，无论是国有企业还是私营企业，竞争性行业中企业生产潜力的持续调整对于其良好的管理都是必不可少的。垄断公司必须密切关注其客户的需求。此外，一些传统行业的利润微薄，促使许多国有企业尝试放弃（至少是部分）这些经济活动，以从事利润更高的经济活动。其做法有以下两种。一种是地域调动。资本国际化本身并不是私营公司的特权。国有企业特别是竞争性行业的国有企业，对国际化做出了巨大贡献。通过关联机构，国有企业出于商业动机（外部市场的渗透）、生产动机（供应、降低成本、适应市场）和法律动机，为自己建立了一个边界之外的框架。另一种是行业安排。大量国有关联公司的建立取决于纵向一体化或横向多样化的经典策略。通过纵向一体化，管理层会削减部分供应使其更为安全，或者自行对成品进行定价或营销。而正是由于横向多样化，众多国有企业才更为明显地脱离了其传统领域。这种现象在运输行业中尤其突出。但很少有国有企业在与其完全不同的行业进行大规模投入。需要指出的是，截至1981年，法国仍坚持认为国有企业不应过分侵占政府为私营部门保留的领域。

与此同时，还要注意到，这种基于内部管理的关联关系并不会直接引起国有化部门的扩张，一些国有企业通过将关联关系转移给私营部门而脱离了核心业务。由于这种资产私有化是管理发散，它必须与管理私有化相关，而不是与某种形式的"去国有化"相关。1981年，法国政治多数派的变化在极大程度上影响了公共部门的面貌和国家与国有企业之间的关系，这意味着私有化趋势得到了加强。计划合同保证了法国国家总体目标确立后的公共集团仍拥有管理自主权，有助于私有化管理的制度化。而且振兴中小企业是国有化集团的又一重要任务，这可以看作公共财产服务于私营部门，也是对公共资源私有化的一种形式。但断言计划合同已经彻底结束了国有化部门资源间接私有化的做法还为时过早。

但在1982—1983年席卷法国的国有化浪潮之后，公共财产的重组问题以一种全新的方式变得尖锐起来，甚至成为法国政府关注的核心。国有部门结构的合理化是有必要的，这不仅是为了使其更好地适应国际竞争，也是为了针对其使命重新分配财产。基于此，重组以重新洗牌的方式在公共部门内部进行。但是，单纯对公共结构进行调整只能应对国家的部分关切，更彻底的改组将通过购买和向私营部门转移经营活动的方式开展。国有化本身旨在归还某些"在公共范围之外"的经营活动。政府甚至希望能更进一步使国有企业在政府的监管下重新考虑其结构。但这要求消除法律障碍，禁止将资产从公共部门转移到私营部门。为此，有人提出了一项草案，旨在将从公共部门向私营部门转移的控制权归还给监管当局。法国国民议会在这个问题上犹豫不决，所以这项草案并未通过。人们担心这种法案会导致政府暗中进行的去国有化政策朝不可控的方向发展。

第三节 20世纪90年代至今法国国有经济改革

从20世纪90年代开始，法国政府出于面向国际市场竞争、渐进式开放资本以及融入欧洲一体化的战略考量，走上了一条国有企业"现代化改革"之路。改革的主要措施是通过对国有企业实施私有化改革，迫使企业以更为市场化的方式参与国际市场竞争，并在国有企业的市场规则上积极响应欧盟的竞争中性诉求。

一、法国政府重新定义国有企业的职能与目标

法国政府视国有企业改革为迎合欧洲一体化和进入国际市场的必要措施。在迎合欧洲一体化要求方面，大部分的法国国有企业处于"自然垄断"领域，而且主要涉及公共服务。然而，随着欧洲一体化的发展，欧洲市场统一，法国市场上自然垄断企业便遭到了其他欧盟成员国的指责。有人称，法国的国企有政府的补贴与支持，自然比其他国家的同类企业有更多的优势，在共同市场中竞争显得极不公平。法国只好对这类国企也进行了改革，引进了新的"战略投资者"，把原本的国企变成混合制企业。

在进入国际市场方面，法国战后国有化的汽车制造企业雷诺公司是法国最重要的汽车品牌，但当雷诺公司进军美国市场时，却遇到了美国国会的阻拦。法国政府就把雷诺公司部分私有化，卖掉一部分股份，让其他法国私有汽车公司参股，雷诺成了真正的股份公司。即使政府还持有部分股份，但形式上它已经不是国企，为进军美国市场扫清了障碍。雷诺进入美国市场后，为美国专门设计了几款车型，但其销售情况一直不太好，最后雷诺公司还是选择把它在美国的分公司卖给了克莱斯勒公司。克莱斯勒收购了雷诺的美国分公司后，把它开发的几款车型拿到国际市场上销售，发现还挺受欢迎，特别是推销到中国市场的一款"切诺基"颇受中国消费者的喜爱。对于雷诺公司而言，它卖掉了美国分公司，改善了它的财务状况，而克莱斯勒通过兼并雷诺公司的美国分公司取得了不错的收益。

一方面，法国政府为实现现代化改革逐渐去除了国有企业的"临时性工具职能"。法国对国有企业的私有化改革，是企业所有权从公共部门向私营部门大规模转移的过程。长期以来，法国政府从目标功能和管理标准的角度跟踪私有化进程，认为创立国有企业是为了完成一项"精确的任务"（例如，产业政策中的某项任务），即定义了国有企业的"工具职能"。例如，致力于战后经济重建，对风险太大或财务盈利前景渺茫却不断扩大的经济部门进行干预，接管衰退的经济

部门以降低社会成本等。因此，在进行私有化前，法国政府考虑了两个假设：一是国有企业未能履行其使命；二是国有企业获得成功，且由于不需要重复已完成的工作，就能从特定的"工具职能"中解放出来。无论国有企业满足以上假设中的哪一条，其经营就能够且必须私有化，或者保持其现有框架（企业管理层只是为了增加其相对于监管当局的自主权），或者进行"去国有化"（国家将从无须特殊支持的经济部门中撤出）。

另一方面，法国政府与国有企业之间明确了职能界限。为解决国有企业的自主经营和国家管控之间界定的不确定性问题，部分国有企业希望通过私有化改革来明晰自身的公共属性和商业属性。一是通过逐渐赋予自己一种理论、一种文化以及合法性，加强其公共地位；二是通过部分业务私有化，与国家之间明确规则，从而保持较为灵活的商业行为，以"摆脱"来源于国家管控的"束缚"。以法国电力公司（EDF）为例，该公司与法国政府签署了计划合同，确定其经营过程中所投入的"社会成本"，以明确其社会责任。在计算企业社会责任方面，其将主要的公共服务约束纳入其成本函数，制定复杂的定价原则以满足来自政府的集体效益、用户平等待遇和预算平衡的要求。同时，还涉及社会折现率，以便在其服务中整合和循环融资的约束，然后在其自身的成本函数中界定并考虑电力系统的"故障集体偏见"，以便尽可能满足公共服务连续性的要求。这种方法在于，在企业目标职能的基础上确定企业的公共性质，允许国家和国有化企业之间的规则保持稳定，并在传统市场经济计算的剩余背景下，为企业提供更好的战略规划的可能性。

这种国有企业改革试点的策略启发社会党政府建立了"计划合同体系"，即在属于非市场经济计算的内容和属于市场经济计算的内容之间建立一种平衡，前者体现了国有企业在社会责任、集体利益方面的优越性原则，并使其具有合法化。

对该时期法国私有化运动的效果评估有以下三点。

一是完善了法律框架。1993年5月，巴拉迪尔政府发布了可私有化的企业名单。政府将私有化限制在了竞争领域的国有企业范围内，不过没有法律文件能对该领域做出准确界定。除了公共服务和法国存托银行以外，被排除在名单之外的最大国有企业是军备领域的企业。与1986年的私有化方案不同，对21家国有企业的转让没有规定时限，其中12家已列入了希拉克政府的私有化名单。1993年7月的私有化法接受了1986年法律的大部分指令。不过，一些变化值得注意。以前只能出售私有化名单中的公司，而新的法律将私有化的范围扩大到了国有金融控股企业，这些企业是名单中企业的重要股东。1993年的法律还允许分阶段实行企业私有化（根据1986年的法律，只有涉及企业全部资本的私有化业务才可能进行）。它为投资者提供了分期支付私有化企业债券的机会（最长期限为3年）。为了保障加强选择硬核的股东成员，该法律增加了私有化委员会的权力，该委员会在选择场外购买者方面的意见不再是指示性的。最后，该法律和其后的法令还修订了可能妨碍私有化进程的各种条例。最重要的例子有雷诺（废除禁止外资参股的规定）、埃尔夫-阿奎坦石油公司（将私有化法扩展到国家间接参股领域，并取消天然气运输的国有垄断）和塞塔（取消烟草和火柴生产及进口方面的垄断）。

外资参股的上限被大大放宽。1986年的法律规定，对于进行私有化的企业参股份额达到10%以上的增长，必须事先获得经财部长的批准。但根据新的法律文本，现在每个企业的上限都是固定的。另外，针对"黄金股"的使用又引入了更严格的条件。"黄金股"的有效期限是固定的（并且一旦在公司中被取消，就不能再被重新引入），可以在国有企业的子公司中发行，并且赋予了国家任命董事的权力，但不包括投票权。此外，私有化企业的章程中可以包含一项具体规定，使国家有权反对可能损害国家利益的资产出售。对于参与行使公共权力或经营活动范围包括公共秩序、公共卫生、武器和战争物资生产及贸易的私有化企业，当其外资持股比例超过5%时，经财部长保留对此类企业的否决权。

二是明确了改组条件。1993年的清单既包括盈利公司，也包括亏损公司。对于亏损公司而言，政府必须决定是要启动改组计划，还是将控制权移交给私人股东，由他们进行改组。支持私有化的一个主要论据是，私人股东对企业的管理比公共股东更为有效。因此，私营部门应更有能力进行企业改组和账户管理。然而，法国政府往往采取不同的做法，即通过修改章程、更换管理团队、裁减人员和合并预算，以改善国有企业私有化之前的状况。法国已把对国有企业的财政援助提交给欧盟委员会审查，而欧盟委员会则把这种援助与相当严格的改组目标联系在了一起。1993年以来，法国国有企业已进行了许多改组。

（1）在大多数国有企业中，首席执行官已被取代。除了绩效指标外，新政府认为这些管理人员缺乏完成私有化所需的积极性。

（2）一些国有企业裁减了人员，将活动重心放在核心业务上。例如，埃尔夫-阿奎坦石油公司放弃了在巴黎春天和通用水务公司中的股份，法航出售了在艾美酒店以及比利时和捷克航空公司的多数股份，而佩区尼将其在卡朋罗兰集团的股份减至40%，并出让了非战略性业务部门。

（3）处于危机中的国有企业获得了大量财政支持。1993年，法国存托银行进行了债券认购，使法航得以增加了15亿法郎的资本。法航在1994年和1995年又获得了国家的直接援助，分别为100亿法郎和50亿法郎。1993年，法国电信购买了布尔公司17%的股份，该公司也获得了国家注资（110亿法郎）。这种情况下，欧盟委员会要求法国政府在1995年年底之前将其参股份额降低至50%以下。1994年，政府向政府间组织提供了184亿法郎的担保，里昂信贷银行此前曾向该组织出售了一部分的坏账。1995年3月，国家对国有银行实施了大规模的救援计划。1994年，法国航空航天公司获得了20亿法郎的政府捐款，用于减少债务。最后，政府对甘保险集团注资（向其转让埃尔夫-阿奎坦石油公司股份，价值28亿法郎），并对法国工商信贷银行和企业家银行注资。

三是私有化富有成效。为培养积极性，鼓励中小股东参与私有化改革，法国于1993年出台方案批准了股份延期支付。但是，最重要的还是财政刺激措施，其中最为著名的是"巴拉迪尔贷款"。这种4年期债券于1993年夏季发行，收益率接近可变资本投资公司发行的股份红利，共筹集了1100亿法郎。这笔贷款使140万认购人有机会将其债券转换为私有化企业的股份，并在公开发售中享有优先认购权。1993年，利率的降低和私有化企业的价值被低估也使公开发售更具吸引力。巴黎证券交易所自1993年以来引入了新的交易技术，使巴黎跻身于重要的国际金融交易场所之列。

自1993年年底以来，9家国有企业通过股票市场实现了私有化，总收入超过了1300亿法郎。在所有交易中，需求都高于供应，不过根据公开出售的股票报价，需求仍然未达到第一次私有化浪潮期间的水平。在大多数私有化的企业中，国家已将其股份减少到0，但仍然在塞塔和埃尔夫-阿奎坦石油持有许多股份，而寻求战略合作伙伴让雷诺整体私有化的速度有所减缓。

法国国有企业私有化的收益被用于减少财政预算赤字，而《马斯特里赫特准则》的趋同评估所使用的国家会计标准明确禁止这种做法。自1995年《财政法》颁布实施以来，这些收入被用于购买公共债务。

由于1995年4月的总统选举，私有化进程暂时停止。希拉克当选后，由于股票市场的困境和保险公司以及多家非金融公司面临的问题，新政府不得不将1995年的转让收入的预估金额从500亿法郎下调至400亿法郎。法国政府在1995年7月出售了奇诺尔钢铁之后，计划在年底之前实现佩区尼、雷诺和法国国家航运公司的私有化。但最后只完成了第一项，所以1995年的目标并没有实现。1996年年初，在国防工业改组的背景下，政府高度重视并优先考虑汤普森公司的私有化，此前由于与该公司既生产耐用消费品也生产武器双重性质相关的战略原因，其私有化进程有所推迟。

二、虽然改革以实现国有企业私有化为主，但法国政府国家股东身份的重要性却越发突出

其主要原因，一是来源于金融因素。法国的金融结构有利于"国有股东"保持绝对的战略地位。虽然法国仅次于意大利，是金融机构参与经济程度最高的国家之一，但非金融机构的比重相当大，导致法国国有企业上市公司的比重普遍低于日本、德国和意大利。法国家庭持有的直接或通过投资基金和保险公司持有的上市公司股份也低于其他经合组织国家。法国养老金体系的公共性使其投资通常与固定收益资产挂钩。法国基于股票投资的投资基金规模也小于其他经合组织国家。此外，从上市公司的数量和资本占国内生产总值的比重来看，法国股票市场规模相对较小，市场流动性也低于市场规模相当的德国，交易量和市场资本化集中于少数证券。因此，法国国有股东的参与能够稳定国有企业的所有权和财务结构，并对资本市场形成补充作用。

二是来源于管理结构因素。尽管进行了大规模私有化改革，但法国国有企业内部的权力还是相对集中。法国国有企业首席执行官的权力范围很广。98%的法国企业延续了传统的董事会机制。董事会机制加强了首席执行官的权力，涉及企业内部政策制定、监督管理以及薪酬设置等所有核心环节，造成企业中员工对公司管理的参与度很低。法国约束首席执行官的机制难以实施且成本高昂。法国企业的首席执行官是企业的唯一合法代表。法国企业的股东也很难对董事提出控告。权力集中是法国国有企业组织的一个基本要素，这一点在《宪法》中也有所反映，涉及总统的权力和首席执行官在企业治理中的权力。

三是来源于高管任命因素。法国政府严格把控对国有企业高管的选拔和任命权，加之国有企业被大量交叉持股和多数控制（由家族、股东联盟或国家），法国国有企业在所有权和控制权转移方面，与其他国家相比更加困难。在国有企业高管的招聘和职业发展方面，法国加强了由政府任命企业高管的权力，国有企业的高管多集中毕业于同一所大学（国家行政学院），他们有在政府或公共行政部门的工作经历，且通常直接被任命为国有企业主管，仅有不到7%的国有企业员工是通过职业渠道晋升为高管的。

四是来源于"金融中心"和硬核股东战略。在私有化过程中，法国政府倾

向于在国有企业私有化之后确保对企业管控的稳定性。因此，在出售国有企业股权阶段，政府首先在国内市场进行公开出售，为法国机构投资者预留投资席位，形成未来企业"法国化"的"硬核"。与此同时，政府将银行、保险公司、投资基金以及大型国有企业聚集在一起，形成"金融中心"，成为私有化的稳定投资者，也即成为未来企业相对自治的经济权力中心。

总之，法国私有化浪潮可以说是比较成功的。对私有化委员会更密切的监督确保了更大的透明度，私有化公司中的硬核组成以及外国投资者的参与也没有引起像第一次私有化浪潮中出现的抗议。在企业治理方面，对法国私有化的分析揭示了更多连续性的因素。硬核股东旨在保持稳定的控制权，并保护公司管理层免受非友好收购的风险，这是法国私有化的独特标志。一些分析人员得出结论认为，法国政府在进行私有化时一直有所犹豫，没有抓住历史机遇，没有实行更尊重市场力量的企业治理机制。

第三章
法国国有经济的治理

第一节　国有经济的内部治理

一、法国设立国家参股局，明确"国家股东"治理模式

为有效管理国有企业，以稳定企业资本并协助企业发展转型为目标，2004年9月，法国拉法兰政府根据获批通过的第2004-963号法令组建了政府股权代理机构——国家参股局（Agence des Participations de l'État，简称APE）。该法令规定，国家参股局具有国家职能，直属于负责经济事务的部门，即法国经济和财政部（简称经财部）。国家参股局的资金同样来源于经财部。该法令进一步规定，该机构应在确保国家财产权益的同时，履行国家股东的职能，其范围主要包括由国家直接或间接参股或控股的公司或机构。国家参股局专员负责国家参股局的总体管理，在经财部长授权下，协调国家经济、工业和社会方面的股东政策。国家参股局由法国经济和财政部监督管理，负责管理政府所持有的大量股权投资组合，也被视为具有战略重要性企业的股权投资者。该局的主要思路是按照市场化原则，引入出资人代表职权（出资人代表机制），以出资人身份对企业进行管理和监督。此外，国家参股局还对法国在战略领域少数领先的企业进行控股，通过增加企业的"国有"属性来有效避免其被外国资本收购。国家参股局的具体职责包括以下几个方面。

（1）行使国家股东权利。在尊重其他主管部门职权的情况下，国家参股局向负责的经财部长明确国家股东在国有企业战略方面的立场。分析国有企业的经济财务状况，并向有关主管部门申请权限。国家参股局还将落实国家股东的决策和

方向，并负责具体的执行工作。必要时可联合主管部门共同起草合同，以达到约束国有企业的目的。

（2）监督国有企业运营。国家参股局与有关部委一起审查国有企业的主要投资和融资计划、收购或转让项目、商业协议或合作研发协议，同时向负责的经财部长汇报国家股东在以上问题上的立场并予以落实。同时，国家参股局起草年度《国家股东报告》，并参与有关国有资产的核算工作。

（3）其他职责。国家参股局在国有企业的股东大会上代表国家，必要时与政府专员共同确保国家代表在参与企业或机构中立场的一致性；就国有企业的董事会成员（除国家代表以外）的任命和免职提供意见；定期评估国有企业的领导层与相关主管部门的履职情况；管控受公法管辖的人员活动，对其进行财务管理，并提出该管控方法的相关变更情况，此举须征求政府预算部门部长的意见，同时通过国家财政和管控总局获取被审计的国有企业的所有信息；在征求有关部门意见后，提议国有企业进行法定变更；与有关主管部门共同确保相关决定的筹备和落实；开展与国有企业有关的资本运营。

整体而言，国家参股局负责管理所有国家参与企业的经营活动，可以明确执行国家财产增值政策，其既是保护国家财产利益的唯一负责者，又是国有企业在政府中稳定和唯一的对话者。

2014年8月19日，法国政府通过决议进一步明确了国家参股局的组织架构，也确立了国家参股局的内部管理体系。从组成机构及职级划分上来看，国家参股局由4个持股管理部门、1个专业中心和1个总秘书处组成，设1名局长和4名副局长，4名副局长分管4个独立的持股管理部门，也被称为"持股主管"。持股管理部门是国家参股局的核心，4个部门按照行业属性划分，分别为交通运输、能源、金融与服务业、工业，每名副局长分管1个部门，下设1名或多名副主管，对国家参股局职权范围内的国有企业行使国家股东职权。具体的持股比例和范围由国家参股局局长决定。专业中心由局长或副局长管理，主要负责法律、会计、审计以及战略、综合与财务方面的专业业务。在不干预持股部门和专业中心职能的情况下，总秘书处负责协调处理国家参股局的以下事务：负责处理国家参股局与外部机构、监管机关的关系；负责与国家资本参与相关的信托账户追踪业务的预算管理；负责证券投资组合的跟进。此外，总秘书处还负责确保国家参股局日常运作并筹备由局长签订的合同。

国家参股局由55人组成，大多数是公务员，其中近一半是女性。截至2020年7月1日有44人，其中41%是女性。负责投资实体运营监控的团队分为四个参股部门，占该机构工作人员的一半以上，即28名高管，按惯例他们来自工程师团队（46%），但为了使人员多样化，也有的来自其他团队（民事行政人员、来自其他团队的公务员）或合同人员。国家参股局近20%的高级管理人员都毕业于著名的商学院。5个专业领域的人员，绝大多数来自私营部门（法律、财务、审计和会计、公关以及总秘书处），其作用是保障和支持该机构的经营和运作。秘书处共27人。有一半的高管以前曾在企业任职，有10年以上的专业经验。这些不断上升的数字反映了在国家参股局内提升公司的专业性和知识的愿景。法国国家参股局的组织结构如图3-1所示。

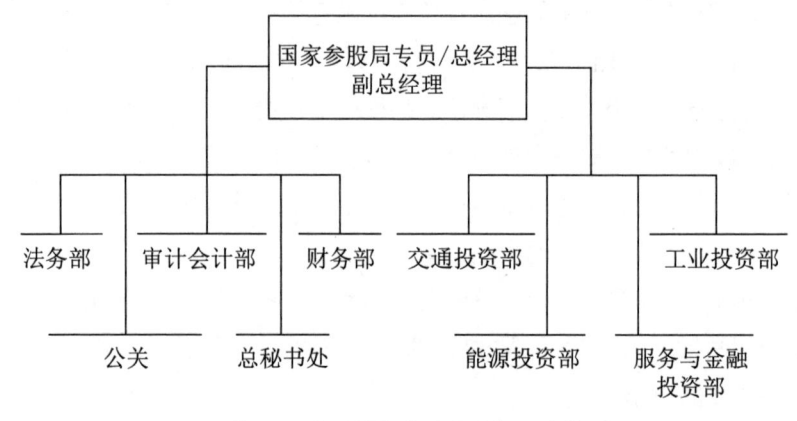

图 3-1　法国国家参股局的组织结构

为简化和保障国有企业经营活动，政府需要出台各项措施，不断更新相关规定，使其更好地适用于国家公共部门直接或间接参股或持股的企业。在此背景下，法国政府于2014年1月2日颁布了第2014-1号法令，规定了公共部门参与的企业资本的管理和运营办法。

一方面，该法令明确了国有资本参与企业的治理规则：针对以往在国有企业中对董事会的规定缺乏灵活性，不利于企业董事会发挥决策作用的现象，废除了有关企业董事会规模和任期的特殊规定；简化"国家"在国有企业中的代表地位，规定国家股东也必须通过股东大会的任命，使其更符合普通法规；将国家作为股东的角色和作为客户与监管者的角色区分开来，以明确国家任命或举荐的董事的角色；针对以往国家任命董事来源单一的问题，法令允许国家可以扩大推荐董事的来源范围，以便发挥其经验优势。另一方面，该法令为国家参与资本运营提供了规范性约束。明确要为国家的财产利益建立明确的保护性法律框架，并赋予其作为股东的能力。为股权收购业务提供框架，并在转让业务范围过宽时进行管控。针对国有资本参与企业的运营，应该取消不必要的行政声明和批准。与此同时，国家参股局还建立了国家股东职能透明化机制，检查企业账目，在财务上保障国家和小股东利益。政府以身作则，主张在经营的行为方式上为其他小股东做出榜样，特别是在资本运作方面国家不能滥用职权，重视兼顾短期与长期利益，不得将国家方针战略强加给企业。

二、国家股东以体现国家意志为使命，肩负国有资产保值增值和响应国家战略的责任

国家参股机构的职责有三个。一是长期资产管理。国家参股机构在政府制定的指导方针内体现和行使国家股东的使命。在经济财政和经济复苏部长的领导下，国家参股局的使命是管理国家控股的投资组合，是具有战略意义的公司的股权投资者，以稳定其资本并促进其发展和转型。该机构是一个具有国家职能的部门，服务于国家对股东职能和促进资产利益的需要，与国家履行的监管、税收、部门监督或采购职能有所不同。该局首先为国家提供了能够履行股东职能的体系。自2011年起，国家参股局拥有了更大的自主权，直接向经济和财政部长报告。任命国家参股专员进一步完整了该机构的部署。与长期股东一样，国家股东支持其参股公司的经济业绩、盈利能力和长期估值，并关注其社会和环境影响。

国家参股局每天都会跟踪旗下12家国有上市公司的股票表现（见表3-1），并对社会公开国家持股比例、国家持股市值以及盈利情况等信息。

表3-1 法国政府对12家国有上市公司的持股情况

国有上市公司及类别		国家持股比例（%）	国家持股市值（亿欧元）	市场表现（%）
交通运输类	巴黎机场	50.6	97.06	+37.1
	法国航空	14.3	4.28	−44.1
能源类	法国电力	83.7	296.68	+24.2
	恩基公司	24.1	77.05	−0.6
	有色矿业	25.6	7.68	+162.4
服务业与金融类	法国电信	13.4	51.1	+3.3
	法国国家人寿保险	1.1	1.49	−0.8
	德克夏银行	5.7	0.01	−58.8
工业类	空中客车	11.1	86.06	+39.3
	赛峰	13.2	60.76	+29.7
	泰勒斯	25.7	60.46	+17.1
	雷诺	15.0	32.33	−8.1

注：市场表现是指从2017年7月1日至2018年6月30日该公司在股票市场的盈利情况。

资料来源：法国国家参股局《国家股东年报，2017—2018》。

二是明确干预领域。在公共财政受到严重限制的背景下，当国家必须面对生态、产业和技术转型的挑战时，公共股东变得更加有选择性。因此，2017年，政府重新调整由国家参股局管理的国家股东投资组合，并围绕以下三个优先领域：①对法国主权做出贡献的战略性企业（国防和核能）；②承担公共服务或国家/地方公共利益的公司，且对该类公司的监管不足以维护公共利益以及确保公共服务者；③陷入困境的公司，且该类公司破产可能招致系统性风险。国家参股局投资的公司共计85家，涉及多个领域，如能源、工业、运输、服务和金融等。新冠肺炎疫情改变了这一原则。国家参股局将再次对股权和准股权融资进行干预，以确保弱势企业的长期财务安全，并加强法国的经济主权。

三是履行五项使命。这主要包括：①在管理政策中体现国家的资产利益；②促进公司的经济业绩、盈利能力和长期估值；③促进国家在公司管理机构中发挥股东的作用；④通过收购、兼并或合并对投资组合公司进行管理；⑤鼓励在薪酬、平等以及社会和环境责任等方面发挥示范作用。

三、国有企业的内部治理方式

2014年的第2014-1号法令规范了法国国家参股企业的治理制度，明确了国家参股局的治理方式：①阐明国家任命或提名的董事的作用；②"国家代表"代表了国家股东，为"法人"董事；③国家在股东大会上按其持股比例提名其他董事；④国家可以提名私营和公共部门公司的董事；⑤保留某些特殊性，如管理机构中的雇员代表权以及保护国家战略利益机制的存在。

在企业董事和高级职员的任命方面，国家参股局特别对任命国家参股公司管理层的程序进行了现代化和彻底改革，并明确了其使命。与任何私人股东一样，国家在公司治理框架内任命管理层方面拥有决定权。当国家持有少数股权时，仍能够干预公司治理机构设定的董事任命程序。确定和招聘最佳董事人选也是国家股东的一项重要权力。2014年8月20日，关于国家参股公司的治理和资本运作的条例开放了国家提名以及在股东大会上任命的董事库，使其能够从私有和公有部门的管理人员经验中受益。同时，法令重视国家股东注重大型公司的治理分离，明确了董事会主席和首席执行官各自的角色，以确保治理的平衡。这尤其适用于公司资本被多个股东持有或资本过于分散的情况。这一行为在国家参股局的投资组合中行之有效。在投资组合的前20家公司中，有10家采用了分离治理，巴黎CAC 40指数也是如此，其中近一半的公司都采用了分离治理。

国家提倡对高级职员和领导层的工资进行限制。根据 2012 年关于国家多数持股公司有关高管薪酬的法令和 2016 年反腐败法的规定，国家多数持股公司高管的报酬上限为 45 万欧元。国家股东确保有关股东大会对高管薪酬采用事前（确定薪酬原则）和事后（取得的结果）的约束性批准。对于法国"薪酬发言权"制度的修订，也扩展到了上市公司董事领取薪酬的方面。国家股东还确保适用于上市公司的 AFEP-MEDEF 守则的建议得到考虑。同时，国家代表能够干预参股公司的主管治理机构，以推进高管工资适度政策。在反腐败法规定的投票制度框架内，这一适度政策将继续指导国家股东在股东大会上的投票。

国家参股局对任命参股公司董事的程序进行了现代化改革，并在财政年度之初明确了国有企业的使命（战略路线图）。作为公司的大股东，与所有私人股东一样，国家有权任命高管人员，这是公司治理的一部分。当国家持有少数股权时，则会介入公司治理机构为任命高管所制定的程序。能够确认并招聘最合适的董事也是国家股东使命的一大重点。

作为股东，国家参与了近 730 名董事的任命，这些董事目前任职于法国国家参股局范围内的实体董事会，其中 310 名代表或由国家提名。此外，各机构、国家和地方当局在国有企业中提名了 90 名合格人员。自 2015 年以来，国家参股局还通过招标选定的招聘公司，对其所投资公司中提名或任命的董事和高管的招聘工作进行了专业化。

四、"国家股东"的特殊管理规定

作为国家股东的主体机构，法国国家参股局还对"专门名词"进行了特别的规定，以体现出国有企业的特殊性。

（1）董事。在国家股东的使命中，为每个董事会确定和招募最合适的董事是一重大事项。2014 年以来，由国家提名并在大会上任命的董事库已经对包括来自公共和私营部门的人员开放。因此，国家参股局已经能够建立起一个多样化的人才库，以增加董事的多样性。这种做法体现了将国有股东范围内的公司董事招聘和管理专业化这一愿景。2019 年，3 家高水平的人力资源公司参与协助国家参股局选择董事。这种做法旨在使所招募的人员背景多样化。

（2）市值。市值是代表公司或基金经理的所有证券按市场价格计算的价值，等于流通股数量乘以股价。国家参股局的股票市场投资组合的价值根据上市公司的持股价格和国家在这些公司的持股水平而变化。市值主要由能源、航空和运输股贡献，这些股票占其上市投资组合的 3/4 以上。

（3）"国家金融参股"特殊拨款账户（CAS PFE）。"国家金融参股"特殊拨款账户记录了出售国家金融股份的收入。该账户只记录国家与管理其持有的金融资产有关的交易，这些交易具有资产性质。然而，国家从其公共持股中获得的红利并不支付给 CAS PFE，而是支付给总的财政预算。因此，这只能是由作为投资者的国家股东进行交易。根据宪法委员会 2005 年 12 月 29 日的决定，特别拨款账户的"支出"部分由预算法案中的两个方案组成。

在先前的 731 号方案中，也被称为"国家金融参股"，其目标指向"涉及国家金融参股的资本交易"；在后设立的第 732 号新方案中，其目的旨在"减少国家或国家公共机构的债务"，与以往方案中的第 2 项行动相对应。此外，2020 年 4 月 25 日修订的"金融法"为第 358 号方案规定，"在健康危机背景下特别增强国家财政贡献"，即增加了 200 亿欧元的危机信贷，旨在补充 CAS PFE。该方案将资本支持业务集中于因危机而变得脆弱的战略性企业。例如，法荷航集团股东往来账户上的 30 亿欧元预付款就是由 CAS PFE 提供的。

（4）股息。2015 年以来，国家股东实施的股息政策发生了重大变化。股息政策目的被进一步明确为确保投资组合中的企业在财务上的可持续性，保证投资项目的盈利能力，并为股东提供尽可能稳定的回报。近年来，支付给国家的股息急剧下降。2007—2014 年，每年的股息在 40 亿~55 亿欧元，而自 2015 年以来，股息降至平均 25 亿~40 亿欧元。该政策旨在：①提供与同行业企业私人股东相当的报酬；②维持可持续的股息水平，并与公司的财务轨迹（特别是债务和评级）相匹配；③根据经常性业务的结果而非特殊部分计算支付率。

最初计划的 2019 年红利（包括非上市公司和上市公司）应达到 24 亿欧元。考虑到新冠疫情危机，这一数额调降为 7.08 亿欧元（其中包括 3.84 亿欧元现金和 3.24 亿欧元的股票）。该金额相当于 2019 年收到的 2019 财年的预付款和 2020 年收到的 2019 财年余额。这样做是为了保护受危机影响的公司的现金流，一些公司有其特殊情况或是在危机前已经完成了付款。

（5）治理。2014 年 8 月 20 日，国家参股局关于资本治理和运营的第 2014-948 号法令中明确了国家在治理国有企业中的作用。国家的目标是使其干预方式更接近普通法中的股东干预方式，尤其是对上市公司的干预方式。该法令的条款侧重于明确国家任命或提名的董事的作用，将国家作为股东的角色与监管、监督等其他职能区分开来，并且使国家能够从公共和私营部门的管理人员中提名董事。国家参股企业的一些具体特点也得到了保留，尤其是保证了公共部门企业在管理机构中有更多的雇员代表,以保护国家战略利益。

(6)平等。国家股东确保企业实施非歧视和多元化政策,特别是在管理层(董事会、执行和管理委员会、高管人员)中实现更平衡的男性和女性代表。除了法律规定的义务外,国家股东还致力于将该政策用于法国国内外的所有国有企业员工。就投资组合中的 11 家上市公司而言,在 2020 年股东大会结束时,女性在董事会中的比例达到 45%(不包括不受法国法律约束的空客公司则为 46%),女性在国家参股局整个投资组合中的比例为 36%。在所有的这些公司中,国家代表提名的董事中有一半以上(55%)是女性。

虽然《科佩-齐默尔曼法案》使董事会中的女性人数迅速增加,但在执行委员会中还未曾有同样的情况。治理机构以及国家参股局投资组合企业的管理层(执行或管理委员会)提出的这一目标也属于国家股东在社会和环境责任方面的目标之一。在国家参股局内部,女性比例为 51%,其中的 41% 是高管人员。

(7)投资组合。国家参股企业的数量依据国家股东的原则而变化。2004 年,当国家参股局成立时,其投资组合中包括 99 家国家直接或间接控股的公司,包括 13 家上市公司。2020 年,国家参股局投资组合中有 85 家公司,包括 11 家上市公司。这个综合投资组合由不同类型和不同形式的公司组成,但股份公司和公共机构占据了大多数。

(8)私有化。资产出售的收益是国家的潜在资源。无论是直接用于减少债务还是用于减少预算赤字,这种资源都有助于减少政府的公共债务总额。这是欧盟委员会和国家会计师评估公共债务时使用的基准,受到市场的密切关注。如果没有这种资源,国家将承担更多的债务。国家的作用不是控制不属于国家主权范围或不履行公共服务使命的商业公司的资本。国家应该是为未来做准备,制定行动框架,促进技术创新和投资,并确保承诺得到遵守。

2015 年以来进行的国家股东投资组合的调整,旨在将公共资本的调动限制在其新原则范围内的战略性企业。这是由于国家认为其掌握的监管、保护战略资产的工具是不够的,因此有必要持有股权。

(9)存在的理由。商业企业具有社会和环境影响,不能再以单纯追求利润作为其经营目标。价值的创造也必须由公司的各个利益相关者共享。企业业务增长和转型行动计划(PACTE)法案使公司能定义其存在理由,并更多地考虑到与其业务相关的社会和环境问题。公司可以在尊重其企业宗旨的同时,继续开展符合集体利益且赋予所有员工行动意义的创业项目。因此,对《民法典》第 1835 条的修订,使有此意愿的公司能够在其公司章程中加入存在理由这一款。该修正案规定了许多公司在社会和环境责任方面做出的承诺。存在理由是长期项目，构成了企业宗旨的一部分。国家股东已要求其投资组合中的公司研究制定其存在理由，以便由公司的治理机构审议，以期将其纳入公司的章程。这项工作目前正在进行中。

（10）主权。通过投资原则，国家股东已将其投资组合的重点放在为国家主权和国家独立做出贡献的战略性企业上，特别是民用核能领域和国防领域。

新冠肺炎疫情危机削弱了许多大型私营公司（无论国家是否参股）的实力，为了经济复苏，国家股东需要修改干预政策。国家股东将支持有助于国家经济主权的战略性以及为弱势企业提供股权或准股权。

第二节　国有经济的监管体制

法国设立系统的监管体制，各机构既独立又互为补充，在促进国有资产保值增值的同时，最大程度地保障企业市场化运作。政府虽然不直接管理企业，但对国企实行几个层次的监督，从上游、中游与下游都对国企实行不同程度的管控。比如，上游监管国企的是经财部的财政监察总司，负责审查国企的各种补贴及工业政策。中游是财政部的国家稽查总局，国家稽查员参与国企的董事会，但无投票权，充当政府的"耳目"作用。但是，如果国家稽查员认为董事会讨论的项目与国家的目标不一致，他可以直接向财政部长汇报，说服部长从政府层面进行干预。下游是审计法院，保持独立地位，负责审计国有企业（国家机构）的开支与收益。以私有化改革为契机，将国家控股向国家参股形式过渡是法国国有企业改革的显著特点。经财部主导采用"三权分立"模式管理国有企业，除了设置国家控股所有权机构（国家参股局）行使资本运作与企业股东职能以外，国家反腐署（Agence Française Anticorruption，简称 AFA）作为国有资本经营督查机构，行使监察职能，参股和转移委员会作为国家对企业所有权的决策咨询机构，负责国家对国有企业参股的督导。三个平行机构既相互独立又彼此补充协调，在实现国有资产保值增值的同时，最大限度地保障了企业市场化运作。

一、国家反腐署

国家反腐署前身为预防腐败服务中心，隶属于法国经济财政部，与国家参股局平行。它使政府对国有资本的经营监督职责与国家所有权的机构职责分开，以避免利益冲突。国家反腐署负责国有企业和公共服务机构的监察工作，预防和发现国有企业法人或管理人员的违法行为，包括贿赂、违规交易、非法获取利益、挪用公款和偏袒等。AFA 还将国有企业经营、财务状况等信息通报 APE 和其他股东，以利于对企业做出有效评价并防范风险。同时，向国家通报受监察单位的情况，将国家经济财政具体政策传达给国有企业。一方面，识别国有企业主要经营、财务风险，并采取一切防范措施；另一方面，对这些企业的效率从公共政策角度做出评价。国家监督署的工作有助于保持国家信息渠道畅通。国家反腐署还经常根据国库总司（Direction Générale du Trésor，简称 DGT）的要求对接受国家资金支持的私营企业进行审计。值得注意的是，政府十分注意尊重各类国有企业管理人员的自主权，促使公共服务行业更好地各司其职。

二、参股和转让委员会

参股和转让委员会（La Commission des Participations et des Transferts，简称 CPT）是一个独立的行政机构。其职责是根据经财部长的要求行事。①确定国家转让股份或公共机构/国有企业将大部分资本转让给私营部门的公司的价值。转让价格不得低于参股和转让委员会确定的价值。②在转让属于非股票市场交易的情况下，决定转让程序的条款、购买者的选择和转让的条件（特别是价格）。部长还可以将此事由提交至国家收购控股委员会。参股和转让委员会也是隶属于法国经济财政部的机构，该机构针对国有企业任何股权变动提供建议并参与决策，是法国国家所有权决策咨询机构，直接向部长负责。CPT 的主要职责如下：一是评估确定国家出售国有企业股权的价值；二是确认股权转让程序的条款，包括购买者的选择和转让的条件（特别是价格）；三是确保负责经财部长的决定（或法令）必须符合委员会的意见。委员会每年向经财部提供报告。CPT 在对递交来的企业档案进行研究并听取企业、咨询银行以及经济财政部国库司的汇报后，负责确定企业的最低价值，然后将最低价值的报告公布于众。经财部长确定在公开销售过程中股票公开发行的价格和"稳定股东集团"的股东应交付除公开销售价格以外的手续补贴费。此后，经财部长把他的决定递交给 CPT，该委员会审查其所确定的最低价值是否得以落实，并公布关于转让运作具体方法的公报（在公报上登载经财部长签署的政令，确定公开出售报价和进行转让的操作办法、预留给职工的股份、承办人包购数量以及向投资者进行定向出售的股票数量等），最后进行转让认购。经财部长有权以向公众及机构推销股票的方式和把市场内交易与市场外交易结合起来使用等方式进行转让。

从 1986 年法国启动国有企业私有化改革至今，CPT 所提供的参股与转让咨询规模已超过 1 200 亿欧元。其中主要包括：1994 年 2 月，埃尔夫·阿奎坦石油公司 54 亿欧元私有化案；1997 年 11 月，法国电信 56 亿欧元 IPO 上市案；1998 年 12 月，法国电信 55 亿欧元出售案；1999 年 7 月，里昂信贷 53 亿欧元私有化案；2004 年 9 月，法国电信 51 亿欧元出售案；2006 年 1 月，高速公路集团 148 亿欧元出售案；2006 年 11 月，法国电力 74 亿欧元上市案。

参股和转让委员会历任 5 位主席，其不同的决策风格也反映出法国国有企业改革的思路。1986—1988 年，Pierre Chatenet 主席倡导私有化改革，从金融机构入手，先后对巴黎银行、兴业银行进行私有化，在任期间还完成了苏伊士环境集团和法国电视一台（TF1）的私有化项目。1989—1993 年，Yvette Chassagne 主席采取"双否定"政策（la politique ni-ni），以既不国有化也不私有化方式进行企业改革，鼓励通过增资扩股的方式实现国有企业资本开放。1993—1998 年，Pierre Laurent 主席恢复私有化改革，他不仅关注工业企业，还重视金融业和保险业。1998—2008 年，国有企业私有化改革全面展开，François Lagrange 主席推动电信业私有化及其他原公共垄断资本，如法国电力、法国燃气、巴黎机场的市场开放。此外，还推动主要工业企业（空客、雷诺 - 日产、法国航空、法国燃气苏伊士）的市场开发，并私有化里昂信贷、斯奈克玛以及高速公路特许经营公司。2008 年至今，Bertrand Schneiter 担任委员会主席。金融危机后，随着股票二级市场回暖，国有企业纷纷出售子公司股权，委员会更多介入股权估值和规范交易流程的咨询决策。

三、审计法院

法国审计法院（Cour des Comptes）负责对国有企业账户进行审计，包括对国有企业收支情况进行单证核查和当场核查，以确保其合理使用国有的信贷和资金。作为独立机构，审计法院可以根据议会或政府的要求自行制定审计方案。审计法院在该领域管辖权的范围很广，因为它涵盖所有行政部门以及与公共领域直接或间接相关的机构、实体、团体或公司，包括国家、公共机构、国有企业、社会保障机构以及享受公共补贴的机构。与此同时，审计法院也根据参议院或国民议会的要求编制公共政策的审计报告。国有企业作为公共政策的重要组成部分，是审计报告披露的重点领域。该报告明晰了公共政策的利弊，从而对公共政策的方向和内涵产生不可忽视的影响。审计法院还涉足对国有企业员工社保账户的审计工作。自 2006 年以来，审计法院承担了法国社会保险机构中央管理处（ACOSS）、法国国家劳动保险基金（CNAVTS）、法国国家雇员医疗保险基金（CNAMTS）、法国国家家庭补助局（CNAF）等四个国有企业社保账户的认证职责。

  从对国有企业资产管理经营状况的监督来看，法国政府除了在形式上采用政府主管部门监督、审计部门监督等外部监督以外，为了防止国有资产流失，并保证国家对宏观调控管理任务的完成，法国政府还对国有企业进行内部监督，其重要方式是向企业派驻稽查员。稽查员的主要使命是督促企业遵守各项财务规章制度，检查企业账目是否合乎规定，向政府提供企业的各种信息，为企业提供经营建议，帮助企业搞好经营生产。因此，稽查员拥有调查、参加管理部门会议并发表意见和调阅企业文件的权力，在诸如原材料采购、工资和价格管理等方面也享有较大的发言权。

第四章
法国国有经济的绩效

履行社会责任是法国国有企业的优先事项，法国政府主要围绕四个方针对国有企业社会责任进行统一的章程规定，使得以国家参股局为主体的国家股东战略更为完善。

第一节 国有经济的功能定位

一、社会责任的定义

20世纪70年代，法国经济进入"滞胀"期。国家垄断市场经济的弊端逐渐显现，同时出现了生产停滞和通货膨胀，社会问题日显突出，过度垄断造成经济危机、贫富差距、社会动乱、失业率增加等社会矛盾。为了解决上述社会问题，法国利用集权制的优势，大力发展社会福利，积极调动国有企业履行社会责任。法国的社会公民组织也比较发达，通过各种运动给政府和企业施压，要求大型国有企业承担更多的社会责任。法国的大型国有企业面临政府和公民社会组织的双重压力，不得不重新考虑企业对社会和环境应承担的责任。

1977年，法国出台了第一个与企业社会责任有关的《社会报告法》，要求拥有300名员工以上的公司发布社会报告。其内容主要是报告员工和社会政策（当时尚未提及环境保护）。在促进负责任企业投资方面，法国是最早立法的国家。有关的法律陆续出台，2001年2月19日颁布的《雇员储蓄计划法》和2001年7月的《公共养老储蓄金法》，规定养老金的基金投资必须考虑社会和环境因素。

公职人员补充养老保险机构将 100% 的资金用于社会责任投资，全国度假支票管理署将 1/3 的资金投向符合社会责任投资要求的领域。另外，法国国有金融机构——信托投资局也实行社会责任投资政策。在企业社会责任信息披露方面，法国对此也提出了明确的法律要求。法国是第一个在法律上要求上市公司进行企业社会责任信息披露的国家。

2001 年 5 月 15 日，法国颁布了《新经济规制法》。近 20 年首次对《法国公司法》进行重要变革，主要增加了企业社会责任信息披露和环境保护两个方面的法律规定。在企业社会责任信息披露方面，该法案规定大企业即雇员超过 500 名、资产总额超过 1 亿欧元的企业或者是上市公司必须进行社会责任报告。该法令第 116 条审查报告中，将企业对社会和环境的影响纳入企业监管之中。企业社会责任报告中应涵括 134 个衡量指标，主要集中在雇佣的员工人数、合同形式、裁员计划、劳动关系、工会报告、培训政策、卫生和安全条件、残障人士的雇佣以及社会工作、环境保护、资源再利用等领域。特别是在环境保护方面，企业被要求公布资源利用情况和资源再利用的具体措施，以体现公司在环境保护上是否有所作为。在社区服务方面，公司要证明是如何对企业所在地的地区发展和居民生活做出贡献的。

此法案不仅要求总公司进行社会责任报告，也要求报告分公司在社会和环境方面所做出的努力。报告所提交的内容和数据应具有可比性，既可以与同类企业进行横向比较，也可以与历年业绩进行纵向比较，如果有些数据和内容不能提供，应该予以解释。企业提交的信息不能按照自己的意愿随意提供，必须经第三方机构审核认可方可生效。第三方机构有义务对非财务信息，也就是社会和环境责任信息的可信度和质量进行评估，并出具评估报告。但是，《新经济规制法》没有明确指出企业如果没有按照要求公布社会责任信息或者公布的信息不够全面将会受到何种惩罚，因此该法律不完全具有强制性。2003 年，法国发布了《财务安全法》，要求上市公司发布为防范各类风险而设置的组织和内部控制程序的报告。2005 年，新的会计标准的引入使得信息披露的要求更加具体和透明。在环境保护方面加强立法，《新经济规制法》第 228 条要求进行环保包装的试验，告知消费者产品所包含的碳排放量，满足消费者对环保产品信息的需求。2011 年 3 月，经过法国生态和可持续发展部呼吁，一共 168 家企业被选中参与这一环境标签试验。参与此试验的一半产品是食品，另一半是服装、纸制物品和家用修理工具。

另一个关于环境保护的会议也值得关注。2007年，法国召开了格勒纳尔环境政策会议，证明《新经济规制法》取得了成效。2008年，格勒纳尔环境会议的议题是企业社会责任，第53条通过的行动方案中列举了发展企业社会责任的措施包括：与企业的利益相关者如股东、员工、非政府组织、公民、政府一起，共同发展企业社会责任信息披露；与职工代表机构一起讨论可持续发展问题；鼓励企业建立独立的可持续发展部；支持环境标签行动；确保促进企业负责任投资；努力发展欧盟层面的社会和环境标准。法国于2010年7月12日在环境政策会议《格勒纳尔法案二》第225条规定了新机制，要求企业在社会责任信息披露中详细说明企业对社会和环境所做的贡献，并列举对可持续发展所采取的具体措施。除了《新经济规制法》对环境保护提出要求外，2004年，法国出台了《气候计划》，其中确定了减少温室气体的排放量。2005年，联合国在东京通过了《联合国气候变化框架公约的京都议定书》，为了使人类免受气候变暖之苦，要求发达国家从2005年开始，发展中国家从2012年开始承担节能减排的责任。法国承诺，2008—2012年，将二氧化碳排放量降至1990年的水平。2005年3月1日，《环境宪章》写入了宪法中，在法律地位上《环境宪章》与1789年的《人权宣言》地位相等。其中对每一名法国公民做出了保护环境的要求，要求每一名公民注重可持续发展。《环境宪章》明确规定每名公民都拥有"在平衡和健康的环境中生活的权利"，同时也必须承担"保护和改善环境"的义务。其中第6条规定，公共权力机构必须推广可持续发展。而企业社会责任则位列四大指导原则之一。

二、社会责任的实施措施

在经济政策方面，法国主要靠公共采购制度促进企业社会责任的发展。招投标以及评估标书由一个独立于政府的招标委员会来评估和组织，政府的影响力非常小。政府对招标委员会行使监督权，如果对招标过程和招标结果存疑往往通过法律形式来解决。2005年11月，法国成立了公共采购观察所，负责采集和分析公共采购方面的数据，利用公共采购的工具鼓励企业注重并践行社会责任。2007年法国通过了《政府采购国家行动计划》，提出公共采购要考虑供应商的企业社会责任业绩，要求在2012年年底10%的公共采购选择企业社会责任获得良好成绩的企业。政府还要求所有的国有企业成立"可持续发展俱乐部"，开展宣传、交流工作，分享成绩和传播可持续发展理念，包括企业社会责任。在促进负责任投资方面（SRI），法国在引导企业负责任投资方面取得了良好成绩。法国社会责任投资研究中心发布的年度调查显示，在 2012 年法国投资市场不景气的大环境下，社会负责任领域投资总额达到了 1 490 亿欧元，同比增长 29%。调查报告显示，目前法国共有 53 家资产管理公司和两家机构投资者对 SRI 资产进行管理。投资规模的增长明显受机构投资者带动，其中保险公司投入占机构投资者投资总额的 72%，位列养老和互助基金（占机构投资的 17%）以及公共机构（占 11%，过去曾是机构投资者 SRI 投入的主要来源）之前。散户的社会责任投资占 SRI 投资市场的 28%，法国的水平远远高于欧洲 6% 的平均水平。

在信息工具方面，法国建立了企业社会责任平台。2013 年 6 月 13 日，法国政府发布了针对政府、企业、非政府组织提高社会和环境责任的报告，报告题为《责任和组织绩效》。报告提出了 20 条促进社会责任的建议，决定从以下四个方面做出努力：促进全球社会责任报告的文化发展；建立欧洲监管框架，改善信息披露的可靠性；促进社会责任投资；将法国的企业社会责任纳入一些国际标准。6 月 17 日，法国总统设置法国企业社会责任全球平台，其目标是使法国的企业与利益相关方有一个平台共同研究与磋商企业如何更好地履行对社会和环境的责任，同时任命该平台的常任秘书长 Michel Doucin 为大使。虽然法国的企业社会责任发展模式主要是以法律规制为主，但是法国依然注重利益相关方的合作。2005 年 11 月，法国企业社会责任观察组织发布了企业与非政府组织的战略合作关系报告。法国政府积极地与企业、联合国、非政府组织合作，共同促进企业社会责任的发展。在法国劳动、就业和社会凝聚力部与 AFRC（法国客户关系管理协会联盟，Association Fran Aise de la Relation Client）和 SP2C（专业工会接触中心，Syndicat Professionnel des Centres de Contacts）的共同主持下，建立了社会责任标签客户联络中心。政府参与发展企业社会责任标签，使得该标签的合法性得到加强。对于获得企业社会责任标签的企业来说，增强了市场竞争力，表明了企业在促进社会和谐和环境保护方面所做的贡献。将标签作为推广企业社会责任和可持续发展的工具，还包括法国生态标签、《环境宪章》、家庭标签、自愿平等标签、《多样性宪章》等。在促进法国生态标签发展方面，自 1989 年开始，法国标准研究院开始推出生态标签管理，但到 1992 年才实施。它旨在识别和奖励在整个产品的生命周期中保护环境的企业，为消费者满足环保意识提供信息指引。任何组织可以自愿申请此标志，法国生态标签的管理组织由一个多方利益团体组成，包括生产商、贸易商、消费者等各方 18 名代表组成的生态环境标志。2006 年，政府发动"我买生态标签活动"，推广消费者购买带有生态标签的产品。法国政府还积极与联合国的一些国际标准合作，推动法国企业积极加入联合国《全球契约》，加入的法国企业达 700 多家，是联合国最大的国家企业团体。法国政府积极推进欧盟范围内的欧盟生态管理和审核计划认证。2005 年，法国环境与可持续发展部发起多方利益相关者对话，名为"企业宣言和可持续发展"。2012 年 6 月 20 日，在巴西里约热内卢举行的世界可持续发展大会上，法国与南非、巴西、丹麦成为 4 个创始成员，倡导生态、可持续发展。

整体上看，法国政府对企业的社会责任有着严格的定义。这主要围绕以下四个方针实施：①将企业社会责任充分纳入公司战略；②确保低碳经济的转型，减少公司经营活动对环境的影响；③成为具有责任感的雇主；④产生积极的社会影响。

根据定义企业社会责任准则的章程，国家参股局将在投资评估时纳入这一企业社会责任政策。国家参股局已开始实施投资组合公司二氧化碳排放量的统一报告，以支持其去碳化战略。其目的是确保投资组合中的公司在减少二氧化碳排放方面的战略与《巴黎协定》相一致，并使手段与目标相匹配。

国家参股局制定了一个跟踪投资组合公司二氧化碳排放量的计分板。虽然所有大公司都将环境政策纳入其战略，但对二氧化碳排放量的衡量方法各不相同。例如，选择排放范围（公司生产，包括使用的能源、下游和上游供应商和客户的排量）或价值链中的排放分布等。

排放量是根据年度报告和参考文件中报告的活动数据（吨、千瓦时、公里）计算的。选择的排放范围包括：①公司生产本身的排放（范围 1）；②包括所使用能源的排放（范围 2）。③对应的排放包括下游和上游生产流程，即客户和供应商的排放（范围 3）。投资组合中上市公司范围 1 和范围 2 的排放量在 2017 年为 1.81 亿吨 CO_2，2018 年为 1.413 亿吨 CO_2。总排放量（范围 1、范围 2、范围 3）的估算将使 2018 年财务报表的数字为 4.2 亿吨 CO_2。然而，由于与国家参股局投资组合中的公司间关系的双重甚至三重计算，这一信息的可靠性对于范围 3 来说是不确定的。例如，法国电力公司发展可再生能源（装机容量从 2014 年的 28GW 翻番至 2030 年的 50GW），提升储存能力（已使用 5GW，2035 年全球将增加 10GW）；法国国家铁路公司订购了 100 列"未来高铁"（能源消耗减少 20%），开发混合动力列车和氢能列车；法国邮政将有 2.5 万辆电动车（2 轮、3 轮和 4 轮）。到 2025 年，该计划的目标是在世界各主要城市提供零排放模式。在《巴士 2025 计划》中，巴黎地铁公司已承诺其 25 个巴士中心将全部以电或沼气提供动力。机场的碳认证（由国际机场理事会颁发的自愿减少二氧化碳排放的承诺认证）投资组合中的 5 个机场处于 4 级（中性）中的 3 级（优化），在留尼汪岛建造了一个生物气候候机楼。战略计划中规定的所有港口的码头电气化计划，并提出了使用替代燃料（液化天然气）的建议。

在履行性别平等方面，国家参股局投资组合中所有公司的董事会和监事会的女性比例在 6 年内增加了 1 倍多，从 2012 年的 16.2% 增加到 2020 年的 36%。对于投资组合中的上市公司，在 2020 年股东大会结束时，这一比例上升到 45%（不受法国法律约束的空客公司则为 46%）。在这些公司中，国家代表或提名的董事中有一半以上（52%）是女性。相比之下，在 2020 年股东大会结束时，SBF 120 指数公司董事会中的女性比例仅为 45.2%。在非上市公司的管理机构中，由国家直接提名的女性董事的比例为 35%。

国家参股局投资组合公司有如此表现是因为国家股东希望树立榜样，积极推动科佩 - 齐默尔曼法案在投资组合上市公司中的实施。

一些实体受到法律严格平等的约束，而其他实体由于其规模（尤其是机场）或法律地位（尤其是大型海港）现在还未受到约束或将在以后受到约束。而在更新董事会或监事会时，遵守平等目标是国家股东的主要指导方针之一。

治理机构的平等目标，以及在国家参股局投资组合中的公司管理机构（执行或管理委员会）的中期目标，都被纳入了国家股东在企业社会和环境责任方面的目标中。

第二节 国有经济的社会绩效

法国在国有企业的管理不断发展的基础上积累了独特的经验，其中颇具特色的一种做法就是推行合同制管理。国家计划合同是法国政府运用计划手段干预经济的一个重要工具。法国对国有企业的管理，除了政府通过经济计划、政策引导、任命企业高管、向企业派驻监督稽查人员、以法律形式颁布行为准则和规范外，国家与国有企业之间签订的合同，也是一种重要的管理形式。

一、法国计划合同及其实施背景

法国国家与国有企业签订计划合同可追溯到 20 世纪 60 年代。最初同国家签订合同的国有企业主要是公共服务企业，如法国电力公司（EDF）。当时签订了一个 1970—1974 年的计划合同，后来由于发生石油危机，同时对核电发展难以预测，这一合同没有执行下去。计划合同真正发展起来是在 20 世纪 80 年代。首先，当时的法国缺乏统一的国有企业管理机构和章程，企业一方面要求进行自主管理，另一方面则需要考虑社会责任并受到国家干预，在此过程中出现的矛盾亟待解决。其次，法国经济的高度国有化和计划化使其难以应对经济形势的剧变，而国有企业首当其冲。国有企业受到国家的管控，享受大量补贴，会优先考虑国家目标和总体利益，而不以利润最大化为目标，这种与市场部分脱节的状态使其竞争力有所下降。20世纪80年代初，法国社会党上台后，在经济领域进行了诸多改革，而计划合同在此背景下成了国家监督与企业管理自主二者之间的新型平衡工具。

"国家—企业计划合同"是国家和国有企业基于平等原则，为指导企业发展和落实国家中期计划而共同签订的合同。其目的在于既能厘清国家和企业之间的关系，从而使国家能够对企业进行合理监督，又能使企业在拥有适度管理自主权的同时为社会总体利益做出贡献。计划合同的具体目标包括以下四个方面：第一，企业战略和国家产业政策要协调一致；第二，企业要参与实现社会团结和国家总体利益的目标，包括就业、研发、外贸以及中小微企业发展等；第三，企业人员的积极性要得到调动发挥；第四，企业要在计划合同框架下行使一定的管理自主权。合同经谈判订立后，国家与企业之间就建立起了一种合同制关系，国家不再直接干预企业，而是以国家股东的身份履行财政义务，对企业进行间接管理。

二、法国计划合同的特点

计划合同在内容方面分为两个层面：在企业层面，明确了其发展战略目标以及社会责任；在国家层面，则阐明了其财政义务。法国政府制定的标准计划合同的内容主要包括以下三个部分：一是企业在计划合同中需要阐明其总体发展战略和目标，包括产业和社会发展目标、投资目标和经营活动目标；二是企业需要明确参与实现社会团结和国家总体利益的主要目标，主要涉及就业培训、研发、贸易平衡贡献、对外部平衡的贡献、与产业结构和中小企业的关系，以及节约能源等；三是国家股东需要明确和企业之间的财政关系，包括股息支付、资本分配、证券发行等。

由于企业的发展战略需要和国家总体计划具有一致性，反映国家的产业政策，所以内容也各有侧重。对于具有垄断地位的公共服务企业（如电力、交通、铁路等），其计划合同的主要内容集中于改善经营状况、稳定就业等，从而使此类国有企业在自身财务状况得到恢复的同时，积极履行社会责任。

同时，针对不同类型的国有企业，计划合同的形式有着很大的不同。与具有垄断性的公共服务企业（如电力、交通、铁路等）签订的是计划合同，国家对这类企业的某些经营活动具有很大的影响。这种合同的主要内容是对价格、投资、财务、债务、生产效率和服务质量等方面做出规定。企业在遵循上述规定的同时，负责自己的日常管理。这些公共服务企业长期以来接受国家的财政资助。由于年年要谈判，一年一定，不利于企业长远规划。为了保证企业有一个比较稳定的外部环境，企业也欢迎以计划合同形式把这些变动的经济关系稳定下来。合同由国有企业与主管部门之间签订。国有企业以平等的身份参加合同谈判，因此，签订合同是一个讨价还价的过程，往往要经过几个月甚至一年多的时间才能确定。企业希望国家多投入、自己少产出，国家则正好相反，最终双方都要做出某些妥协和让步才能达成一致。由于政府规定的是最低目标，并且是政府与企业之间多次讨论后的共识，因此受到双方遵守，一般都完成得较好。

与竞争性国有企业则采用目标合同。这类合同只规定发展战略目标，是一种行为的指南，很少或根本不列数字、价格等具体指标，工资全由企业自己决定，投资也有相当大的自主权。这种合同是多年（2~5年）的，每年可以修订，不具有法律效力，合同在执行前要经董事会审阅。由于签订合同的是竞争性企业，因而目标合同的具体要求不对外公开。由于目标合同是国家和企业定期协商制定的，因此国家对不执行目标合同企业的制裁不能诉诸法律，只能采取撤销企业主要领导人职务的办法。

计划合同是国家运用计划手段干预经济的一个重要工具，属于宏观管理的一种具体形式。通过签署计划合同，国家能够将企业的发展战略和目标纳入国家的计划框架。为此，计划合同的协商谈判工作规定了企业发展规划的具体内容，其中就包括就业目标、期望企业承担的义务等。同时，在对计划合同执行情况的后续评估中，针对企业履行义务情况、企业总体效益等也设置了一系列评估指标。基于此，计划合同能够使企业与国家总体利益在一定程度上同步发展。

此外，计划合同还明确了企业与国家之间的权责关系：一方面，作为市场主体，国有企业具有一定的自主性；另一方面，国家作为国家股东，逐渐减少直接干预，而对企业进行间接管理，履行财政义务。在国家补贴方面，各阶段的计划合同有所变化。在20世纪60年代试行的计划合同中规定，国家对国有企业的亏损情况在法律上没有补助的义务，但对于企业承担社会责任而付出的代价，国家应按规定数额予以补偿。到80年代前后，政府通过赋予企业经营自主权，引导企业自负盈亏，希望逐步减少政策性补贴。

整体上看，计划合同从法律上规定法国政府与国有企业的义务，确立解决国家与企业关系的基本原则，即：保证国有企业财政收支平衡；国有企业以企业身份开展自己的业务；贯彻执行政府经济政策；企业承担社会义务，付出代价，国家给予补偿。到20世纪90年代，法国政府陆续与一半以上的大型国有企业签订了计划合同。计划合同具体的内容主要是确定企业的中长期发展计划，包括一些生产经营目标，规定企业承担的盈利、自筹投资、就业、技术开发等义务，并对企业收益目标、服务质量、劳动生产率、价格变动等做出规定。企业在这套指标体系的约束下，可以进行最佳经营方式的选择。同时合同还规定了国家在财政投资、补贴和外部环境等方面对企业承担的义务。

计划合同在发挥作用的同时，也存在一定的局限。计划合同在不改变计划指导性质的前提下对地方和国有企业增强了约束性。但合同制的应用范围有限，政府没有精力与众多的地方机关和经济实体逐一签署合同。地区合同只限于国家与地方大区，没有扩展到省和市镇，合同也只能直接引导地区的部分经济活动，覆盖面是有限的。外部条件变化也会影响合同的实施。如1973年的石油危机和1986年、1988年法国国内剧烈变动时期，合同就不能执行或不能完全执行。法国电力公司签订的第一个1970—1974年计划合同就是因为石油危机而停止执行的。

三、法国计划合同的具体案例

案例之一是法国国有铁路公司（SNCF）的计划合同。

法国国有铁路公司是大型国有垄断公司，负责全国的铁路运输业务。该公司承担着公共服务部门的重要社会使命，因此国家为其提供了大量的补贴以保证其正常经营。由于法国国有铁路公司一直受控于国家，公司自主性十分低。加之公司不以市场利润为导向，最终无法在激烈的市场竞争中胜出，导致经营不善，负债累累。为了改变这一局面，政府采用合同制对企业进行管理，从而改善了公司的经营和财务状况，使公司能够履行社会责任。

自20世纪60年代起，国家和法国国有铁路公司一共签订过四份合同，80年代之前签订的分别称为"项目合同"（1969—1973年）和"企业合同"（1979—1982年），主要通过调整企业自主权、企业投资计划以及国家资助方式，实现恢复企业财务平衡的目标。

此后，国家与法国国有铁路公司又先后订立了两个计划合同（1985—1989年和1990—1994年），在前两个合同的基础上进一步解决企业面临的问题。第一个计划合同的主要目的仍然是解决国有铁路公司的亏损问题，采取了国家补贴、大规模裁员以及更新技术和业务等措施，以降低经营成本，减少亏损额。具体合同条款共计8条，涉及企业实行开放政策、采取积极的商业政策、在谈判与协商基础上取得社会效果、管理现代化、投资与技术现代化，以及国家提供财政支持、进行财务清理等内容。第二个计划合同的重点则是扩大企业自筹资金的能力，提高经营效益以增强竞争力。合同条款包括企业战略方针、协调国有铁路公司竞争条件、特殊使命补贴、社会政策、投资、债务管理以及财务收支平衡等内容。

两个计划合同明确了国家对企业的要求以及对其做出的承诺。根据合同条款，企业需要实现财务平衡的目标，实现34%的自筹投资。对此，国家承诺赋予该企业定价的自主性，并在多个方面提供补贴和支持。

（1）使竞争条件趋于平等的补助，包括对维护基础设施（补贴基础设施30%的成本）以及对退休金（国有铁路公司退休职工为在职人员的2倍）的补贴。

（2）提供公共服务所获的补贴，包括优惠票价、地区亏损线路、国防铁路线以及基础设施。

（3）特殊支持，即国家为企业减轻债务提供资金支持（1985年为32.5亿法郎，1986年为30亿法郎，1987—1989年平均每年为4.5亿法郎），但随着企业实行自负盈亏，国家不再提供新的经营亏损补贴。

总体来看，两项合同的执行情况和效果较好。国家给予国有铁路公司适度的支持和自主性，公司在完成国家指标的同时，从亏损严重到实现财务收支平衡与盈利，并提高了服务质量和现代化程度。可以说这两项计划合同为规范国家与垄断性国有企业之间的关系积累了成功的经验。

案例之二是法国电力公司（EDF）的计划合同。

法国电力公司作为国有垄断公司，负责全法国的发电、输电和配电业务，承担着公共服务事业的使命。国家和法国电力公司于20世纪60年代末签订的第一个"项目合同"属于政策性合同，规定了企业的财务平衡、劳动生产率、收益及资金等方面的目标，但由于石油危机，合同无法履行。第二个计划合同（1984—1988年）又因发展核电的债务而无法偿还，政府未遵守承诺，以失败告终。

随后，法国电力公司和国家签订了第三个计划合同（1989—1992年），主要目标是降低生产成本、提高生产率和选择合理的组织结构。该计划合同的重点在于尽量减少公司负债,在电价有所降低的情况下,公司要有一定量的资金用于偿还债务,到 1992 年年底,企业的负债要比 1988 年年底降低 200 亿法郎,同时企业财务盈亏指标在合同期内至少做到每个年度收支平衡。合同的具体内容包括财务目标、价格、产品和服务质量、产业政策、商业政策、劳资政策、非强制性义务等,也涉及法国电力公司的公共事业使命,比如,环保使命和社会就业使命等。

国家与法国电力公司所签订的计划合同也使公司获得了一定的自主权,明确了责任制管理。国家给定总体指标后,由企业自行规划和安排,不再过分受制于国家。该计划合同整体上规范了政府和公司双方的行为。一方面,对企业效益和社会效益确立的相关指标有助于政府对企业进行评估、监督和约束;另一方面,企业也能够在具体目标的指导下实现长足的进步。

第五章
法国国有经济的代表性企业

第一节　法国电力集团

法国电力集团（Electricite De France，简称 EDF）是一家法国典型的国有企业，总部设在巴黎，也是全球排名前 5 的公用事业公司。2020 年，EDF 销售额为 690 亿欧元，员工总数为 16.5 万人，业务分布在欧洲、南美洲、北美洲、亚洲、中东和非洲等地，在 2020 年《财富》世界 500 强排名中位居第 110 名。

EDF 专业从事电力，从工程设计到配送，业务主要包括发电和配电，电厂的设计、建造和拆除，能源交易和运输。EDF 近 90% 的发电实现脱碳，其发电主要来源于核能，其中核能占发电量的 76.5%，水力发电占 9.8%，天然气占 8.4%，燃油占 1%，煤炭占 0.4%，其余占 3.8%。

EDF 的可再生能源业务在欧洲处于领导地位，旗下有一家可再生能源子公司 EDF Renewables，主要是在欧洲和北美为自身和第三方开发、建设、运营和维护可再生能源项目，目前也在进军巴西、中国、印度、南非和中东等新兴地区，在海上风电以及储能等可再生能源行业的其他领域拥有较强大的能力。

EDF 在上市前做了较长时间的准备，采取了整体考虑、分阶段推进的做法，改造为股份制公司。同时将原本一体化的发电、输电和配电进行拆分，进而将输电业务作为独立子公司进行运营，在法律上实现了发电与输电分开。同时输电服务也对其他发电企业公平开放，于 2005 年 11 月 21 日成功实现了整体挂牌上市，从一家国有独资企业转变为国家绝对控股的股份制公司。

一、法国政府和股东对 EDF 的监管

EDF 目前的股权架构如下：法国政府持有 83.68%，机构和散户投资者持有 14.94%，员工持有 1.36% 股份，库存股占 0.02%。EDF 自 2016 年 4 月 3 日起，以同一股东名义登记至少两年的缴足股份自动享有双重投票权。由于法国政府拥有 EDF 的绝大部分股权，法国国家参股管理局（APE）、法国核安全管理局（ASN）、法国能源监管委员会（CRE）、政府审计机构等多个机构都对 EDF 进行监管，贯彻政府这个大股东的意志。

APE 代表国家作为 EDF 最大的股东，负责检查 EDF 的战略实施及财务情况，担当法国政府和企业的中间人。EDF 需向 APE 提交一份关于公司主要财务和定性数据的计分卡报告。EDF 需定期组织会议，至少每年一次向 APE 报告公司的战略和财务绩效。EDF 任何投资操作或任何特定审计任务均需通知 APE。

由于 EDF 的行业特性，它还受到法国核安全管理局（ASN）、法国能源监管委员会（CRE）和政府审计机构的相关监管。ASN 主要负责监测法国地区核领域的安全和辐射，并负责保护和告知法国公众。CRE 主要是确保符合能源政策的终端客户的电力和天然气市场的正常运作，包括企业接入能源监管网络并监控其正常运营与发展、监控能源和二氧化碳市场的交易等。

此外，EDF 还会受到政府审计机构的监管，EDF 的经济和财务评估均需要通过政府审计机构的核实。EDF 须向政府审计机构报告其薪酬情况、水电优惠情况及配电优惠情况等。EDF 也必须接受由议会执行的审计程序，EDF 直接控股的多数子公司也被政府审计机构监管。

除政府股东的监管外，机构和散户投资者的持有股份保证了国家控股与私人资本的有效结合。员工持股也调动了企业员工的积极性，共同参与董事会治理。由于 EDF 是上市公司，必须遵守上市公司的法律和公共部门实体的特定标准，增加公司治理的透明度，通过多年运作也形成了较为清晰规范的公司治理体系。在保证国家有效监管的同时，也体现了较好的市场灵活性，是法国国企改革成功的典范。

二、EDF 的公司治理模式

尽管 EDF 属于大陆法系的法国，但公司治理选择的是单层制，只设置董事会，不设监事会，董事会集执行职能与监督职能于一身，是海洋法系公司治理模式，而非大陆法系公司治理模式。

EDF 现有董事会成员 18 人，其中 11 人是由股东大会任命的，11 人中有董

事长兼 CEO 1 人和独立董事 5 人,其他 5 人的选派需考虑法国政府的建议,由股东大会任命。1 人为法国政府代表董事,由法国国家股权局局长担任,另外 6 人为员工代表董事,由员工选举产生(根据法国关于国企股份化的法律规定,必须有 1/3 的员工代表)。EDF 董事长兼 CEO 是由法国总统根据董事会推荐意见签署法令任命的。根据法国《宪法》第 13 条的规定,董事长兼 CEO 的任命是根据法国国民议会和参议院的常设委员会意见任命的。Jean-Bernard Lévy(中文名:乐维)从 2014 年 11 月开始出任 EDF 董事长兼 CEO,2019 年 5 月再次被选举续任,拥有代表公司行使管理职能的最高权力。

董事会受股东大会委托,主要职责包括:决定公司的业务方向和确保其实施;明确公司的战略、财务及科技目标;董事会在委员会审议后再进行审议关于年度预算、中期计划、任何公司发展战略外的重大业务等。

董事会下设五个委员会,分别是审计委员会、企业责任委员会、核承诺监测委员会、任命与薪酬和治理委员会、战略委员会。

(1)审计委员会的成员有 8 名,包括 1 名股东大会选举的委员会主席、3 名由股东大会选举的委员及 4 名员工代表委员。其主要职责为:监控企业准备财务信息的过程并做出任何保证其完整性的建议;监控内部控制、风险管理和内部审计系统,并对会计和财务信息进行准备及处理;监察法定审计师履行职责的情况,确保他们的独立性。

(2)企业责任委员会的成员有 6 名,包括 1 名委员会主席(由独立董事担任)、2 名由股东大会选举的委员及 3 名员工代表委员。其主要职责为:就集团的战略、集团承诺和政策及其实施情况,在道德、合规和企业责任方面进行审查;审查执行委员会气候负责人向企业责任委员会提交的报告,与董事长和执行委员会的气候问题负责人共同确定董事会确定气候变化对集团的所有影响,以及董事会工作及战略中的气候变化问题;定期向董事会通报公司的气候战略;与董事长一起确保企业责任委员会和董事会定期检查碳中和轨迹的实施情况。

(3)核承诺监测委员会的成员有 6 名,包括 1 名委员会主席(由股东大会选举)、3 名由股东大会选举的委员成员及 2 名员工代表委员。其主要职责有监测核能的价值责任及相关规定的变化,就相关问题发表意见;基于资产战略分配的负债匹配规则;检查公司资产管理的结果,并对此类管理专用资产财务风险的构成、管理和控制规则进行证实;向董事会提供关于内部控制程序的意见,核设施更换费用、乏燃料及融资放射性废物的管理和处置费用。

（4）任命与薪酬和治理委员会的成员有 4 名，包括 1 名委员会主席（由独立董事担任）、1 名由股东大会选举的委员、1 名法国政府代表委员、1 名员工代表委员。其主要职责包含以下三个方面。

一是在任命方面，该委员会就股东委任董事向董事会提出建议，负责监督潜在候选人的选择过程，并执行对候选人的审查。向董事会提议、制定和更新适用于董事的多元化政策，并监督政策的执行情况。

二是在薪酬方面，委员会对商法典中提及的公司管理人员薪酬政策进行审查并发表意见，确定和发布包括董事长兼 CEO 薪酬的所有因素以及各种利益的原则和标准，并将此意见提交董事会审议，同时委员会主席也会将此意见提交法国经济和财政部。委员会向董事会提交其对薪酬政策的意见，并通过股东大会根据董事的职责来确定分配金额的条款和条件。

三是在治理方面，委员会监督与公司相关的治理问题并确保在公司法人机构内实施，可能会对董事会职能或权力及其内部规则的变化程序提出建议。每年它都会对董事会及其委员会的运作进行评估，每 3 年都会由独立外部咨询顾问进行正式评估工作。

（5）战略委员会的成员有 9 名，包括 1 名董事长兼 CEO 担任委员会主席、3 名由股东大会选举的委员成员、1 名法国政府代表及 4 名员工代表。其主要职责是对董事会针对公司主要战略方向的观点进行审查；根据 EDF 中央社会和经济委员会的观点来拟定公司战略方向；负责集团的 R&D 政策。

三、EDF 的董事薪酬激励

董事会的总薪酬是由固定薪酬和浮动薪酬两部分构成的，各占 50%，分配规则如下。

（1）固定部分由有关董事平均分配，50% 固定年度部分在分配的财政年度内支付，并且在下一财政年度开始时支付剩余的 50%。

（2）董事之间浮动部分的分配是根据会议不同类型（董事会或委员会）应用变动系数，同时也取决于每位董事担任的特定职位（委员会成员或主席）。如董事参加董事会会议则系数为 2，董事会成员参加委员会会议系数为 1，委员会主席的系数为 2。浮动部分除以整个年度的总系数，以确定系数的单位价值，浮动薪酬会在下一年度全部支付。

对于股东大会根据法国政府推荐任命的董事，法国经财部长在 2018 年 1 月

5 日签署的命令规定，分配薪酬的 15% 上缴法国国家预算，剩余的 85% 支付给该董事本人。对于根据 2014 年 8 月 20 日命令第 4 条任命的法国国家代表，他／她有权把为履行其职责而获得的任何报酬上缴给国家预算。

此外，法国对国企高管薪酬是进行控制的。根据 2012 年 7 月 26 日第 915 号法令的规定，董事长兼 CEO 高管的年度薪酬不得超过 450 万欧元。2011 年，EDF 董事长的年薪为 156 万欧元。2020 年 2 月 7 日的任命与薪酬和治理委员会会议审议了有关董事长兼 CEO 的薪酬政策，并决定向董事会建议维持其薪酬项目的确定原则和标准。

根据任命与薪酬和治理委员会的建议，董事会于 2020 年 2 月 13 日举行会议决定维持董事长兼 CEO 的固定年度薪酬为 45 万欧元。因此，2020 年，EDF 董事长兼 CEO 乐维没有收到任何在 EDF 控制的公司中担任职位的报酬，或任何 EDF 控制的公司提供任何形式的报酬，公司未向董事长兼首席执行官分配股票期权，同样也没有红利免费分配给董事长兼 CEO。

第二节　法国 Orange 集团

作为世界领先的电信运营商之一，Orange 集团是一家法国电信运营商，也是英国和法国的第一大移动运营商，主要为消费者、企业客户、政府机构、地方机构以及"应急"组织提供解决方案和网络服务。

Orange 集团在非洲、中东、欧洲等 26 个国家／地区开展业务，目前年营业收入达 420 亿欧元，在全球拥有 14.7 万名员工，客户总数达 2.66 亿人。法国电信于 1990 年创建时是国有企业，2004 年接受私有化改制，大批员工下岗，2013 年 7 月更名为 Orange（橙公司），但仍然是一家国有相对控股的企业。

Orange 集团拥有多元化的业务，主要包括增强零售和客户关联性业务、商业 IT 支持服务、批发服务、网络安全、金融服务等。2019 年 12 月，Orange 集团发布了新的"参与 2025"战略计划，旨在重塑企业运营模式。在增长领域加速发展和布局，数据和人工智能是其创新模型的核心，Orange 集团旨在努力成为一个具有吸引力与责任感的雇主，以适应新兴市场。

一、政府和股东对 Orange 集团的监管

Orange 集团股权结构如下：法国政府占 13.4%，法国投资银行占 9.56%，法

国东方汇理资产管理公司（Amundi Asset Management SA）占10%，魁北克储蓄投资集团（Caisse de dépôt et placement du Québec）占1.94%，美国领航投资（The Vanguard Group）占1.8%，法国存托银行占1.71%，挪威银行占1.6%，美国贝莱德占1.13%，法国BNP银行占1.05%。

Orange集团的主要股东为法国政府与法国投资银行（BPI France），它们共同持有22.96%的股本（其中法国政府占有13.4%，法国投资银行占9.56%）和29.54%的投票权。这些股份在以记名形式持有超过两年时具有双重投票权。这是法国政府对国有企业监管的普遍做法，旨在提升政府的话语权和控制权。

与英美公司治理一股一票原则不同，2014年法国政府通过"Florange"法案，允许以自己名字登记股票并持股至少两年的投资者拥有双重投票权。法国政府对Orange集团的监管主要是采取对其重大决策进行一定的干预以及对其进行财务监管。法国根据《法国国有企业指南》对国家股东的职责进行了明确阐述，以确保政府对具有战略性公共利益以及关键领域运营的公司拥有作为股东和管理者的权利。

法国投资银行对Orange集团不仅仅只是金融方面的支持，还对其经营过程中的重大决策提供专业人士的建议与指导。作为负责管理所有国家参与企业活动的机构，法国国家参股管理局（APE）不介入Orange集团的日常管理，而主要负责向Orange集团股东提出明确的金融战略、经济战略和管理方向，与企业治理部门进行关于发展战略的对话并确保此项战略的付诸实施，监督Orange集团董事会的良好运作，控制经营风险和治理质量，寻求财产的增值，对企业的投融资计划负责。Orange集团的收并购项目以及资本发展方面的项目需向负责经济的部长汇报。法国国家财政经济和预算部也会对Orange集团的财务情况及生产建设活动等方面进行监管。

二、Orange集团的公司治理结构

Orange集团董事会的成员构成较丰富，独立董事占将近一半。Orange集团现任董事会成员有15人，其中独立董事7人，公共部门代表董事3人，职工代表董事3人，员工股东代表董事1人。独立董事Charles-Henri Filippi被任命为首席董事，主要负责识别和预防潜在的利益冲突以确保治理体系有效，向全体董事会成员汇报合规程序的有效性和风险水平，参与评估董事会，以确保董事会能够有效地履行其职责并保持与高管层之间的关系顺畅。Orange集团的3位公共部门

代表董事分别来自法国投资银行、法国国家政府部门及法国国家参股局（APE），三方代表不同的利益集团，以使企业在做出重大决策之前，能够充分征求不同利益集团的意见，有效避免经营权与决策权集于一身和独断决策的弊端。

董事会成员任期为 4 年，董事长兼任首席执行官（CEO），拥有代表公司行使的最高权力。这些权力的行使受到公司目标范围的限制并需符合法国法律和董事会制定的内部规定。现任董事长兼 CEO 为斯蒂芬·理查德（Stéphane Richard）。董事会是受股东大会委托，其主要职责是负责集团有关重大战略、经济、企业、财务和技术政策的所有决策并监督其有效实施管理。董事会下设三个委员会来支持董事会工作，分别为审计委员会（4 人）、治理与企业社会和环境责任委员会（3 人）及创新与科技委员会（5 人）。

（1）审计委员会从事财务报告、内部控制、风险管理、道德准则和战略增长项目，包括在非洲和中东的利益。

（2）治理与企业社会和环境责任委员会负责评估集团公司官员的赔偿金、治理体系和董事会的有效性、负责集团的企业社会责任行动，以及准备任何非财务业绩的陈述。

（3）创新与科技委员会专注于保护网络安全（BtoB 和 BtoC）及 5G 部署。Orange 集团没有设监事会。

这三个委员会都由独立董事担任主席，均包括 1 名员工代表董事和 1 名公共部门代表董事。

三、Orange 集团的薪酬激励

Orange 集团的高管薪酬体系主要由固定薪酬、浮动薪酬以及长期激励计划三部分组成。公司高管的固定薪酬根据其职责、经验和专业背景等因素来确定。浮动薪酬旨在激励高管完成设定的年度绩效目标。长期激励计划的绩效衡量时间为 3 年，并基于高管对公司业绩长期的直接贡献进行评估。

中长期激励计划不仅适用于高管，同时也使 Orange 集团内担任关键职位的员工受益，由董事会根据公司战略及可变因素来确定。可变因素包括财务（50%）和非财务（50%）标准。可变分量用特定目标和定量来确定。给予董事会主席和 CEO 的浮动薪酬一般为其固定薪酬的 80%，如果超过预期的目标，浮动薪酬可以达到固定薪酬的 100%。其中，董事长的固定薪酬占 50.6%、长期激励计划占 14.5%、年度浮动薪酬占 34.9%。CEO 的固定薪酬占 58.9%、长期激励计划占 13.8%、年度浮动薪酬占 27.3%。

年度浮动薪酬包括金融评判标准及非金融评判标准两个评判标准维度。金融评判标准包括 30% 的现金流及 20% 的收入变化；非金融评判标准包括 33% 的员工体验指标以及 17% 的 B2C 与 B2B 客户体验指标。

2019—2021 年的长期激励计划包括绩效指标及调节标准两个评判标准维度。绩效指标包括 50% 的股东总回报及 50% 的电信活动所产生的现金流；调节标准包括每位客户碳排放量、净推荐值（NPS）、品牌力指数、平均宽带、移动数据吞吐量、多元化收入等。

公司员工可以获得公司长期激励政策下的业绩股票福利。业绩表现的审核期限为 3 年，业绩评判的因素是基于管理人员对企业长期发展的贡献程度。

第三节　法国国有企业海外经营与美国"长臂管辖"

进入 21 世纪以来，法国民用核能、航空航天、电信、能源等"工业之花"国有企业强势崛起，对美国国际经济之争、全球治理之争、科技博弈之争构成严重威胁。美国对法核心国有企业"围追堵截"，滥用"长臂管辖"，法国国有企业损失惨重、触目惊心。

一、法国国有企业遭"长臂管辖"的惨痛教训

进入全球化经济时代以后，随着美国跨国企业的全球布局经营，对境外经济保护的迫切需求与日俱增。美国政府与法律精英便将"长臂管辖"运用到国际经济竞争中，以满足其维护海外经济利益和打击竞争对手的双重目的。法国全球电信业龙头企业阿尔卡特和全球电力、轨道交通设备供应商阿尔斯通、石油和天然气顶级工程建设商德西尼布在国际竞争中对美构成挑战，相继以违反美国《反海外腐败法》为由，被美方巧取豪夺。一方面，致使法国在信息通信、5G、云计算领域沦为当下国际经济竞争的"看客"；另一方面，阿尔斯通、德西尼布被"肢解"，沦为美国企业，甚至法国境内部分核电站也被美方控制。2008—2018 年，法国国有企业向美国司法部门支付的罚款总额就达到近 200 亿美元，同时有数名企业高管被美国司法部门刑事起诉并遭受牢狱之灾。

在电信设备领域，2010 年，美国司法部和证券交易委员会（SEC）经调查发现，阿尔卡特（Alcatel）于 2001—2006 年向哥斯达黎加、洪都拉斯、中国台

湾省和马来西亚等企业行贿，以换取电信设备建设合同，并向阿尔卡特开出 1.37 亿美元罚单。美国司法部和美国证券交易委员会分别得到 9 200 万美元和 4 500 万美元的罚款。

案例 1：在能源领域，美国司法部以违反美国《反海外腐败法》为由，指控道达尔（Total）于 1995—2004 年向伊朗官员行贿 6 000 万美元，以获取伊朗境内的 3 处油气田开采权。2013 年，道达尔与美国司法部达成暂缓起诉协议，缴纳总计 3.982 亿美元的罚款。

法国德西尼布集团（Technip）是法国负责石油和天然气项目工程建设的顶级工业企业，是法国执行石油发展战略的中坚力量。自 2010 年起，美国司法部和财政部开始对该集团于 1994—2004 年在尼日利亚的腐败行为展开调查。最终德西尼布与美国司法部和财政部达成延缓起诉协议，认罚 3.38 亿美元。被罚后，该集团国际信誉大减，业绩严重下滑，2016 年被美国美信达公司（FMC Technologies）收购，总部迁出法国，变成了一家美国企业。

案例 2：在生物医药领域，2016 年，美国证券交易委员会发起对赛诺菲（Sanofi）旗下位于哈萨克斯坦、约旦、黎巴嫩、巴林、科威特、卡塔尔、也门、阿曼、阿联酋与巴勒斯坦的子公司在 2006—2015 年的行贿活动的调查，涉及贿赂政府采购官员和医疗提供商。2018 年，赛诺菲与美国证券交易委员会达成和解协议，在不承认或否认犯有任何罪行的条件下同意支付 2 520 万美元以结束调查，并加强内部管控和反贿赂机制。

案例 3：在电信设备领域，阿尔卡特公司成立于 1898 年，相继并购法国数家电信设备公司并奠定了行业龙头地位，掌握国际前沿产品和技术，在全球电信基础设施建设领域具有极强的竞争优势。截至 20 世纪 90 年代，产品涵盖移动通信设备、宽频网络设备、海底电缆、移动网络、呼叫中心、卫星等，在光学网络市场、DSL（数字用户线路）接入系统和路由器等方面处于世界领先地位，业务遍及 130 多个国家，每年创造几十亿欧元的海外利润。为扩大国际市场份额，2006 年阿尔卡特完成了对美国朗讯（Lucent）的跨境并购，成立阿尔卡特-朗讯电信公司（Alcatel-Lucent），市值达到 300 亿欧元，阿尔卡特和朗讯分别持股 60% 和 40%。合并后，该公司通过整合欧美市场掌握了全球固定、移动网络和宽带接入 40% 的市场份额，2007 年其全球营业收入高达 178 亿欧元。此时，阿尔卡特-朗讯已跻身为全球第二大电信设备供应商，并对全球第一的美国思科（Cisco）形成直接竞争威胁。

2007 年，美国司法部和证券交易委员会开始联合调查阿尔卡特于 2001—

2006年在哥斯达黎加、洪都拉斯、中国台湾、尼日利亚和马来西亚的行贿行为。相关指控信息显示，阿尔卡特以咨询顾问费的形式行贿超过800万美元，获取4 810万美元的合同，违反美国《反海外腐败法》。2010年，阿尔卡特-朗讯为免于刑事处罚，与美国司法部和证券交易委员会达成暂缓起诉协议，同意向美国两个部门分别支付9 200万美元和4 500万美元罚款，总计1.37亿美元，达成庭外和解。

从2007年遭受美国"长臂管辖"以来，阿尔卡特-朗讯深陷司法纠纷，国际声誉大跌，加之朗讯方面管理层掣肘，公司业绩不断下滑，原本的国际市场份额被美国思科、芬兰诺基亚和瑞典爱立信迅速瓜分。2015年，阿尔卡特-朗讯资不抵债，被芬兰诺基亚公司收购，在国际电信市场彻底消失。由此，法国失去电信设备行业支柱企业，以至于彻底沦为当下全球信息通信、5G、云计算等新经济竞争领域的"看客"。

案例4：21世纪初期，在电力和轨道交通设备供应领域，阿尔斯通是全球领先的电力和轨道交通设备供应商。在电力领域中，水电、核电设备以及环境控制系统技术冠绝全球，约占到全球电力市场份额的1/4；在轨道交通领域中，高速列车和城市轨道交通列车技术是法国高科技的象征，具有极强的国际竞争力。自2002年起，阿尔斯通凭借技术优势，频频拿到海外电力基础设施建设订单，在与美国通用电气的竞争中处于压倒性优势，引起美国忌惮。美国司法部自2010年起介入调查阿尔斯通海外腐败行为。2013年，美国司法部取证发现阿尔斯通美国分公司涉嫌在印度尼西亚、埃及、沙特阿拉伯等国通过贿赂手段获得总额超过40亿美元的工程合同，随即以违反美国《反海外腐败法》的罪名逮捕了其4名高管。

2013年正值欧债危机时期，阿尔斯通面临营收业绩下滑和能源结构性调整双重危机。经济危机导致企业负债累积和股价下跌，与欧洲能源结构性转型叠加，重创阿尔斯通传统电力业务，全年净亏损5.11亿欧元，不得不通过裁员和出售部分股权勉强维持。与此同时，通用电气"趁火打劫"，对阿尔斯通发起收购战，并积极与美国司法部展开配合。2014年，美国司法部以违反《反海外腐败法》为由向阿尔斯通开出7.72亿美元的罚单，成为史上美国对企业海外贿赂行为开出的最大金额罚单。2014年年末，通用电气向法国政府做出"帮助阿尔斯通改组不良资产""收购后为法国提供就业岗位""7.2亿美元罚款由通用电气支付"的三大承诺，并以124亿欧元完成对阿尔斯通多数电力业务的收购，其中包括法国境内大多数核电站的部分控制权。

二、法国应对"长臂管辖"的具体措施

（一）以反垄断等为由主动对美国企业出击

欧洲互联网产业发展相对滞后，大部分欧洲市场被美国大型跨国企业所垄断。面对美国谷歌、苹果在欧盟市场的垄断行为，法国毫不手软，重拳出击。近年来，法国以竞争中性、反垄断、数据保护等为由将美国高科技公司作为法律域外适用的重点目标，并且以违反竞争政策或隐私保护法规为由对美国企业处以高额罚款。从2019年起，法国机构相继以"滥用市场地位""侵犯消费者权益""不正当竞争"为由，向美国谷歌、苹果等跨国企业处以数十亿欧元的罚款。同时最早提出并在国内实施数字服务税，矛头直指美国互联网巨头。

（二）在欧盟层面积极推动相关反制措施

结合自身斗争经验和主张，法国在欧盟层面积极推动建立相关反制措施，与各成员国共同防范美国霸权主义行径。一是力促欧盟加强阻断法令的执行。欧盟于1996年11月颁布了阻断法令，保护欧盟企业免受第三国域外适用立法的影响。2018年8月，为应对美国退出伊核协议并重启对伊朗制裁，在法国的推动下，欧盟更新了阻断法令，扩宽了特定域外立法范围，禁止欧盟企业遵守特定域外立法的任何要求，减轻制裁对欧盟企业与伊朗进行合法业务的影响。二是推动欧元国际化，筹建独立结算体系。2018年，法国参议院报告指出，美国"长臂管辖"中更重要和范围更加广泛的是利用美元的全球中心货币地位对他国实施的制裁，欧盟应推进欧元国际化，扩大全球使用欧元的权重，努力使欧元成为国际贸易的结算货币。近年来，欧元国际化进程显著加快，截至2020年6月30日，欧元约占全球外汇储备的20.27%。2020年9月，欧元跨境国际支付占比为37.82%，自2013年2月以来，首次超过美元（美元缩减至37.63%）成为跨境支付应用最广泛的货币。

（三）加强数据保护以应对美国在数据领域的"长臂管辖"

美国《合法使用境外数据明确法》（简称CLOUD法）于2018年3月生效，加强了数据领域的"长臂管辖"能力。为应对CLOUD法对数字主权造成的冲击，法国从经济战略和司法两个方面予以应对。

在经济战略方面，法国提出"国家战略云"计划的构想，建立主权性数据存储工具，保障法国企业的战略性数据可以安全存储并得到保护，防止被美国通过

CLOUD 法获取。

在司法方面，法国提出了系统性方案：一是制定一部新的法案，禁止不通过司法互助协议向外国行政或司法部门提供法国企业数据；二是建议将《通用数据保护条例》对个人数据的保护延伸到非个人数据；三是加大处罚力度，将违反数据保护规定的行为人的最高处罚金额提高到 2 000 万欧元，或是企业上一年全球营业额的 4%；四是赋予电子通信和邮政管理局新的职责，使其独立于负责个人数据保护的国家信息与自由委员会，成为法人机构数据保护的独立行政监管当局。

（四）完善反腐败法案以抗衡美国的相关域外法权

针对美国"长臂管辖"以打击海外腐败为名大搞域外法权，法国通过了《透明、反腐斗争及经济生活现代化法案》（"萨潘Ⅱ"法案），在打击跨国腐败、抗衡美国相关域外法权方面下了一着"先手棋"。

该法案在建立预防腐败机制的同时，也扩大了惩治腐败的力度。通过建立国家反腐败局、提高企业合规要求、建立跨国司法公约等具体条款，该法案对于法国抗衡美国"长臂管辖"具有深远影响。首先，加强了法国司法部门发现腐败行为的能力，加之禁止传播涉密信息的相关规定，避免企业商业机密被美国司法部门"抄家底"。其次，企业合规制度的要求甚至比美国《反海外腐败法》和英国《贿赂法案》还要严格，从源头消除被动应对"长臂管辖"的隐患。再次，参照美国的做法，建立法国版的推迟起诉协议——《公共利益司法公约》，便于法国司法部门赢得审判的主动权，并将涉案企业罚款截留在法国本土。最后，合规要求扩展了法律管辖权范围，打击腐败不仅适用于法国本土企业和海外分公司，同样适用于绝大部分外国在法国的企业。

特别需要强调的是，面对空客腐败案案件标志着"萨潘Ⅱ"法案的成功，法国在反腐败斗争中赢得了主权地位，是保护法国免受美国"长臂管辖"的里程碑。

2013 年，空客集团在内部审查中发现其战略与市场部在佣金支出方面存在违规行为。自 2008 年开始，空客集团为推进海外销售，其市场部门建立了一套"中间人体系"，雇用高达 200 多人的第三方"中间人"，每年花费数亿欧元，在斯里兰卡、马来西亚、印度尼西亚、中国台湾、加纳、尼泊尔等地通过行贿手段寻求空客飞机买家并达成交易订单。2016 年，英国出口信贷担保局发现，空客向其申请的信贷金额与实际情况有出入。同年 8 月，英国严重欺诈案办公室

（SFO）开始介入调查，法国国家金融检察官办公室（PNF）于2017年3月展开对空客的同类调查。

美国司法部（DOJ）于2017年认为空客集团提供给法国国家金融检察官办公室（PNF）和英国严重欺诈案办公室（SFO）的调查材料中可能属于美国司法权限的信息。空客集团意识到在拟向美国司法部申报的材料中，存在违反美国《反海外腐败法》（FCPA）和《国际武器贸易条例》（ITAR）的情况，可能遭到美国的"长臂管辖"，面临美国司法部门的一系列刑事处罚。

鉴于2016年年底"萨潘Ⅱ"法案建立的《公共利益司法公约》（CJIP），根据公约中的"坦白从宽"原则，2017年，空客集团决定坦白违规行为，积极与法国司法部门配合，避免在美国受到刑事追究。2020年1月29日，空客与法国国家金融检察官办公室（PNF）达成《公共利益司法公约》（CJIP），空客以付款时的汇率支付36亿欧元达成和解，避免受到刑事诉讼。其中，空客分别向法国、英国、美国司法部门支付20.83亿欧元、9.91亿欧元和5.25亿欧元。

空客腐败案被称为法国应对美国"长臂管辖"的司法实践典范。首先，法国国家金融检察官办公室（PNF）历史上首次与英国司法部门开展联合调查，同时积极与美国司法部门开展合作，化被动为主动，赢得了审判的主动权，防止空客被美国司法部门"抄家底"式的调查。其次，法国于2016年及时出台"萨潘Ⅱ"法案，司法部门有效运用法案中《公共利益司法公约》（CJIP）条款，使空客得以免于刑事诉讼。最后，法国将大部分罚款"截留"在法国本土，避免资产被美国"巧取豪夺"。

第六章
法国国有经济对中国的启示

一、理直气壮地做大做强国有企业，坚持把国有经济作为国家意志的重要"执行者"

国有企业是法国经济的基石。相对于其他的西方发达国家，法国政府国有化的比重更大，政府不仅控制着能源和交通行业，还控制着信贷发放和主要工业，尤其是基础性公共部门。这一点与其他发达国家如美国、英国、德国、意大利和日本等截然相反。在重振战后经济的过程中，国有企业扮演了至关重要的角色，被历届政府视为执行国家意志的重要"执行者"，成为法国工业突破国际市场的门槛、实现技术突破的重要载体，也是经济政策、产业政策的重要工具和传导途径，成功造就了高铁、航天航空、民用核能、电信等领域的"工业之花"以及领先全球的工业技术。法国政府通过国有企业牢牢掌握基础设施、基础能源及战略性行业，既把国有企业当作国计民生产品和服务的"提供者"，也将其视为推动科技研发和打造未来国际竞争力的重要"抓手"。虽经历数轮国有企业改革，但法国电力、恩基、法国航空、达索、泰雷兹、阿尔斯通等国有企业依然是法国乃至全球行业的翘楚。

法国国有企业在国际市场上的竞争力强，很大程度上因为有法国政府的支持，而盲目照搬"私有化"解决不了竞争力问题。法国在20世纪后期经历过两次"左右共治"的时代。一次是密特朗当总统时期，因为社会党在1986年失去了议会多数，以希拉克为代表的右翼政府获得了组阁权，与社会党总统共治。另一次是希拉克1995年当选总统后，右翼政党在1997年又失去了议会多数，社会党获胜后，由若斯潘出任总理执政。法国的政治责权分配是总统负责军事与外交,总理负责经济。因此,希拉克当总理时,把5年前社会党政府国有化的大部分企业又都私有化了。然而,国企私有化运动并没能提高法国企业的效率,反而让法国企业无所适从,进一步影响了法国企业在国际上的竞争力。当1997年社会党再度获得组阁权后,若斯潘出任总理,他是主张走"第三条道路"的,非但没有进行再国有化,反而卖掉了一些国企的股份。只不过,若斯潘不用"国企私有化"这个词,而是采用了"国企部分开放资本"的说法。英国在国企私有化的道路上走得更远,但国企私有化没有获得比法国更好的效果。比如,英国铁路与法国铁路过去都是国企。在撒切尔夫人执政时,英国政府把英国铁路私有化了,拆分成不同的私企;而法国则保留了国铁的国企地位。英国铁路私有化后,每个公司都只对赢利负责,各管一摊,没人对铁路系统的维修负责。结果,后来英国铁路系统连续出问题,列车事故频发。法国铁路一直为国有,投资进行了高速铁路技术更新,最后形成了覆盖全国的高铁网络,延伸到周边国家,接通比利时,并通过英吉利海底隧道把高铁开到伦敦;向东延伸到瑞士,向南延伸到意大利和西班牙。英法铁路公司的不同命运说明,私有化并不是提高企业效率的唯一途径。

二、坚持中长期经济规划对国有企业的指导作用

法国是第一个提出经济五年计划的西方大国,11个五年发展计划贯穿战后经济的繁荣与衰退,一度被其他西方国家效仿借鉴。从1947年由"欧盟之父"让·莫内制订了第一个五年计划开始,明确经济发展目标和量化性指标,引导产业按既定目标发展,成为国有企业发展的重要指导。20世纪90年代,法国放弃中长期五年经济计划,导致宏观经济及国有企业缺乏战略目标和长远规划布局。

加强中长期经济规划对国企的指导作用,同时国家依靠国企来调控经济的重要手段不能滥用,"有所为、有所不为"才应该是政府创办国企的态度。法国社会党刚上台执政时,就犯了"想一口吃成个胖子"的错误,企图通过大面积的国有化来解决所有问题。当时的国有化想一股脑儿解决的问题有:企业里民主化的问题、保证产业政策贯彻落实的问题、扩大就业的问题、控制私人垄断资本日益国际化的趋势等。然而,如此大规模的国有化在法国遇到了各种障碍。首先,法国的私人资本不愿意,他们担心自己的企业未来也会被国有化,或者未来竞争不过同类的国企,因此资本外逃严重。其次,外国资本不愿意,他们或撤资或关闭工厂,对法国就业产生了相反的影响。再次,国有化的赎买资金使政府债务暴

增,通货膨胀上升,政府财政状况恶化。最后,国有化的一些工业企业出现人浮于事、利润下降的趋势,不但没有成为政府的支柱,反而成为政府的包袱。如果说 20 世纪 60 年代、70 年代法国政府创办的国企为占领全球的技术高地起到了重要作用,那么 80 年代的大规模国有化却起到了相反的作用。

三、坚定国有企业的改革思路和原则,一以贯之,避免出现一时"国有化"、一时"私有化"的盲目改革

法国国家权力的轮流坐庄不利于国企的健康发展。法国虽然很早就有办国企取得技术突破的历史,但大规模国有化还是发生在左翼政党法国社会党与法国共产党第一次联合执政的那几年。经历了 20 世纪 70 年代的经济"滞胀"后,西方各国都在寻找走出危机的办法。1981 年,法国新任总统密特朗搞了一场"社会主义革命"。当时,法国国民议会多数由社会党与共产党控制,议会通过了一项国有化法案,希望通过国企扩大投资,再提高工资收入,扩大公共需求,以凯恩斯主义的方法刺激经济走出衰退。

几乎在同时,1979 年当选英国首相的撒切尔夫人与 1980 年当选的美国总统里根却搞了一场"新保守主义革命",大力推行新自由主义经济政策,搞国企大规模的私有化,放松政府对市场的管制,减少社会福利开支,等等。英、美等国的政策与法国背道而行,它们企图通过重新激活市场以走出经济"滞胀"。放松管制使英、美企业的竞争力增加,而法国的"新凯恩斯主义"打开了公共开支的"钱口袋",等于为其他国家提供了动力。连续几年,法国的进口大增而出口萎缩,国际收支失衡导致经济陷入困境,法郎最多时一年 5 次贬值仍控制不了法国经济下滑的趋势。密特朗总统换了几位总理仍无济于事,社会党终于在 1986 年的议会大选中失去了多数地位。右翼政党赢得了议会大选后,由保卫共和联盟的主席希拉克担任总理并组阁。希拉克上台后,大力推行国企私有化,把社会党政府国有化的一批企业又再度"卖"了出去,部分缓解了政府的财政紧张。应该说,法国政府的"翻烙饼"作风,使法国的企业无所适从。国有化时期,政府希望国企能为增加就业、扩大投资做出贡献;而私有化时期,企业要首先考虑盈利,要考虑利润,裁减冗员往往成为企业的首选。法国政府公共政策的不一致性对国企的发展造成了巨大障碍和影响。

在中国国有企业改革过程中,要避免走法国"国有化"和"私有化"改革交替的"弯路"。诚然这一问题在法国的出现,既有源于社会经济的因素,又有基

于左、右交替民主制度的不稳定性政治因素。在法国左、右两大政治阵营之间，一方面，左派执政时期以巨大的代价将企业国有化，而右派执政期间则急于将其转售。但归根结底，执政者将国有企业视为"政治资本"和"牟利工具"，是法国国有企业"摊烧饼式"改革的根源。其后果是以伤害国有企业整体竞争力为代价，以致法国工业未能赶上信息化、数字化发展轨道，至今也未形成具有很强国际竞争力的企业。

四、保持国有经济在国计民生中的绝对地位，明晰国有企业社会责任

法国政府将国有企业分为垄断性企业和竞争性企业，并实行分类管理。在对垄断行业的国有企业的管理中，国家采用计划合同，在国家和企业之间以合同方式明晰国有企业的社会责任。首先，计划合同由国家和企业共同协商、签订，能够引导企业在国家计划的轨道之内发展，也促进了二者发展的一致性。其次，计划合同将国家和企业的关系更新为合同关系，使国家的管理以一种间接的方式进行，为企业提供了更多的自主性。最后，计划合同明确了国家和企业之间的财务关系，使国家补贴的范围更为清晰。对于常规的经营活动，国家将少有补贴，由企业自负盈亏；但对于服从总体利益而承担代价的活动，国家则进行补偿和支持。如此，公共事业企业的政策性补贴将显得更为合理。所以，总体来看，计划合同制度在一定程度上是有效的，在平衡国家和企业的关系以及引导企业的规划发展等方面都体现出了科学性，也为我国提供了宝贵的借鉴经验。

五、借鉴"国家股东"的国家参股模式，建立现代化国有企业管理模式，实现国有资产保值增值

法国国有企业运营及管理已建成一套独特的国家参股模式，国家股东在自由经济环境中对国有企业进行监督管理，在保障公共事业服务效率的同时，也实现了国有资产保值增值。中国正处于国有企业改革攻坚期，民营经济与国有经济、公有制与非公有制之争在持续，法国提供的国有企业发展模式、管理经验在一定程度上实现了"公私协同发展"的可持续。当前我国国企改革也在推进从管企业为主向管资本为主的转变，要进一步清晰界定政府与企业的关系，厘清国资委、两类公司、国企之间的权责边界。这样既有利于保障企业的日常经营管理的自主性，又有利于保障政府的有效监管。

第一，国有企业改革是迫于经济社会压力的主动转型和调整。法国国有经

济一度占据主导地位，但石油危机后受保护产业失去竞争，失业率加剧，债务高悬，以及国有企业管理僵化、经营恶化，使得法国丧失竞争力制高点。随着经济全球化和欧洲一体化的步伐，法国对外开放压力骤增。从20世纪80年代中期开始，法国通过减少政府对企业干预、开放部分行业更多依赖市场的作用、大规模私有化改革、引入竞争机制等思路对国有企业进行改革。

第二，树立国有企业改革"四项原则"，明确国家股东地位。建立政企分离、合同制等机制，明确国家在市场经济中的角色，也确保了国家和私营企业之间履行公共事业服务的透明度。如果国有企业经营活动在竞争领域进一步发展壮大，就必须制定相应的企业资本开放措施。为了尽量公开透明使社会认同，法国政府让国有企业的一部分脱离企业主体成为子公司，让企业从法律上与公共服务活动区别开来，明确国家股东职能，在最大程度不介入企业日常管理的情况下，实现国有资产的保值增值。

第三，采用"三权分立"管理模式，最大程度地保障了企业市场化运作：以私有化改革为契机，在国家参股主体下设置国家控股所有权机构（国家参股局），行使资本运作与企业股东职能；设置国有资本经营督察机构（国家反腐署），行使监察职能；设置国家对企业所有权决策咨询机构（参股和转让委员会），负责国家对国有企业参股的科学督导。各机构各司其职，最大限度地保障了企业市场化运作。

第四，对国有资产实行动态跟踪，追求长期投资分红。虽然法国国有企业总资产规模达8 182.73亿欧元，占到当年法国国内生产总值的35.68%，但国家实际参股规模仅占GDP的4.45%，且长期控制在5%的水平。国家参股局保障企业良性运作，实现投资收益最大化，参股和转让委员会跟踪国家参股，动态调整国家参股组合，最大化降低不良资产。"双管齐下"实现国家股东利益最大化。

六、在国有企业改革的同时保持国家对战略性行业的绝对控制

法国国有企业尽管经过多次改制并实现"资本开放"，但仍然保持着国家对国有企业的绝对控股地位，特别是在核电、水电、军工等战略性行业领域。这实现了国家控股与私人资本的有效结合，发挥了员工持股的积极性。部分企业采取了整体上市的方式，既体现了国家股东的政策意图，又能有效发挥资本市场对优化公司治理的优势作用。

法国政府在注重董事会成员来源多元化和董事差异化激励的同时，牢牢掌握

着国有企业高管的选拔和任命权。法国国有企业董事成员构成多元，既有来源于其他国有企业的高管，又有政府官员，还有专业人士和员工代表。因此，董事会中既有政府代表的董事，也有独立董事，还有员工代表董事，充分体现了政府、公众、员工等各方的利益诉求，对于落实董事会职权起到了很好的促进作用。同时，政府围绕不同类型的董事，在履职激励方面实施差异化管理，并充分考虑国企属性，对董事长兼CEO采取一定的限薪措施。

当前，我国国企改革3年行动中的一项重要任务是规范董事会建设、落实董事会职权，在董事会应建尽建、配齐建强的推进过程中，需要注重董事会成员的多元性，充分发挥外部董事、独立董事、职工董事的不同作用，促进董事会职权落实。同时，对于独立董事、外部专职董事、外部兼职董事、内部执行董事等不同类型董事的履职考核需要实施差异化的激励。

与此同时，要注重对包括董事在内的高管人员履职的有效激励。从法国对国有企业高管人员的薪酬激励来看，既有固定薪酬也有浮动薪酬，还有长期激励计划。同时，对浮动薪酬和长期激励计划都给予了明确的绩效衡量标准。对于我国国有企业而言，对企业高管人员业绩薪酬的设置也同样需要多维度进行考量，要注重高管人员对企业长期发展的贡献，并基于职责、经验和专业背景等多方面因素进行评估。董事会成员的薪酬激励是一个亟待解决的难点问题和重要问题，要加快解决董事薪酬激励与企业绩效之间联系不紧密的问题，将董事的薪酬与履职业绩进行有效挂钩，让董事真正有动力"明事""办事""管事"。

值得一提的是，把企业高管岗位当成补偿行政官员的筹码不利于企业的长期发展规划。有一段时间，法国的国企高管往往是经财部即将退休的高官，他们既有能力又有人脉，为法国国企从政府那里获得过一些好处。然而，这些人物往往是"过渡人物"，他们与国企的交情不深，对国企的感情也不深，这些高管中很少有人能让国企在他们的管理下有突飞猛进的发展。其实，企业的发展需要长期的计划和认真贯彻执行计划的能力。没在企业里干过一段时间的领导，即使处理各种人事关系能力很强，也很难有这种为企业规划长期发展、瞄准发展方向、安排好技术人才以保证计划执行的能力。从这一角度来看，法国用政府高官来做国企高管的做法也只能是一种权宜之计。

进一步夯实国有企业对科技创新的重要作用，把握好技术创新与企业利润之间的关系是保持国企核心地位的关键。可以看到，即使到现在，法国的大型技术创新仍然来自国企。比如，为了满足大幅减少碳排放的需求，空中客车公司正在开发"燃料电池"——氢能大飞机。只有法国及其他欧洲国家的国企才能长期投资于这一领域的技术而不用担心资金链断裂的问题。我们在回顾法国国企的发展历程时,一定要记住不能对国企这种形式采取非此即彼的判断。国企是在某些特定的历史时期形成的,对经济发展已经和正在产生重要的作用。即使国企的管理不尽如人意,但国企改革的方向也并非只有私有化一种途径。我们在改革国企时,也不得不考虑"在泼洗澡水时,别把孩子也一起扔掉"的问题。

七、丰富国有企业应对美国"长臂管辖"的工具箱

在中美博弈的背景下,美国不遗余力地对我国涉外企业进行战略性打压,中兴、华为事件充分暴露出美国已将"长臂管辖"作为对我国企业极限施压的重要手段,未来有变本加厉趋势。近年来,我国国企面临美西方批评、攻击、抵制之声不绝于耳,国企补贴、透明度问题一直是对外经贸谈判的核心议题。我国优势国企接连被美国以侵犯人权和美国国家安全为由纳入制裁"黑名单",在限制对美国投资的同时,也限制与他国企业的合作,否则就面临"长臂管辖"式的"次级制裁"。美国对我国国企"量身设计"了多项限制性措施,呈现出较强的敌对性,显示出美国"全政府"对华遏制的战场正在拓宽至企业层面,遏制我国企业商业行为和全球海外投资,进而延缓我国经济赶超步伐。未来我国海外经营国企或面临以下四个方面的不利影响。

一是被美国司法部门进行"抄家底"式调查。受"长臂管辖"规制,但凡我国具有"美国元素"的企业(使用美元、美国服务器或零部件),美国司法部门均有权对其展开调查,企业必须予以配合,甚至要提供资金往来、内部决议等商业机密。

二是我国国企高管遭美国逮捕调查。"全球反腐计划"或加强美国司法部门与全球跨国企业的合作,与我国有商业竞合关系的国外企业或基于排除竞争对手等考量,转而向美国提供线索证据,美国政府势必以反海外腐败为由,将我国企业高管逮捕,强制要求其配合调查。法国阿尔斯通前高管皮耶鲁齐、华为孟晚舟都是遭受"美国陷阱"的具体例证。

三是"肢解"我国优势企业。当前,我国优势战略性企业以国企居多。美国势必将不遗余力地对我国优势企业开展战略性打压,我国企业一旦被"定罪",轻则蒙受"天价罚款",重则将被要求派驻美方"合规团队"监督,继而以资产重组为由"肢解"我国优势企业。

四是威胁我国国际金融业务。欧洲金融业曾是"长臂管辖"的重点布局对

象,美国惯以反海外腐败、次级制裁为由对欧洲金融机构实施重罚。金融业是我国"走出去"的重要支撑力量,限于跨境结算等国际金融业务以美元为主、处于美国严密监视下的特点,"全球反腐计划"的实施对我国开展国际金融业务构成较大威胁。

法美斗争经验表明,一旦有大国崛起对美方利益构成威胁,美国将通过"长臂管辖"不遗余力地对"竞争对手"实施打压。随着中美之争白热化和优势企业在大国博弈、国际竞合中的分量持续上升,美国势必在对华博弈中滥用"长臂管辖",打压我国潜在"赶超企业"。2021年伊始,我国商务部借鉴欧盟立法经验,出台《阻断外国法律与措施不当域外适用办法》(简称"阻断办法"),被视为我国反制美"长臂管辖"、抵御美滥用域外法权行径的"第一枪",赢得社会积极反响。美国不遗余力地对我企业进行战略打压,将"长臂管辖"作为对我国企业极限施压的重要手段,值得高度警惕与认真研判对待。

我国宜提早部署后续反制措施,丰富对美国斗争"工具箱",在国有企业中建立高标准的企业合规制度,加大人民币在国际贸易、跨境支付、国际结算中的权重,提升我国企业防范风险能力。同时,坚持底线思维,对法国乃至欧盟潜在"长臂管辖"保持警惕。近年来,欧盟国家出台的一些经济、法律措施体现出对"长臂管辖"的模仿,具有较强的域外效力,不仅对美国相关企业造成冲击,也使我国企业在经营中面临很高风险。尤其是在"一带一路"建设中,随着企业国际化布局加快,我国应提升企业自律与合规意识,对欧美域外管辖引起足够的重视,并做好应对预案准备。

参考文献

[1] APE, Rapport de l'État actionnaire 2020, 法国经财部。

[2] APE, Rapport de l'État actionnaire 2019, 法国经财部。

[3] APE, Rapport de l'État actionnaire 2018, 法国经财部。

[4] APE, Rapport de l'État actionnaire 2017, 法国经财部。

[5] APE, Rapport de l'État actionnaire 2016, 法国经财部。

[6] APE, Rapport Financier 2020, 法国经财部。

[7] APE, Rapport Financier 2019, 法国经财部。

[8] APE, Rapport Financier 2018, 法国经财部。

[9] APE, Rapport Financier 2017, 法国经财部。

[10] APE, Rapport Financier 2016, 法国经财部。

[11] Assar Lindbeck, Dennis Snower. The Insider-Outsider Theory of Employment and Unemployment. MIT Press, Cambridge, Massachusetts, 1988. 3.

[12] Assemblée Nationale. Rétablir la souveraineté de la France et de l'Europe et protéger nos entreprises des lois et mesures à portée extraterritoriale. Rapport à la demande de Monsieur Édouard PHILIPPE Premier Ministre (L0144), 2019.

[13] Bernard Gazier. Les concepts centraux de la Théorie Générale (Chapitre III) et Keynes et le keynésianisme (Chapitre IV) in John Maynard Keynes. PUF, Que Sais-Je ?, 2009. p.72.

[14] Brandon Garrett. Too Big to Jail: How Prosecutors Compromise with Corporations. Cambridge: Harvard University Press, 2014.

[15] Cour des Comptes, https://www.economie.gouv.fr/facileco/cour-des-comptes-missions-controle-comptes-publics.

[16] DeWenter, Kathryn L and Paul H. Malatesta. State-Owned and Privately Owned Firms: An Empirical Analysis of Profitability. Leverage, and Labor Intensity. American Economic Review, 2001, 91 (1): 320-334.

[17] Duane Swank. Funding the Welfare State and the Taxation of Business in Advanced Market Economies. Political Studies,Vol.46, No.4, 1998.

[18] Dudouet F X, Grémont E. Les Grands Patrons Français et l'état en France 1981—2007. Societes Contemporaines, 2007, 68 (4) : 145.

[19] Ellen Gutterman. Banning Bribes Abroad: U.S. Enforcement of the Foreign Corrupt Practices Act, Osgoode Hall Law Journal, Vol.53, No.1, 2016.

[20] Gathon, Henry-Jean, Pierre Pestieau. La Performance Des Entreprises Publiques. Une Question De Propriété Ou De Concurrence? Revue Économique. Vol. 47, No. 6, 1996. pp. 1225–1238.

[21] Gérard Charreaux. L'entreprise Publique Est-elle Nécessairement Moins Efficace?, Working Papers CREGO 0970901, Université de Bourgogne - CREGO EA7317 Centre de Recherches en Gestion des Organisations, 1997.

[22] Jules MOCH. Nationalisation in Franc. Annals of Collective Economy, Confrontations, Paris, 1953. pp.97-117.

[23] John Maynard Keynes. Théorie Générale de L'emploi. de L'intérêt et de la Monnaie, Paris, Payot, 2017 (1ère éd. 1936). p. 122.

[24] Mahir A Banna. The Long Arm of US Jurisdiction and International Law: Extraterritoriality Against Sovereignty. Journal of Law, Policy and Globalization, Vol.60, 2017.

[25] Megginson W L, Nash R C et Van Randenborgh M. The Financial and Operating Performance of Newly Privatized Firms: An International Empirical Analysis. Journal of Finance, 59 (2), juin,1994. pp. 403-452.

[26] Megginson W L et Netter J M. From State to Market: A Survey of Empirical Studies on Privatization. Journal of Economic Literature, 39 (2), juin, 2001. pp. 321-389.

[27] Mouna Mrad, Slaheddine Hallara. The Relationship between the Board of Directors and the Performance Value Creation in a Context of Privatization: The Case of French Companies. Public Organization Review, 2014/1 (14).

[28] Pierre Massé, Le plan ou l'anti-hasard. Ed. Gallimard, 1965. p. 11.

[29] Raymond Courbis. Compétitivité et croissance en économie concurrencée. Paris: Université de Paris I, 1971.p.13.

[30] Robert O. Keohane. International relations, old and new. in A New Handbook of Political Science, New York: Oxford University Press.

[31] Robert Skidelsky. John Maynard Keynes. Macmillan, 2003. p. 1021.

[32] William L, Jeffry M. From State to Market: A Survey of Empirical Studies on Privatization. Journal of Economic Literature, Vol. 39, No. 2 (Jun., 2001), pp. 321-389.

[33] Sophie S Bourdillon. Regulating the Electronic Marketplace Through Extraterritorial legislation: Google and eBay in the line of fire of French judges. International Review of Law, Computers & Technology, Vol.24, 2010.

[34] Steve Coughlan and al. Global Reach, Local Grasp: Constructing Extraterritorial Jurisdiction in the Age of Globalization. Candaian Journal of Law and Technology, Vol.6, No.1, 2007.

[35] 车夫：《法国国有企业产权交易对我国的启示》，载《上海会计》，2002（11），44-45页。

[36] 丁一凡：《法国国企的兴衰》，载《法语国家与地区研究》，2021（3），1-10页。

[37] 杜晓宇：《法国国有企业改革实践及其对我国的启示》，载《湖北社会科学》，2006（1），94-95页。

[38] ［法］让-弗朗索瓦·艾克：《战后法国经济简史》，北京，中国社会科学出版社，2020。

[39] ［法］塞缪尔·艾杜乌：《全球企业社会责任实践》，北京，经济管理出版社，2011。

[40] ［法］弗雷德里克·皮耶鲁齐、马修·阿伦著，法意译：《美国陷阱》，北京，中信出版集团，2019。

[41] ［法］让-雅克·卢梭：《社会契约论》，何兆武译，北京，商务印书馆，2003。

[42] ［德］海因茨·D. 库尔茨：《经济思想简史》，北京，中国社会科学出版社，2016，41-42页。

[43] 胡剑萍、阮建平：《美国域外经济制裁及其冲突探析》，载《世界经济与政治》，2006（5）。

[44] 姜影：《法国国有企业管理体制改革的历程及成效》，载《法学》，2014（6），61-71页。

[45] 贾涛：《法国电力集团公司治理的分析与启示》，载《经济导刊》，2017（3），74-82页。

[46] 李青：《中国国有企业利润上缴制度完善研究——以欧洲三国为中心》，载《江苏社会科学》，2014（6），138-144页。

[47] 李庆明：《论美国域外管辖：概念、实践及中国因应》，载《国际法研究》，2019（3）。

[48] 李镭、蔡金牛：《法国的计划合同》，载《经济社会体制比较》，1991（4），32-33页。

[49] 刘迅、李东升：《法国国有企业高管激励的经验及其启示》，载《管理现代化》，2011（2），62-64页。

[50] 齐建华：《全球化与法国经济政治文化的转型》，载《社会科学主义》，2007（2），156-160页。

[51] 邱伟年、林家荣、林铭：《美、法国有企业改革对我国国有企业发展转型的启示》，载《特区经济》，2011（8），120-122页。

[52] 肖丽萍：《法国企业社会责任政策的起源、发展和实践》，载《南昌大学学报（人文社会科学版）》，2015（2），83-88页。

[53] 肖林林：《法国政府对国有企业的管理模式对我国的启示》，载《新视野》，2015（7），21-22页。

[54] 许宁舒:《法国审计法院国有企业审计情况与借鉴》,载《审计研究》,2016（3）,26-31页。

[55] 张家铭:《"霸权长臂":美国单边域外制裁的目的与实施》,载《太平洋学报》,2020（2）。

[56] 张庚辰:《法国的国有化是怎么回事？》,载《世界知识》,1981（24）,10-11页。

[57] 中智咨询,法国电力集团的公司治理经验及启示,https://www.ciichr.com/nciichr/zyzx96/ldy/825873/index.html。

[58] 中智咨询,法国Orange集团的公司治理经验及启示,https://www.ciichr.com/nciichr/zyzx96/ldy/824006/index.html。

附录　法国国有企业简介

一、交通运输

1. Air France KLM（法国航空）

法国航空是全球航空运输的主要经营商之一，主营业务是客运、货运、低成本运输和飞机维修。该集团在 2019 年累计使用飞机架次 554 架，运送乘客 1.04 亿人次。凭借法航和荷航的历史品牌优势，法国航空意在成为欧洲第一的航空承运商。

其资本由法国（14.3%）、荷兰（14.0%）和其他少数股东持有，例如，达美航空（8.8%）、中国东方航空（8.8%）和堤道资本（6.9%）。自由流通股份占 38.0%。

集团由 19 名董事组成的董事会进行管理。

营业额：272 亿欧元。

职工人数：83 097 人，其中包括法航的员工 52 512 人和荷航的员工 30 568 人。

2. Groupe ADP（巴黎机场集团）

巴黎机场集团负责运营巴黎戴高乐机场、巴黎奥利机场和巴黎勒布尔热机场，以及位于法兰西岛的 10 个机场和位于伊西莱穆利诺的直升机机场。巴黎戴高乐机场在 2019 年的乘客数量达到了 7 620 万人，在欧洲排名第二，仅次于伦敦的希思罗机场。该集团直接管理着全球的其他 24 个机场。2019 年，巴黎机场集团平台接待了 1.08 亿名乘客（较 2018 年增加 2.5%）。

巴黎机场集团的资本主要由国家持有（50.6%），包括史基浦集团（8%）、芬奇（8%）、普雷迪卡（5.1%）以及员工持有（1.7%）。

营业额：47 亿欧元（2019 年）。

税息折旧及摊销前利润 17.7 亿欧元。

职工人数：26 100 人，其中法国员工 6 400 人。

3. SNCF（法国国家铁路公司）

法国国家铁路公司是由法国百分之百持股的股份公司，董事会由 12 名成员组成，其中 1/3 是员工代表。法国国家铁路公司是主营客运和货运铁路集团的母公司。

营业额：351 亿欧元（2019 年），其中 1/3 来自国际业务（120 个国家）。

职工人数：275 000 人。

4. SNCF Réseau（法国国家铁路公司）

法国国家铁路公司设计、更新并维护了全国范围内约 3 万公里的铁路线路。该公司向所有客运和货运铁路运输公司提供铁路服务。

法国国家铁路公司由董事会进行管理，董事会由 12 名成员组成，其中 1/3 是员工代表。

营业额：65 亿欧元（2019 年）。

营业利润 7 亿欧元。

职工人数：54 000 人。

5. RATP（巴黎地铁）

巴黎地铁是全球城市公共交通的第五大经营商，其母公司是法国一所公立工商业机构，于 1948 年 3 月 21 日依法建成，主要目标是在法兰西岛经营公共客运专线。作为自动化和新型出行领域的先驱，巴黎地铁不仅凭借其专业能力助力法国的智慧和可持续城市的发展，还通过其子公司为 14 个国家提供服务。

巴黎地铁董事会由 27 名成员组成，其中国家代表、员工董事和外部人员人数均等，各为 9 名。

营业额：57 亿欧元，其中 76% 由法国公立工商业机构产生。

营业利润 3.19 亿欧元。

职工人数：59 544 人。

6. Grand Port Maritime du Havre（勒阿弗尔港）

勒阿弗尔港属于公立机构，由 18 名董事组成的监事会进行管理。

勒阿弗尔港负责其海上通道的建设、运营和维护，其周边的治理和安保，区域开发，其管辖的公共场所的保护，港口基础设施的建设和维护，以及与其经营活动相关的港口或物流区域的布局和管理。勒阿弗尔港是法国第一大集装箱运输港口，在吨位方面则排名第二。

营业额：1.974 亿欧元。

职工人数：1 250 人。

7. Grand port maritime de Marseille（马赛港）

马赛港属于公立机构，由 18 名董事组成的监事会进行管理。

马赛港负责其海上通道的建设、运营和维护，其周边的治理和安保，区域开发，其管辖的公共场所的保护，港口基础设施的建设和维护，以及与其经营活动相关的港口或物流区域的布局和管理。在吨位方面，马赛港在法国港口中排名第一，在地中海港口中排名第二。

营业额：1.696 亿欧元。

职工人数：1 048 人。

8. Grand port maritime de Dunkerque（敦刻尔克港）

敦刻尔克港属于公立机构，由 18 名董事组成的监事会进行管理。

敦刻尔克港负责其海上通道的建设、运营和维护，其周边的治理和安保，区域开发，其管辖的公共场所的保护，港口基础设施的建设和维护，以及与其经营活动相关的港口或物流区域的布局和管理。在运输量方面，敦刻尔克港在法国港口中排名第三。

营业额：8 660 万欧元。

职工人数：387 人。

9. Société Autoroutes et Tunnel du Mont-Blanc（白峰隧道和高速公路控股），Société Française du Tunnel Routier du Fréjus（弗雷瑞斯公路隧道控股）

白峰隧道和高速公路控股以及弗雷瑞斯公路隧道控股将经营勃朗峰和弗雷瑞斯隧道的法国路段及其高速公路出入口直至 2050 年。

通过公共行政机构阿尔卑斯山高地基金，国家对白峰隧道和高速公路控股以及弗雷瑞斯公路隧道控股间接持股，分别为 67.3% 和 99.9%。

白峰隧道和高速公路控股由 13 名成员组成的董事会进行管理，其中包括 6 名国家代表和 6 名其他股东代表。弗雷瑞斯公路隧道控股由 18 位成员组成的董事会进行管理，其中包括 10 位国家代表和 8 位地方政府代表。

营业额：白峰隧道和高速公路控股：2.13 亿欧元；弗雷瑞斯公路隧道控股：1.43 亿欧元。

职工人数：白峰隧道和高速公路控股：340 人；弗雷瑞斯公路隧道控股：295 人。

二、能源

1. EDF（法国电力公司）

法国电力公司是一家能源公司，其业务涉及各个领域：低碳生产（核能和可再生能源），输配电，销售和服务。作为法国市场的主要参与者，法国电力公司在欧洲，尤其是在英国和意大利也有着重要地位。截至 2019 年 12 月 31 日，国家和法国主权基金联合持股比例为 83.6%，表决权为 88.9%。截至 2019 年 12 月 31 日，法国电力公司净装机容量为 122.3 吉瓦，2019 年产量为 557.6 千瓦时。

营业额：713 亿欧元（2019 年）。

税息折旧及摊销前利润：167 亿欧元。

集团净收入：52 亿欧元。

净金融负债：2.46 乘以税息折旧及摊销前利润（截至 2019 年年底）。

合并职工人数：165 000 人。

2. RTE（法国输电网公司）

法国输电网公司是负责管理公共输电网络和协调电力供求的运营商，成立于 2005 年 9 月 1 日。自 2017 年 3 月 31 日以来，法国输电网公司由一家控股公司（输电合资公司）百分之百持股。该控股公司本身由法国国家人寿保险公司（20%）、法国存托银行（29.9%）和法国电力公司（50.1%）持股。

营业额：49 亿欧元（2019 年）。

职工人数：8 500 人。

3. Enedis（法国电网公司）

法国电网公司成立于 2008 年 1 月 1 日，作为法国电力公司的子公司，负责配电业务。此业务后来与生产、输送和销售电力的业务分离。该公司是法国电力公司的全资子公司，负责开发、经营和维护公共配电网络。当前配电领域的相关法律赋予了法国电网公司（和现有的本地配电公司）垄断地位。法国电网公司为大约 3 700 万名客户提供服务。

营业额：142 亿欧元。

职工人数：39 000 人。

4. Orano（欧安诺集团）

阿海珐集团于 2017 年进行重组，成立了欧安诺集团。该集团重点关注核燃料循环的下游和上游，即铀的提取、转化和浓缩，乏燃料的处理和回收，核物流及其工程和拆毁。

欧安诺集团是一家股份公司，其股东为国家（50%+1 股）、阿海珐集团（20%）、法国存托银行（10%，受托人）、法国外贸银行（10%，受托人），日本原燃（5%），三菱重工（5%）和清洁能源协会（1 股）。

营业额：38 亿欧元。

职工人数：16 800 人。

5. AREVA（阿海珐）

法国于 2015 年春季对核工业改革后，阿海珐进行了深入重组，其业务现在集中于芬兰奥尔基洛托 3 的欧洲压水反应堆建设。阿海珐是一家股份公司，截至 2019 年 12 月 31 日，国家是其唯一股东，拥有 99.88% 的股份。

职工人数：343 人。

6. ENGIE（恩基公司）

恩基公司是一家全球性的能源企业，其主要服务领域有三：低碳电力生产、能源基础设施和客户解决方案。恩基公司是上市公司，由法国燃气公司和苏伊士公司于 2008 年合并而成。截至 2019 年 12 月 31 日，国家持有 23.64% 的股份、34.11% 的表决权。

营业额：601 亿欧元。

职工人数：170 000 人，其中法国有近 75 000 人。

7. ERAMET（Eramet 有色矿业）

Eramet 有色矿业是一家上市公司，专门从事采矿（在新喀里多尼亚和印度尼西亚的镍矿、加蓬的锰矿、塞内加尔的钛铁矿和锆石以及阿根廷的锂矿床）、大型冶金工厂的矿产加工以及高性能的冶金活动。

截至 2019 年 12 月 31 日，国家通过控股公司 FSI Equation 持有 Eramet 有色矿业 25.57% 的资本。杜瓦尔家族通过 SORAME 和 CEIR 持有 36.93% 的资本。

营业额：37 亿欧元。

职工人数：在全球 20 个国家有员工 13 000 人（法国本土 5 000 多人，新喀里多尼亚将近 2 000 人）。

8. Framatome（法马通）

法马通是核工业的主要国际参与者，因其拥有创新的解决方案和用于世界核反应堆群的设计、建造、维护和开发的高附加值技术而闻名世界。该公司设计和制造零件、燃料和控制系统，并为反应堆提供全方位服务。

法马通是一家股份有限公司，截至 2020 年 5 月 20 日，其股东为法国电力公司（75.5%）、三菱重工（MHI 19.5%）和艾西斯腾（5%）。

营业额：34 亿欧元。

职工人数：14 600 人（截至 2019 年 12 月 31 日）。

9. LFB（LFB 公司）

LFB 公司成立于 2006 年 7 月 7 日，由国家百分之百持股。该公司在血浆分离方面名列法国第一、世界第七，目前在 30 多个国家或地区销售 15 种药物。法国《公共卫生法》第 L.5124-14 条款授予该公司的子公司 LFB 生物制药公司将法国血液部门收集的血液或其成分产生的血浆优先分离的任务。为了满足国家需求，特别是与罕见病治疗有关的需求，LFB 公司首先在法国境内销售由其生产的药物。

LFB 公司成立于 2006 年 7 月 7 日，由国家百分之百持股。

营业额：3.48 亿欧元。

职工人数：全球 2 300 人，其中法国 1 800 人。

三、金融与服务业

1. Bpifrance（法国主权基金）

法国主权基金成立于 2013 年，由法国战略投资基金、法国存托银行和上市银行 Oséo 合并而成，有 47 个地区办事处，包括支持融资和业务发展的公共系统。自 2017 年以来，其负责公共出口担保的管理。该基金由国家和法国存托银行共同拥有，业务分为三个领域：银行、投资和出口。

职工人数：3 000 人。

2. La Poste（法国邮政）

法国邮政是一家设有董事会的股份公司。其资本完全公开，由国家和法国存托银行共有。自 2020 年 3 月 4 日起，国家持有公司 34% 的股份。

法国邮政在国家授权下提供四项公共服务。除了包裹邮件业务外，还提供国际范围内的快递包裹服务、本地服务和可信赖的第三方服务（尤其是数字渠道）以及金融服务（邮政银行）。在法国，其产品销售和服务通过在全国的 17 033 个网点进行。法国管理着欧洲第二大包裹运送网络。为了简化用户的在线程序，法国邮政在法国开发了第一个安全的数字身份验证。邮政银行是欧洲排名前 15 的银行保险公司之一。

营业额：260 亿欧元，其中 30.3% 来自国际市场。

职工人数：249 304 人，是法国第二大雇主企业。

3. Orange（法国电信）

法国电信于 1991 年依法成立，是一家独立的运营商。法国电信于 1996 年成为股份公司，1997 年上市，于 2004 年进行私有化，并于 2013 年更名。国家（13.4%）和法国主权基金（9.6%）联合持股，共持有 23% 的股份。公司均已在巴黎和纽约上市。

法国电信是全球主要的电信运营商之一，业务遍及 26 个国家。同时，在为跨国公司提供电信服务方面，也居于全球领导者地位。

营业额：420 亿欧元。

职工人数：全球有 147 000 人，其中法国有 87 000 人。

4. FDJ（法国博彩公司）

法国博彩公司自 2019 年 11 月 21 日起成为上市股份公司，是法国彩票和体育赌博销售点的垄断经营商，以及线上体育赌博的授权经营商。法国博彩公司是法国博彩业的领导者，是欧洲第二大和世界第四大彩票经营商。

截至 2019 年 12 月 31 日，法国博彩公司的资本持有情况为：国家持有 21.9%，退伍军人协会持有 14.8%，雇员持有 4.4%，个人和机构股东 58.9%，持股人均来自董事会。

营业额：19.6 亿欧元。

职工人数：2 562 人。

5. Dexia（德克夏银行）

德克夏银行是遵循比利时法律的金融机构，被批准为信贷机构。该银行主要负责公共部门融资、零售银行业务和资产管理（根据欧洲委员会于 2012 年 12 月 28 日批准的计划）。

其股东结构细分为：比利时（52.78%）、法国（46.81%）、自由流通量（0.41%）。

资产：1 200 亿欧元（截至 2019 年年末）。

职工人数：568 人。

6. SFIL（法国地方开发银行）

法国地方开发银行是一家股份公司，已被批准为信贷机构，为法国本地公共部门提供长期融资，并为法国公司提供出口信贷合同的再融资。估计 2020 年年底之前由法国存托银行全部持股（除国家持有的"黄金股"外）。而此前的股东分别为国家（75%）、法国存托银行（20%）和邮政银行（5%）。

法国地方开发银行是当地公共部门融资和出口贷款再融资的行业领导者。就资产规模而言，它是法国第七大银行。2019 年，因致力于社会与公司治理融资的"社会"和"绿色"方面的债券发行而受到奖励。

营业额：1.33 亿欧元。

净利润 5 000 万欧元（2019 年）。

职工人数：393 人。

7. France Télévisions（法国电视台）

法国电视台是一家国家计划公司，是依据 1986 年 9 月 30 日关于通讯自由的法律而成立的。该电视台是法国首家视听集团（2019 年的收视率为 28.9%）。每天观看法国电视台节目的人数达到了 3 000 万人。2019 年，法国电视台网站上的视频观看量突破了 1 亿人次，一年内增长了 25%。法国电视台在国内有 4 个频道，在海外有 9 个频道，包括与同行业者合作的多媒体全天候综合信息频道（Franceinfo）、针对 18~30 岁人群的数字频道（France.tv Slash）、青年频道（Okoo）和教育频道（Lumni）。

职工人数：9 456 人。

8. Radio France（法国广播）

法国广播电台是一家国家公共服务广播公司，国家是其唯一股东。作为法国领先的广播电台集团，法国广播电台旗下的 7 个频道针对所有受众，并拥有 4 个每年大约举办 200 场音乐会的音乐团体。该公司还依赖其在文化、教育以及体育领域建立的众多合作伙伴关系。

职工人数：4 632 人。

9. Arte France（法国广电公司）

1986 年 2 月 27 日，法德合作建立了法国广电公司，基于欧洲观众进行文化电视节目的设计、制作和放送。德法公共电视台主要由法国广电公司、Arte GEIE（总部位于斯特拉斯堡的法德集团，负责制作和放送节目）、Arte France Développement（GEIE 广播节目中视频的版权）、Arte Éducation（与小学、中学和高等教育计划相关的教育支持）和 Arte France Cinéma（制作、共同制作和获得电影开发权）。

法国广电公司的股东是完全公开的：法国电视台（45%）、国家（25%）、法国国立视听研究院（15%）、法国广播（15%）。

职工人数：281 人。

10. France Médias Monde（法国世界传媒）

法国世界传媒集中了法国 24（24 小时全天候四语咨询频道，包括每天 24 小时的法语、英语、阿拉伯语频道和每天 12 小时的西班牙语频道）、法国国际广播电台（有法语和其他 13 种语言的国际广播）以及蒙特卡洛中东电台（阿拉伯通用广播）。在发展援助领域构建媒体知识中心这一框架下，法国世界传媒自 2017 年以来一直是法国促进媒体合作社的全资股东。该公司还是法国电视国际五台的股东和合作伙伴之一。法国世界传媒为百分之百国有控股。

职工人数：1 735 人。

11. SEMMARIS（汉吉斯国际批发市场）

汉吉斯国际批发市场是国家特许公司（截至 2049 年），负责规划、经营和发展巴黎 - 朗吉国家市场。作为世界上最大的新鲜食品市场，汉吉斯国际批发市场聚集了法国农业食品链中大约 1 200 家公司，服务于 1 800 万名消费者。汉吉斯国际批发市场还包括图卢兹国家市场和朗吉国际办公室国家市场。

汉吉斯国际批发市场的持股情况如下：法国农业信贷银行持有 37.94% 的股份，国家持有 33.34% 的股份，巴黎市持有 13.19% 的股份，马恩河谷省持有 5.6% 的股份，市场专业人员持有 9.9% 的股份。

营业额：1.28 亿欧元。

职工人数：289 人。

12. IN Groupe（国家印刷厂）

国家印刷厂由国家百分之百持股，专门从事有价证券的生产和管理。无论是在以往国家垄断的公共业务还是竞争性业务方面，该公司目前位于身份证明和安全解决方案的整个生产和分配的价值链中。

营业额：3.6 亿欧元。

职工人数：1 430 人。

四、工业

1. Chantiers de l'Atlantique（大西洋造船厂）

大西洋造船厂创立于 1862 年，是一家海上建造和船队服务公司。凭借其专业知识、联合管理网络和一流的工业设备，该公司成了高度复杂的船舶和海上设备设计、制造、组装和调试的全球领导者之一。

大西洋造船厂是股份公司，由董事会进行管理。其股东情况如下：国家（84.3%）、海军集团（11.7%）、Cofipme 公司（1.6%）以及员工（2.4%）。

营业额：18.67 亿欧元。

职工人数：2 707 人。

2. Civipol Conseil（Civipol 咨询）

Civipol 咨询是法国内政部的服务和咨询公司，主要负责扩充外部相关专业知识，是内政部国际技术合作行动的一部分。Civipol 咨询在法国和全球范围内提供安全和治理领域的咨询、技术援助、审计和培训服务，业务遍及全球 80 多个国家和地区。Civipol 咨询的股东包括国家、国际防务咨询、空中客车公司、泰勒斯公司等。

3. Défense conseil international（DCI）（国际防务咨询）

国际防务咨询成立于 2000 年，是一家法国国际服务和私营军事公司，由 4 家公司合并而成。参与合并的每一家公司都对应于法国武装部队的一部分。国际防务咨询负责将法国在国防和安全领域的专业知识和技术出口到与法国建立起合作伙伴关系的国家。该企业的业务范围包括海军、土地、武器、网络防御、直升机、无人机、国土安全等。在全球多地区开展业务，范围涉及中东、东南亚、南美洲等。

国际防务咨询的持股情况如下：国家（49.9%）、法国军事航空装备出口公司（30%）、欧洲国际航空公司（10%）。

营业额：2.27 亿欧元。

职工人数：1 079 人。

4. GIAT Industries（法国地面武器工业集团）

法国地面武器工业集团成立于 1973 年，融合了法国国防部陆军武器技术的工业资产。该公司于 1991 年收归国有，负责法国政府的武器制造，包括火炮、多功能装甲车、武器以及战斗管理装备等。

营业额：27 亿欧元。

职工人数：7 329 人。

5. KNDS NV（欧洲国防工业控股公司）

欧洲国防工业控股公司成立于 2015 年，是由武器制造公司克劳斯 - 玛菲·威格曼公司和奈克斯特公司合资建立。该公司以协调运作的方式，在法国和德国同时拥有生产线，并在世界各地建立工业合作伙伴关系。其产品范围包括主战坦克、装甲车、火炮系统、武器系统（包括机器人技术、弹药、军事桥梁、战斗管理系统、培训解决方案、防护解决方案）等。

欧洲国防工业控股公司由法国和威格曼家族联合对半持股。

营业额：25 亿欧元。

职工人数：8 400 人。

6. La Monnaie de Paris（法国印钞厂）

法国印钞厂是法国的国家金融机构，由国家全额持股。自 2007 年以来，法国印钞厂作为法国公立工商业机构，负责印制法国国家货币。法国印钞厂创立于公元 864 年 6 月 25 日，是世界上最古老的公司之一，也是仍在经营的最古老的法国机构。

营业额：1.34 亿欧元。

职工人数：500 人。

7. Naval Group（海军集团）

海军集团是一家法国工业集团，作为整个军舰和战斗系统的工业承包商、设计商和整体集成商，海军集团是欧洲海军防御领域的领导者和世界范围内的主要经营者。该集团拥有丰富的专业知识和工业资源，能够设计、建造、拆除潜艇和水面舰艇，并为其提供终生支持。法国凭借海军集团成了能够制造舰载水下弹道核潜艇的国家之一。该集团设计和维护的戴高乐航空母舰也是法国威慑力量的象征。海军集团还通过其子公司海军能源公司提供广泛的海洋可再生能源解决方案，并致力于履行企业社会责任。

海军集团的持股情况如下：国家（62.49%）、泰勒斯公司（35%）、员工（1.64%）、自有股份（0.87%）。

营业额：37.12 亿欧元。

职工人数：15 168 人。

8. Renault SA（雷诺汽车）

雷诺汽车是法国最大的汽车制造商和出口商。1898 年成立。该公司很快成了行业领先者。第一次世界大战期间，雷诺汽车通过生产炮弹、飞机发动机和轻型坦克为战争做出了贡献。战后，雷诺汽车经历了国有化，并扩大其工厂和产品线，包括生产公共汽车、卡车和拖拉机等。20 世纪 20 年代，雷诺通过创新迅速进军高端汽车领域。2016 年，雷诺汽车成为世界第一的法国品牌。

营业额：555.37 亿欧元。

职工人数：179 565 人。

9. Safran（赛峰集团）

赛峰集团是法国大型工业技术集团，在航空航天和国防领域拥有国际化的业务，包括飞机发动机、直升机、火箭、航空设备以及国防的设计和生产。该集团在其核心市场中占据全球或地区领导地位。赛峰集团的核心目的是为全球提供更加环保、舒适和便捷的航空运输，致力于研究和开发计划，并将其研发和创新环境作为优先事项。

赛峰集团的股东包括国家、员工、贝莱德公司、儿童投资基金管理公司等。

营业额：246 亿欧元。

职工人数：81 000 人。

10. Odas（欧达斯工业）

欧达斯工业是一家股份公司，由董事会进行管理，2006 年 8 月开始其经营活动，主要从事各种工业用品和设备的批发贸易（汽车和摩托车除外）。

欧达斯工业的主要股东有国家、空中客车公司和欧洲导弹集团。

营业额：5.34 亿欧元。

职工人数：50~99 人。

11. SOGEPA（SOGEPA 航空航天投资）

SOGEPA 航空航天投资是由法国政府于 1978 年创立的一家公司，目前是投资欧洲航空航天技术的最大公共机构之一。截至 2016 年 12 月 31 日，该公司持有空中客车公司 11.11% 的股份，同时持有法国航空航天公司和标致雪铁龙集团的股份。

SOGEPA 航空航天投资受到国家参股局的监管。

12. Société française d'exportation de systèmes avancés（Sofresa）（法国先进系统出口公司）

法国先进系统出口公司成立于 1974 年。该公司在法国国防部的监管下，作为官方机构代表法国制造商向中东地区出售重要武器系统。其大部分资本由国家和公共部门共同持有。

13. Société technique pour l'énergie atomique（核能源技术公司）

核能源技术公司成立于 1972 年，由法国原子技术公司的一个部门独立而出，专门从事海军推进式核反应堆的设计、制造和维护。其主要业务范围涉及海军核推进、核导弹潜艇、核攻击潜艇、航空母舰和中小型发电反应堆等。此外，还参与了电子运输装备和系统的生产。

核能源技术公司持股情况为：国家参股局（50.3%）、海军集团（20.3%）、法国电力公司（9%）。

营业额：4.2 亿欧元。

职工人数：1 613 人。

14. Sofema（法国军事航空装备出口公司）

法国军事航空装备出口公司成立于 1997 年，由两家公共服务公司合并而成，负责为法国主要的航空和国防工业集团的海外销售提供支持和协助。该公司专门从事第一代海陆空装备的翻新、销售和维护，这些装备主要来自法国武装部队。

法国军事航空装备出口公司的股份由国防工业的主要参与者持有，该公司既是股东的客户，又是其供应商。股东包括空中客车公司、赛峰集团、泰勒斯公司、达索航空、雷诺汽车、奈克斯特公司等。

15. Thales（泰勒斯公司）

泰勒斯公司是法国的一家专注于航空航天、国防、地面交通运输、安全和制造电气系统的电子集团。泰勒斯公司按照地理区域与业务范围分为几大部门。

六个国际业务重组为三个部分：航空（航空电子、太空）、交通（地面交通运输系统）、国防与安全（信息与通信安全系统、地面与天空系统、国防系统）。国际业务按照地理分为几大区域：大国（德国、澳大利亚和新西兰、加拿大、美国、法国、荷兰和英国）、欧洲其他国家及新兴市场国家。

泰勒斯公司的持股情况为：国家（25.7%）、达索航空（24.3%）、自由流通量（49.6%），其中员工持股2.6%。

营业额：184亿欧元。

职工人数：80 000人。

后　　记

本书是中国石油集团经济技术研究院国家高端智库研究中心 2021 年与 2022 年重点课题研究的成果。"国有经济国别研究"作为中国社科院国有经济研究智库认领的首批重点十大智库课题，通过研究主要发达国家和新兴经济体国家的国有经济，提出对我国国有经济发展的启示。该研究对形成中国特色的国有经济发展观，运用国际经验为我国国有经济深化改革提供借鉴和支持，具有重要的现实意义。

国有经济是我国国民经济的支柱，是保障人民共同利益的重要力量，承载着引领我国经济高质量发展的责任担当，肩负着将我国建设成为社会主义现代化强国的重大使命。为发挥国有经济战略支撑作用，以习近平总书记为核心的党中央多次召开会议部署工作，要求推进国有经济布局优化和结构调整，不断增强国有经济竞争力、创新力、控制力、影响力和抗风险能力。我国面临的百年未有之大变局正在加速演变，党中央高瞻远瞩、审时度势，提出要加快构建以国内大循环为主体，国内、国际双循环相互促进的新发展格局。国内循环层面，以国有企业为主的国有经济需要在构建双循环新局中发挥顶梁柱作用；国际循环层面，我国应时签订了中欧投资协定（中欧 CAI）、区域全面经济伙伴关系协定（RECP），并积极研究加入全面与进步跨太平洋伙伴关系协定（CPTPP）。但我国国有经济的政府补贴、竞争中性等问题一直是其他国际经济体质疑我们的焦点，这些问题仍需要智库持续不断地研究、完善。

本书汇集了由中国石油集团经济技术研究院与社科院联合牵头，社科院（欧洲所、亚太所、工经所）、国务院发展研究中心、社会科学院文化发展促进中心、中国政法大学等知名专家的研究成果，总结了英国、法国国有经济现状、国有经济演变历程、国有经济的治理、国家的运营绩效、代表性国有企业的分析以及对我国国有经济发展的启示。探索国有经济发展方式和改革路径，深入研究国有经济对外经贸合作中的经验和教训，分析我国国有经济在外经贸活动中面临的机遇和挑战，最终致力于实现国有经济更高质量发展，壮大我国经济实力和综合国力，不断实现"两个一百年"的奋斗目标。我们坚信，他山之石，可以攻玉，今后将有更多力量加入国有经济这项重要的研究中。

编　者